Découvrez l'histoire par les archives de presse

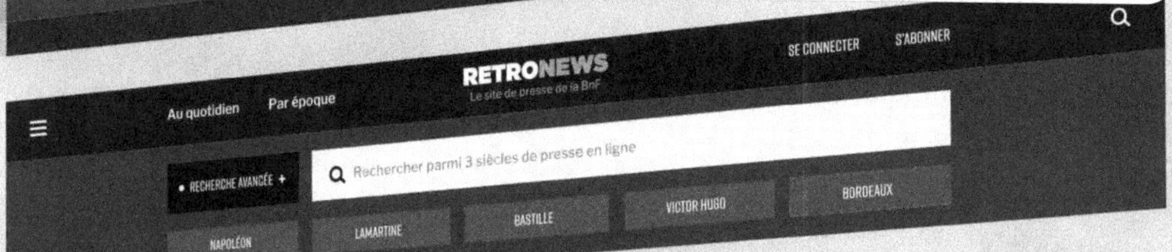

RETRONEWS

Le site de presse de la BnF

www.retronews.fr

BIBLIOTHÈQUE DES CONGRÈS COLONIAUX FRANÇAIS

CONGRÈS COLONIAL FRANÇAIS

DE 1905

Du 5 au 10 juin, à l'École des Hautes Études commerciales,
108, boulevard Malesherbes, Paris

**Séance d'ouverture — Compte rendu des conférences
et des séances de section

Analyse des travaux — Rapport général**

PARIS

AU SECRÉTARIAT GÉNÉRAL DES CONGRÈS COLONIAUX FRANÇAIS
18, RUE LE PELETIER, 18

1905

BIBLIOTHÈQUE DES CONGRÈS COLONIAUX FRANÇAIS

L'Expansion Japonaise, par M. F. MURY, ancien Commissaire des Colonies.

Documents sur la main-d'œuvre aux Colonies françaises.

Rapport général du Congrès Colonial français de 1903, par le Comte de POUVOURVILLE, membre de l'Institut Colonial international.

Questionnaire colonial, dressé par le Comité des Congrès Coloniaux français.

Enquête sur l'utilisation de la Main-d'Œuvre chinoise, dressée par la VIe Section du Congrès de 1904.

Les Câbles sous-marins, par M. MARCILLAC, Rédacteur des Postes et Télégraphes. (Congrès de 1904, V^e section.)

Les intérêts économiques de la France coloniale. (Congrès de 1904, IIIe section.)

La Renaissance de l'Afrique, discours d'ouverture du Congrès de 1904, par M. MARCHAL, Président.

Le Pèlerinage de la Mecque, par le D^r ALY ZAKY BEY, secrétaire général du Comité de l'Islam. (Congrès de 1904, XVe section.)

Rapport général du Congrès de 1904, par M. F. MURY, ancien Commissaire des Colonies.

Compte rendu de la Section de médecine et d'hygiène Coloniales (Congrès de 1904), publié par M. le Professeur BLANCHARD, Vice-Président du Comité.

L'École Coloniale, par M. DETCHEVERRY.

Rapports présentés au Congrès de 1904 (V^e section). *Transports et Communications.*

Rapports présentés au Congrès de 1904 (Ire section). *Organisation civile et militaire des Colonies.*

Rapports présentés au Congrès de 1904 (IVe section). *Douanes et Régies.*

Rapports présentés au Congrès de 1904 (XVIe section). *Matières médicales.*

COMITÉ PERMANENT

des Congrès Coloniaux Français

MM.

CH MARCHAL, ancien député d'Alger, *Président.*

R. BLANCHARD, membre de l'Académie de Médecine, professeur à la Faculté de Médecine de Paris, *Vice-Président.*

F. HAAS, ministre plénipotentiaire, *Vice-Président.*

L. PERQUEL, agent de Change, *Trésorier général.*

Comte de POUVOURVILLE, membre de l'Institut colonial international, *Secrétaire général.*

F. MURY, ancien Commissaire des colonies.

R. WORMS, auditeur au Conseil d'Etat.

BIBLIOTHÈQUE DES CONGRÈS COLONIAUX FRANÇAIS

CONGRÈS COLONIAL FRANÇAIS

DE 1905

Du 5 au 10 juin, à l'École des Hautes Études commerciales,
108, boulevard Malesherbes, Paris

**Séance d'ouverture — Compte rendu des conférences
et des séances de section
Analyse des travaux — Rapport général**

PARIS

AU SECRÉTARIAT GÉNÉRAL DES CONGRÈS COLONIAUX FRANÇAIS
18, RUE LE PELETIER, 18

1905

CONGRÈS COLONIAL FRANÇAIS DE 1905

Le Congrès colonial français de 1905 a tenu ses assises à Paris, du 5 au 10 juin, à l'Ecoles des Hautes Etudes commerciales, 108, boulevard Malesherbes. Ce magnifique immeuble, mis gracieusement à la disposition de Comité du Congrès, par M. Belin, président du Conseil d'administration de l'Ecole, grâce à l'aimable intermédiaire de M. Schwob, président de l'Association des Anciens Elèves de l'Ecole, a permis d'offrir aux congressistes les locaux les mieux appropriés, deux grands amphithéâtres aménagés pour les projections lumineuses, et quinze salles de réunions pour les travaux des sections. M. Jourdan, directeur de l'Ecole, facilita de toute son obligeance et du dévouement de son personnel la tâche des organisateurs. Les amphithéâtres étaient richement ornés de tapisseries algériennes, prêtées gracieusement par M. Thierry-Mieg, chef de cette importante industrie à Tlemcen.

Le bureau du Congrès de 1905 est ainsi composé :

Président : M. François DELONCLE, député de la Cochinchine ;

Vice-Présidents : M. le Dr R. BLANCHARD, membre de l'Académie de médecine ; M. Frédéric HAAS, ministre plénipotentiaire ; M. Lucien PERQUEL, agent de change.

Secrétaire général : M. Albert DE POUVOURVILLE, membre de l'Institut Colonial International ;

Rapporteur général : M. René WORMS, auditeur au Conseil d'Etat ;

Secrétaire général adjoint : M. Georges FROMENT, président de l'*Action coloniale et maritime.*

Un deuil cruel, qui a frappé M. Perquel, la veille même de l'ouverture, l'a empêché de prendre part aux travaux du Congrès, et de recueillir de nouveau les sympathies que lui méritent le concours de tous les jours qu'il apporte au Comité et sor heureuse gestion, en sa qualité de Trésorier général, des intérêts matériels des Congrès Coloniaux Français.

COMITÉ DE PATRONAGE

MM.

CLÉMENTEL, ministre des Colonies, *Président d'honneur*.

ANTHOINE, président de la Société de Géographie Commerciale.

ARENBERG (prince A. D'), président du Comité de l'Afrique française.

AUBRY, député de l'Algérie.

AURICOSTE, ancien député, Directeur de l'Office Colonial.

BEAU, Gouverneur général de l'Indo-Chine.

BEGEY, député de l'Algérie.

BELIN, président du Conseil d'Administration de l'Ecole des Hautes Etudes Commerciales.

BERTHELOT, sénateur, membre de l'Académie française, ancien Ministre des Affaires Etrangères.

BIENVENU-MARTIN, Ministre de l'Instruction Publique.

BONAPARTE (Prince Roland).

BOUCHARD (Dr), membre de l'Institut, inspecteur général des études médicales de France.

BROUARDEL (Dr), membre de l'Institut, directeur de l'Institut de médecine coloniale.

BROUSSE, président du Conseil Municipal de Paris.

BRUNET, sénateur de la Réunion.

CARPOT, député du Sénégal.

CHARLES-ROUX, ancien député, président de l'Union Coloniale française.

CHAUTARD, conseiller municipal de Paris.

CHAUTEMPS, député, ancien Ministre des Colonies.

CICERON, sénateur de la Guadeloupe.

CLEMENT, député de la Martinique.

COLIN, député de l'Algérie.

CONSTANS, ambassadeur de France, ancien Gouverneur général de l'Indo-Chine.

DELONCLE (François), député de la Cochinchine.

DELONCLE (J.-L.), secrétaire général du Ministère de l'Intérieur.

DESCHANEL, député, membre de l'Académie française.

DISLÈRE, président de section au Conseil d'Etat.

DOUMER, président de la Chambre des Députés, ancien Gouverneur général de l'Indo-Chine.

DOUMERGUE, vice-président de la Chambre des Députés, ancien Ministre des Colonies.

DUBIEF, député, Ministre du Commerce.

ETIENNE, député de l'Algérie, Ministre de l'Intérieur.

FLANDIN (Etienne), député, président de la Réunion des Etudes Algériennes.

FLOURENS, député, ancien Ministre des Affaires Etrangères.

GALLIÉNI (général), Gouverneur général de Madagascar.

GÉRAULT-RICHARD, député de la Martinique.

GERENTE, sénateur de l'Algérie.

GERVILLE-RÉACHE, député de la Guadeloupe, vice-président de la Chambre des Députés.

GODIN, sénateur de l'Inde.

GUIEYSSE, député, ancien Ministre des Colonies.

GUIGNARD, membre de l'Institut.

HANOTAUX, membre de l'Académie Française, ancien Ministre des Affaires Etrangères.

HENRIQUE DULUC, député de l'Inde.

LE HÉRISSÉ, député.

HULOT (baron), secrétaire général de la Société de Géographie de France.

JONNART, Gouverneur général de l'Algérie.

KNIGHT, sénateur de la Martinique.

KRANTZ, député, ancien Ministre de la Guerre.

LABBÉ (Paul), secrétaire général de la Société de Géographie Commerciale.

LANESSAN (DE), député, ancien Ministre de la Marine, ancien Gouverneur général de l'Indo-Chine.

LOZÉ, député, ancien ambassadeur.

LE MYRE DE VILERS, ancien député de la Cochinchine, ambassadeur honoraire.

PERQUEL (Lucien), agent de change.

PICHON, résident général en Tunisie.

PIQUET, ancien Gouverneur général de l'Indo-Chine.

ROUME, Gouverneur général de l'Afrique Occidentale.

SAINT-GERMAIN, sénateur de l'Algérie.

SÉBERT (général), membre de l'Institut.

SENART, membre de l'Institut, vice-président du Comité de l'Asie Française.

SIEGFRIED, député, ancien Ministre du Commerce.

THOMSON, député de l'Algérie, Ministre de la Marine.

TREILLE, sénateur de l'Algérie.

TROUIN député de l'Algérie.

URSLEUR, député de la Guyane.

VOGÜÉ (vicomte M. DE), ancien député, membre de l'Académie Française.

BUREAUX DES SECTIONS

1ʳᵉ SECTION. — Organisation civile des Colonies

M. GUILLAIN, député, ancien Ministre des Colonies, *Président d'honneur*.

M. Noël PARDON, gouverneur des Colonies, *Président*.

M. SAINTENOY, administrateur des Services Civils de l'Indo-Chine, *Vice-Président*.

M. Maurice RENARD, avocat, *Secrétaire*.

2ᵉ SECTION. — Législation et jurisprudence coloniales

M. BALLOT-BEAUPRÉ, premier président de la Cour de Cassation, *Président d'honneur*.

M. PENANT, ancien délégué des Colonies, directeur du Recueil général de Jurisprudence et Législation Coloniales, *Président*.

M. A. GIRAULT, professeur à l'Université de Poitiers, *Vice-Président*.

M. Maurice RAYNAUD, avoué près le Tribunal de 1ʳᵉ instance de la Seine, *Vice-Président*.

M. ROULEAU, ingénieur, *Secrétaire*.

M. Roger MESNIL, avocat à la Cour d'Appel, *Secrétaire*.

3ᵉ SECTION. — Intérêts économiques

M. P. LEROY-BEAULIEU, membre de l'Institut, professeur au Collège de France, *Président d'honneur*.

M. Georges DESPRET, président de la Société de la Haute Sangha, *Président*.

M. J. M. Bel, ingénieur civil des Mines, *Vice-Président.*

M. Maurice Brunet, juge au Tribunal de Commerce de la Seine, *Vice-Président.*

M. Faucher, ingénieur en chef de la Cie Raoul Pictet, conseiller du Commerce Extérieur, *Vice-Président.*

M. Charles Genet, secrétaire de la Société de Géographie Commerciale, *Secrétaire.*

M. Léon Brunet, *Secrétaire Adjoint.*

4ᵉ SECTION. — Douanes et régies

M. Caillaux, député, ancien Ministre des Finances. *Président d'honneur.*

M. Bouchié de Belle, avocat au Conseil d'Etat, *Président.*

M. Coste, président de la Chambre de Commerce de Bizerte, *Vice-Président.*

M. Dufourmantelle, avocat à la Cour de Cassation, *Vice-Président.*

M. Clement, avocat à la Cour de Cassation, *Secrétaire.*

M. Lesne, *Secrétaire.*

5ᵉ SECTION. — Transports et communications

M. Pierre Baudin, député, ancien Ministre des Travaux Publics, *Président d'honneur.*

M. Chaumier, vice-président du Comité de l'Indo-Chine, *Président.*

M. Max Foy, explorateur, *Vice-Président.*

M. Huyard, secrétaire général des Syndicats Girondins, *Vice-Président.*

M. le comte Récopé, ingénieur de la Marine, *Vice-Président.*

M. Gamard, rédacteur au Ministère du Commerce, *Secrétaire,*

M. Boutellier, administrateur de l' « Action Coloniale et Maritime », *Secrétaire.*

6ᵉ SECTION. — Peuplement : main-d'œuvre

M. Saint-Germain, sénateur de l'Algérie, *Président d'honneur.*

M. Mury, ancien commissiaire des Colonies, *Président.*

M. P. Bourdarie, explorateur, *Vice-Président.*

M. R. Pinon, rédacteur à la Revue des Deux-Mondes, *Vice-Président.*

M. le prince de Tarente, *Vice-Président.*

M. Delaporte, professeur à l'Institut Commercial et à l'Ecole Commerciale, *Secrétaire.*

M. Pierre Rain, diplômé de l'Ecole des Sciences Politiques, *Secrétaire Adjoint.*

7ᵉ SECTION. — Hygiène et médecine coloniales

M. le Dr Kelsch, membre de l'Académie de Médecine, *Président d'honneur.*

M. le Dr Raphael Blanchard, professeur à la Faculté de Médecine de Paris et à l'Institut de Médecine coloniale, *Président.*

M. le Dr le Danteo, professeur à l'Université de Bordeaux, *Vice-Président.*

M. le Dr Jeanselme, professeur à la Faculté de Médecine de Paris, *Vice-Président.*

M. le Dr Wurtz, professeur à la Faculté de Médecine de Paris, *Vice-Président.*

M. le Dr Brumpt, chef des travaux à l'Institut de Médecine Coloniale, *Secrétaire.*

M. le Dr Langeron, préparateur à l'Institut de Médecine Coloniale, *Secrétaire.*

8ᵉ SECTION. — Enseignement, propagande

M. Foncin, président de l'Alliance Française, inspecteur général de l'Instruction Publique, *Président d'honneur.*

M. Ch. HALAIS, ancien résident-maire de Hanoï, *Président.*

M. DURAND, ancien administrateur des Colonies, professeur à l'Ecole des Langues Orientales Vivantes, *Vice-Président.*

M. HERBERT, professeur à l'Ecole des Hautes Etudes Commerciales, *Vice-Président.*

M. DEMOULIN, diecteur du Musée Colonial Scolaire, *Secrétaire,*

, M. Robert VALLIN, secrétaire général de « l'Action Coloniale et Maritime », *Secrétaire.*

8e SECTION. — Intérêts extérieurs de la colonisation française

M. LOZÉ, député, ancien ambassadeur, *Président d'honneur.*

M. AYMONIER, directeur de l'Ecole Coloniale, *Président.*

M. LORIN, professeur à l'Université de Bordeaux, *Vice-Président.*

M. MANDEIX, président du Syndicat National du Havre *Vice-Président.*

M. DELAISI, *Secrétaire.*

M. René MOULIN, rédacteur en chef de la « Revue Hebdomadaire », *Secrétaire.*

10e SECTION. — Question monétaire

M. Raphaël G. LEVY, professeur à l'Ecole des Sciences Politiques, *Président d'honneur.*

M. CHASTENET, député de la Gironde, *Président.*

M. ESTRINE, membre de la Chambre de Commerce de Marseille, *Vice-Président.*

M. RUEFF, vice-président du Syndicat des Armateurs de France, *Vice-Président.*

M. RUFFIER DES AIMES, *Secrétaire.*

11ᵉ SECTION. — Presse coloniale

M. Jean Dupuy, député, ancien Ministre, président du Conseil d'Administration du « Petit Parisien », *Président d'honneur*.

M. Trouillet, directeur de la « Dépêche Coloniale », membre du Conseil Supérieur et du Comité Consultatif des Colonies, *Président*.

M. Fillion, directeur des services télégraphiques de l'Agence Havas, *Vice-Président*.

M. Franklin, rédacteur en chef des « Questions Diplomatiques et Coloniales », *Vice-Président*.

M. Regelsperger, secrétaire général de la « Revue de Géographie », *Vice-Président*.

M. J. L. Brunet, membre du Comité Consultatif des Colonies, *Secrétaire*.

M. Léon F. Deloncle, *Secrétaire Adjoint*.

M. de Lajamme de Belleville, secrétaire de la rédaction de la « Dépêche Coloniale », *Secrétaire Adjoint*.

12ᵉ SECTION. — Agronomie coloniale

M. Haller, membre de l'Institut, professeur à la Faculté des Sciences de Paris, *Président d'honneur*.

M. Dybowski, inspecteur général des Cultures coloniales, *Président*.

M. Mallèvre professeur à l'Institut Agronomique et à l'Ecole Supérieure d'Agriculture Coloniale, *Vice-Président*.

M. Vilbouchevitch, directeur du « Journal d'Agriculture Tropicale » *Vice-Président*.

M. Chalot, professeur à l'Ecole Supérieure d'Agriculture Coloniale, *Secrétaire*.

13ᵉ SECTION. — Géographie : Exploration

M. E. Levasseur, membre de l'Institut, *Président d'honneur*.

M. H. CORDIER, professeur à l'Ecole des Langues Orientales Vivantes, *Président*

M. GERVAIS-COURTELLEMONT, *Vice-Président.*

M. THOULET, professeur à l'Université de Nancy, *Vice-Président .*

M. J. CHANEL, avocat à la Cour d'Appel, *Secrétaire.*

M. L. LENGLET, membre de l'Institut des Actuaires Français, *Secrétaire adjoint.*

M. GUILBERT, chef de service du Cadastre du Tonkin, *Secrétaire adjoint.*

14ᵉ SECTION. — Assistance, prévoyance, mutualité coloniales : Retraites.

M. SIEGFRIED, député, ancien Ministre *Président d'honneur.*

M. J. HÉBRARD, secrétaire général de la Fédération Nationale de la Mutualité Française, *Président.*

M. DE CUERS, président de la Croix-Verte Française, Société de secours aux militaires coloniaux, *Vice-Président.*

M. DEPONT, secrétaire général du Congrès de la Mutualité d'Alger, *Vice-Président.*

M. DUGAS, président de la « Colonisation Française » *Vice-Président.*

M. HENRY, sous-chef du Cabinet du Ministre des Colonies, *Secrétaire.*

M. COLLARD, secrétaire de la « Colonisation Française » *Secrétaire adjoint.*

M. MERLIER, vice-président de la « Colonisation Française », *Secrétaire adjoint.*

15ᵉ SECTION. — Hygiène générale : Prophylaxie internationale

M. le Dʳ BOUCHARD, membre de l'Institut, inspecteur général des Etudes Médicales de France, *Président d'honneur.*

M. le Dr CHARRIN, professeur au Collège de France, *Président.*

M. le Dr BRAULT, professeur à l'Ecole de plein exercice d'Alger, *Vice-Président.*

M. le Dr DESGREZ, professeur agrégé à la Faculté de Médecine de Paris, *Vice-Président.*

M. le D^r ALY-ZAKY-BEY, secrétaire général du Comité de l'Islam, *Secrétaire.*

M. le Dr SAMNÉ, *Secrétaire.*

M. le Dr GOUPIL, *Secétaire adjoint.*

16e SECTION. — Pharmacie et matières médicales

M. GUIGNARD, membre de l'Institut, *Président d'honneur.*

M. SCHLAGDENHAUFFEN, ancien directeur de l'Ecole de Médecine et de Pharmacie de Nancy, *Président d'honneur.*

M. PERROT, professeur à l'Ecole Supérieure de Pharmacie de Paris, *Président.*

M. BEILLE, professeur à la Faculté de Médecine de Bordeaux, *Vice-Président.*

M. LUTZ, agrégé à l'Ecole Supérieure de Pharmacie de Paris, Professeur à l'Ecole supérieure d'Agriculture coloniale, *Vice-Président.*

M. GORIS, chef de Laboratoire à l'Ecole Supérieure de Pharmacie de Paris, pharmacien des hôpitaux, *Secrétaire.*

17e SECTION. — Organisation militaire et maritime

M. le vice-amiral FOURNIER, *Président d'honneur.*

M. le général DUCHEMIN, *Président.*

M. le colonel PEROZ, *Vice-Président.*

M. le colonel SEVER, *Vice-Président.*

M. le capitaine ROCHE, *Secrétaire.*

18ᵉ SECTION. — Réformes administratives

M. DE LAMOTHE, gouverneur des Colonies, *Président d'honneur*.

M. P. VIVIEN, président du Syndicat de la Presse Coloniale. *Président.*

M. G. LARUE, industriel, *Vice-Président.*

M. SEVILLE, administrateur des Affaires Civiles de l'Indo-Chine *Vice-Président.*

M. Alexandre FLEUROT, secrétaire de l'Association des Anciens Elèves de l'Ecole des Hautes Etudes Commerciales, *Secrétaire.*

La présidence d'honneur du Congrès a été acceptée par M. Clémentel, Ministre des Colonies, qui a soutenu le Comité des marques certaines et effectives de sa sympathique bienveillance. En outre le Congrès a reçu l'assentiment et les autorisations de participation à ses travaux, en ce qui concerne les officiers et fonctionnaires, des départements de l'Intérieur, des Affaires étrangère de la Guerre, de la Marine, des Colonies, des Travaux Publics et du Commerce.

Il a été honoré des subventions spéciales des Gouvernements généraux de l'Algérie, de l'Indo-Chine, de Madagascar et de l'Afrique occidentale, du Conseil municipal de Paris, du Conseil général de la Seine, de nombreux établissements de crédit et de sociétés coloniales, au premier rang desquels il convient de citer la Banque de l'Indo-Chine, la Banque de l'Algérie, le Comité du Commerce et de l'Industrie de l'Indo-Chine, et de plusieurs Chambres de commerce de la métropole et des colonies.

Le bureau du Congrès de 1905 a procédé à une heureuse innovation, en réservant à ses adhérents les séances de travail et les réunions des sections, mais en ouvrant au grand public les portes de ses séances du soir, où des conférences avec projections lumineuses ont été faites par des orateurs en situation sur des sujets coloniaux d'actualité. Les organisateurs pensent avoir ainsi le mieux servi la cause coloniale, par cette propagande et par cet élargissement du cadre des auditeurs habituels.

I

Séance d'ouverture

SÉANCE D'OUVERTURE

La séance d'ouverture du Congrès colonial de 1905 a eu lieu lundi soir, 5 juin, sous la présidence de M. François Deloncle, député, président du Congrès. Autour de lui avaient pris place MM. Caillaux, ancien ministre, l'amiral Fournier, Marchal, président du Congrès de 1904, les généraux Dodds, Bazaine-Hayter et Famin, les amiraux Philebert et Richard, commandant en chef l'escadre de l'Extrême-Orient, le docteur Raphaël Blanchard, de l'Académie de Médecine, Haas, ministre plénipotentiaire, J. P. Trouillot, de Pouvourville, secrétaire général du Congrès, Worms, rapporteur général. Dans l'immense amphithéâtre, garni jusqu'au faîte, nous remarquons notamment MM. les gouverneurs de Lamothe, Noël Pardon, Albert Grodet, MM. le colonel Sever, ancien député, le lieutenant-colonel Péroz, Jean Dupuis, le comte Récopé, Bertin, ingénieur des constructions navales, Joseph Chailley et Depincé, de l'*Union Coloniale*, R. P. Piolet, Hugues Le Roux, Gervais-Courtellemont, Maurice Gandolphe, René de Cuers, Jean du Taillis, explorateurs ; MM. Jourdan, directeur de l'Ecole des Hautes Etude Commerciales, Chaumier, vice-président du Comité de l'Indo-Chine, Mury, Larue, Durand, Halais, Paul Bonnard, docteur G. Samné, Vignon, Gréverath, Bourdarie, de Belleville, Boullan de l'Escale, etc., etc.

A neuf heures précises, M. François Deloncle ouvre la séance.

M. le Président DELONCLE.— Mesdames et Messieurs, au nom du Comité des Congrès coloniaux français de 1905, j'ai l'honneur de vous souhaiter la bienvenue et de vous remercier d'être venus ce soir par un si beau temps pour vous enfermer dans cet amphithéâtre, que la générosité de M. le Directeur des Hautes Etudes Commerciales a bien voulu mettre à notre disposition.

Grâce à lui, nous serons cette année plus nombreux que l'an passé. Votre présence et votre gracieuseté sont une garantie du succès du Congrès colonial de 1905.

Nous commençons nos travaux sous de brillants auspices, en présence d'hommes éminents tels que : M. Caillaux, ancien Ministre, l'amiral Fournier, les amiraux Philebert et Richard, le général Dodds, M. Haas, ministre plénipotentiaire, M. Jean Dupuis, que j'aperçois aussi dans la salle, et qui est un des premiers pionniers de l'Indo-Chine.

Je ne veux pas vous en dire plus ; car, comme depuis trois années déjà, c'est dans un sens pratique que nous allons commencer nos travaux.

Nous sommes, en effet, pratiques, car nous sommes réunis pour indiquer des solutions, pour étudier toutes les difficultés, pour tâcher de les résoudre, pour préciser les moyens de mettre en état de défense nos colonies, pour protéger les intérêts de nos coloniaux.

Je ne doute pas, Mesdames et Messieurs, que cette année, les solutions viendront, comme l'an passé, comme les vœux que nous avons émis à cette époque, à se réaliser, et j'en remercie le gouvernement, particulièrement M. Clémentel, Ministre des Colonies, auquel je suis heureux de rendre hommage.

C'est donc, je le répète, sous de brillarts auspices que le Congrès colonial de 1905 s'ouvrira, et c'est du plus profond du cœur que je vous remercie d'être venus en si grand nombre pour inaugurer ses travaux.

Je déclare ouvert le Congrès colonial français de 1905, et je donne la parole à M. de Pouvourville, notre secrétaire général, membre de l'Institut colonial international, pour étudier la question de la défense de l'Indo-Chine.

Comment et avec qui nous défendrons l'Indo-Chine

M. DE POUVOURVILLE. — « Le Congrès colonial français de 1905, pour marcher sur la trace de ses aînés, n'a voulu inscrire, au programme de ses conférences, que des sujets, non seulement d'actualité, mais d'intérêt pratique et immédiat. Et, à coup sûr, dans nos préoccupations coloniales, il n'y a rien de plus essentiel, il n'y a rien de plus urgent que la défense de notre Indo-Chine, et que la recherché et l'application des moyens, grâce auxquels sa sécurite et son intégrité triompheront des menaces de l'heure présente.

J'ai dit ailleurs de quelle diversité étaient ces dangers, de quelle précision étaient ces menaces, et comment le péril où nous sommes aujourd'hui, provenant d'une évolution brusque mais inévitable de la race humaine, est un péril perpétuel, auquel nous devons opposer un effort continu.

Tous les jours ce péril augmente et se fait plus pressant ; tous les jours de nouvelles et incroyables victoires viennent augmenter l'audace et les ambitions de nos rivaux ; tous les jours des désastres, imprévus et sans précédents dans l'histoire, viennent réveiller, de leur éclat tragique, les nations européennes colonisatrices, endormies dans une confiance et une inertie qui deviendraient coupables, si on en perpétuait l'erreur.

Mais si ces dramatiques évènements de Mandchourie affectent cruellement nos sympathies internationales, et si il nous faut entrevoir un avenir plein de ténèbres et de difficultés, ils doivent aussi et surtout nous servir de leçon : nous devons puiser, dans leur développement sinistre, non seulement la notion du devoir qui nous incombe, mais même, et par une étude précise du drame, le détail même des moyens que nous devons employer pour éviter de déplorables éventualités. La cruelle expérience qui se poursuit là-bas, parmi des flots de sang et d'incroyables ruines, nous dicte ce que nous avons à faire. Ce ne sera pas trop, en de telles circonstances, de toute l'ardeur et de toute la vitalité françaises; mais, sachons le proclamer très haut, ce n'est pas, malgré toutes les apparences, une besogne au-dessus de nos forces, si nous nous y mettons avec toute notre ténacité et tout notre cœur. Ayons notion à la fois de nos devoirs et de nos possibilités ; n'éludons pas les uns, mais ne nous défions pas trop des autres. Non seulement nous devons, mais nous pouvons sauvegarder l'Indo-Chine, et, en étudiant rapidement ensemble les grandes lignes de la défense nationale et de la préservation morale de notre Extrême-Orient, sachons bien que le canon japonais ne sonne pas le glas de nos espoirs, mais bien le réveil de nos consciences.

Chacun sait comment la défense de l'Indo-Chine fut envisagée successivement par les généraux qui y commandaient et notamment par les généraux Borgnis-Desbordes et Delambre. Dans tous les projets dont le leur fut le dernier en date et comme le type résumé, toutes les préoccupations se portaient vers une invasion chinoise, vers la protection de nos frontières terrestres, et la possibilité d'un débarquement n'était envisagée qu'en seconde ligne. Nous pouvons dire aujourd'hui, non seulement que le danger terrestre est secondaire, mais même qu'il n'y a qu'un seul danger, le danger maritime, le danger d'un débarquement, dont la première réalisation déclanchera immédiatement tous les autres dangers, ceux-ci demeurant latents et à l'état potentiel tant que l'ennemi n'arrivera pas par la mer.

« C'est sous l'empire de cette préoccupation nouvelle que sont conçus les nouveaux plans de défense, dont l'initiative et l'étude première sont dues à M. Deloncle. Nous ne referons pas ici l'historique des efforts longs, patients, entêtés qui lui furent nécessaires ; nous n'étudierons pas dans tous leurs détails si précis, si pressants, si pratiquement envisagés, le lumineux et courageux rapport qui vient à l'instant d'être distribué aux membres du Parlement.

« Mais nous allons en dire les grandes lignes, en faire ressortir les caractéristiques principales ; et, auparavant, il nous faut constater que le voyage (de l'été dernier) de M. Deloncle en Indo-Chine et les documents qu'il en rapporta, sont désormais le point de départ de notre position défensive en Indo-Chine; que c'est à M. Deloncle que l'Indo-Chine, et la France donc, doivent de connaître en même temps la situation délicate de nos possessions asiatiques et les moyens de les rendre fortes, et que l'acte courageux et réfléchi, par quoi M. Deloncle nous ouvrit les yeux à la vérité, lui doit valoir la reconnaissance générale, et donne un éclat de plus à une carrière déjà si féconde et si utile au pays.

Nous allons passer rapidement en revue les différents organes défensifs qui sont déjà ou qui seront mis prochainement à la disposition de l'Indo-Chine (1).

Déterminons les caractéristiques techniques de ce nouvel état.

I. — On voit tout d'abord que la *défense de l'Indo-Chine se restreint à des points principaux* et qu'il semble impossible de la défendre toute entière avec les seules forces dont elle dispose. On est donc amené à *abandonner* ce qui n'est pas tout à fait indispensable de conserver afin de concentrer utilement tous les efforts à la sauvegarde des points principaux :

SAIGON (centre de construction et d'approvisionnement, grand port d'attache et d'appui), QUANGYEN-HONGAY

____

(1) Les comptes rendus *in extenso* et les publications de rapports, imprimés par les soins du Comité des Congrés Coloniaux, ne doivent renfermer absolument que de l'inédit. Cette règle ne souffre aucune exception, et nous l'appliquons ici pour la première fois, en renvoyant le lecteur, pour le détail des œuvres militaires et maritimes que M. Pouvourville a préconisées dans sa conférence, à la collection de la *Dépêche Coloniale*, et au volume : « Les défenses de l'Indo-Chine, et la Politique d'Association. » (Pedone, éditeur, Paris 1905).

(défense du Tonkin dans ses parties riches), CAMRANH (hâvre de refuge et jonction des deux centres de défense), TOURANE (clef de la capitale) et *un point du golfe de Siam.*

II. — *On songe donc à attendre des renforts de France.* Il est entendu que l'escadre viendra et amènera des troupes. Mais jamais elle n'en amènera assez pour que, si l'Indo-Chine est envahie, nous puissions rejeter l'envahisseur par des moyens terrestres. D'autre part, peut-on dire que l'état de l'Europe sera tel, en cas de conflagration Extrême-orientale, que la France puisse envoyer ses escadres en Extrême-Orient ? Et si elle veut le faire, le pourra-t-elle ? Le terrain diplomatique des ententes et des accords, qui remplacent les alliances, est-il donc si solide ? Et ne savons-nous pas que, entre l'*ami* cordial et *l'allié* de raison, un gouvernement qui ne fait pas de sentiment n'hésitera jamais ? Et serons nous donc sûrs, si nous partons, d'arriver indemnes ? Et nous laissera-t-on le libre passage du canal de Suez ? Pensons donc que la France nous aidera, mais pensons à nous aider d'abord nous-mêmes : c'est à -dire ayons en Indo-Chine la défense *mobile, fixe, invisible* et secrète, qui est aujourd'hui, quoiqu'on en dise, la meilleure de toutes. Et ayons surtout de quoi en réparer sur place tous les organes, et au besoin, de quoi *en construire de nouveaux.* Je ne veux pas appuyer là-dessus. On pourrait traiter, en souriant, le modeste colonial que je suis, de rêveur et d'abusé. Cependant, c'est là qu'est la vérité et la sécurité. Et je laisse le soin de prononcer la parole affirmative et réconfortante que vous attendez de celui qui, pour la France, symbolise sur la mer sa puissance et ses espoirs. Que l'amiral Fournier me permette de lui exprimer notre commune gratitude de venir ici, si simplement, nous apporter la parole énergique et française qui maîtrise les circonstances et qui affermit les individus.

III. — La marine française défendra donc SAIGON non pas *comme un point d'appui d'escadre,* mais *comme une colonie.* Ce sera là le premier et le principal échelon de la défense générale des territoires. Cette étroite union de la marine et de la colonie, dans leurs organes comme dans leurs actions, est indispensable au succès de toute défense. Et c'est une chose qui n'a pas encore existé chez nous, que la nécessité aujourd'hui nous commande, et dont nous allons faire le lien par notre expérience.

IV. — Enfin et comme obligation corollaire, on voit que nous ne pouvons défendre la terre indo-chinoise sans la *collaboration expresse continue et générale* des Indo-Chinois. Il faut obtenir cette collaboration par une série de mesures du temps de paix et du temps de guerre, qui constituent la politique d'association.

Dès maintenant et dès la première mesure par où commencera l'exécution du programme de la défense de l'Indo-Chine, les autochtones devront être associés à nos efforts et mis au fait de nos moyens : ils devront être considérés non pas comme les instruments passifs, mais comme les collaborateurs intelligents et volontaires de nos plans de préservation; ils devront fournir leur quote-part, matérielle et morale, à l'œuvre désormais commune ; et combien cette quote-part peut devenir considérable, si l'on considère la valeur numérique des populations indo-chinoises, et les réserves de forces de résistance et d'attachement au sol national qu'ont amassées, au fonds de leur conscience, tant de siècles d'une intense civilisation.

Marquons fortement que cette collaboration ne donnera les résultats qu'on est en droit d'en attendre, que si elle nous est donnée de bon cœur et sans arrière-pensée. Je ne dis pas que nous puissions arriver de suite à ce qu'elle nous soit donnée d'enthousiasme et par affection ; mais je dis qu'elle ne doit pas nous être donnée par contrainte, mais bien au contraire par un raisonnement logique et par le sentiment très net que l'Indo-Chine, en nous perdant, se perdrait elle-même, et que, du moment qu'elle ne sait plus être indépendante, elle ne peut avoir de meilleur directeur et de meilleur ami que nous.

Pour que les peuples d'Indo-Chine acquièrent désormais cette conviction, si profondément qu'ils ne puissent plus jamais la perdre, pour qu'ils saisissent que leur avantage est identique au nôtre, et que, pour qu'ils soient heureux et prospères, il faut que nous restions les promoteurs et les garants de leur prospérité, il faut que nous nous fassions mieux comprendre d'eux que nous ne l'avons fait jusqu'alors ; il faut que nous prenions plus de souci de pénétrer dans leur âme et dans les préoccupations journalières de leur esprit ; il faut que, ayant depuis longtemps terminé la conquête matérielle, et ayant enfin fait aujourd'hui la conquête industrielle, nous continuions et achevions la conquête intellectuelle de l'Indo-Chine.

C'est ici une chose à la fois difficile et indispensable ; car plus un peuple est civilisé et averti, plus il est délicat et, aussi nécessaire de conquérir son esprit et sa confiance. Et à ce point de vue, on comprend bien quelle diversité doivent avoir nos méthodes coloniales. Nous ne pouvons, dans la vieille Asie, user des moyens, quels qu'ils puissent être, qui nous réussissent chez les peuples enfants dont, en Afrique et ailleurs, nous avons assumé la direction. Il faut savoir que dans cette race jaune, avec laquelle nous avions tout récemment encore de rares points de contact, nous trouvons évidemment des frères cadets quant aux ressources physiques, mais que nous rencontrons souvent des frères jumeaux et parfois des frères aînés en expérience et en savoir. Les plus grands philosophes de l'humanité et trois mille années d'un enseignement moral toujours semblable à lui-même, ont habitué ces aînés à des convictions et à des sentiments que la crainte ne saurait contraindre et que la force ne saurait annihiler. Quarante siècles d'une existence facile et d'une stabilité sans exemple ailleurs, ont donné à ces races des formes sociales qu'elles n'abandonneront point, des lois économiques et des codes traditionnels qu'une application heureuse et continue a fait infiniment respectables, et pour ainsi dire intangibles.

N'avons-nous pas le devoir de compter avec un si gros et si ancien héritage ? Sont-ce là des âmes vagues et des caractères vierges que nous pensons façonner à notre image et à notre guise ? N'est-ce pas là, au contraire, un type d'humanité sur lequel un atavisme intellectuel merveilleux a mis une empreinte indélébile ? Et n'est-ce pas notre intérêt de faire servir à la fois à nos projets et à leur bonheur les qualités essentielles et profondes que ces peuples doivent à la longue suite de leurs ancêtres et à l'inébranlable stabilité de leur civilisation ? Poser cette question, c'est évidemment lui donner la réponse affirmative qu'elle attend et qu'elle commande. Et nous devons rechercher les moyens de pourvoir aux nécessités qui nous sont ainsi démontrées ; mais il faut se garer d'un écueil, l'écueil sentimental, et éviter toute mesure assimilatrice.

Il faut même dire que les moyens de l'assimilation et de l'association sont très souvent opposés les uns aux autres, et qu'en tout cas les mentalités des partisans de ces deux politiques sont absolument différentes. L'assimilateur est convaincu que l'indigène est non seulement son égal, mais encore et surtout son identique ; il croit que l'indigène est fait pour recevoir, pour absorber, pour digérer tout d'un coup toute la civilisation française, dans l'ensemble et dans les détails. L'assimilateur est rempli de cette conviction orgueilleuse et naïve, que les indigènes n'étaient rien du tout, avant l'arrivée providentielle de sa personne et de ses principes ; il est convaincu aussi que le cerveau de l'indigène, depuis trois, quatre, cinq mille ans que sa race existe, était comme une terre en friche qui soupirait après la culture, et qu'il est le génial laboureur chargé d'y jeter les premières semences intellectuelles. Il ne se doutera jamais que les indigènes auxquels il s'adresse avec une si imperturbable confiance ont pu posséder une civilisation antérieure à la sienne propre, des enseignements supérieurs à ceux qu'il apporte. Il ignore volontairement tout ce qu'on a fait avant lui ; il néglige toute la philosophie, toute l'histoire toute la tradition, qui ne sont pas sa philo-

sophie, son histoire, sa tradition. Et il apporte, sans vouloir y accepter les plus petites modifications, son édifice,
tout construit, de législation, de civilisation, de morale
particulière, à des gens qui en sont déjà pourvus, et
qui ne savent que faire d'un si embarrassant cadeau.

Cette méthode est bien commode pour ceux qui ne veulent plus rien apprendre, et c'est sans doute pour cela que
l'on trouve, parmi nos doctrinaires et nos colonisateurs
en chambre, tant de politiciens assimilateurs.

Nous n'étonnerons aucun Français de l'Indo-Chine en
disant que ces tendances assimilatrices peuvent être, à
la rigueur, imposées aux Annamites ; mais qu'elles n'ont
aucune chance de réussir, et qu'en se plaçant au point de
vue indigène, c'est faire injure à la race de Confucius, de
Tsouhi et de Laotseu, que de lui apporter impérieusement
les principes de Robespierre, la jurisprudence de M. Demo-
lombe, et l'humanitarisme larmoyant de Mme Beecher-
Stowe.

Les principes de la politique d'association ne ressemblent
en rien à une conception aussi extraordinaire. Loin d'apporter aux populations lointaines de l'Extrême-Orient un
système intellectuel occidental tout préparé d'avance et
intangible, nous entendons, convaincus que nous sommes
de n'être point des savants universels, ne nous appuyer
que sur les enseignements du passé et sur l'expérience jour-
nalière, laquelle se chargera de démontrer si nous avons
de bonnes ou de mauvaises méthodes. Nous n'avons pas
étudié dans les cabinets et dans les bibliothèques, mais
nous avons vécu, nous avons voyagé et nous connaissons
l'influence des civilisations et des évènements. C'est dire
que les bases de la politique d'association que nous pré-
conisons ne sont pas du tout des idées françaises importées
de toutes pièces, mais au contraire des idées indo-chinoises que nous trouvons sur place et que nous devons
respecter dans leur essence, si ce n'est même dans leur entier
développement.

Le respect de ces idées n'est pas pour nous une simple

théorie spéculative, ni même seulement un devoir moral, il conduit à l'utilisation naturelle des forces indigènes que ces idées ont fait naître, et auxquelles elles ont donné leur valeur expansive. Et en dehors de la satisfaction intérieure, nous savons qu'il y a un intérêt à être juste, et nous pouvons réduire les motifs de notre action à ce syllogisme utilitaire : nous avons besoin de la coopération des forces indigènes; or nous ne pouvons les obtenir qu'en adaptant nos méthodes aux traditions, aux idées, au tempérament de la race ; donc acceptons les traditions, adoptons les idées, et tirons parti du tempérament.

J'aurais voulu indiquer tant soit peu comment ce soin de l'association avec l'indigène doit modifier l'apreté sommaire, et adoucir la rigidité des règles militaires fondamentales du recrutement, du service des réserves et de leur emploi en temps de guerre. Outre le temps qui manque, il est certain que l'application dans les details demandera du soin et des tâtonnements. Mais il faut se persuader dès maintenant, que c'est sur toutes les parties du Gouvernement que le principe de l'association devra s'étendre; et qu'il devra absolument affecter toutes les mesures et spécialement celles que nous serons tenus de prendre pour assurer notre sécurité. En ce qui concerne l'administration de l'armée indigène, nous devrons nous inspirer non seulement des lois militaires de l'ancien Annam, mais aussi du tempérament, plus ou moins guerrier, de la race principale et des tribus adjacentes. C'est pourquoi il ne faudra plus établir ni de réglements métropolitains, ni de règles générales. C'est pourquoi il faudra faire le départage des qualités diverses des différentes populations ; il ne faudra pas traiter les soldats de la plaine comme les soldats de la montagne, ni les mélanger, ni les faire commander les uns par les autres. On pourra leur demander un service à long terme pourvu que les périodes en soient courtes et espacées, et qu'il ne ressemble en rien à un service permanent. On pourra faire une excellente armée défensive ; on

ue fera jamais une armée d'attaque : on devra établir
un recrutement régional et un système de défense provin-
cial ; on devra tenter de relever moralement le métier des
armes, devenu occasionnel. Enfin, et surtout, dans la détermination du commandement, on aura soin de remplacer
l'anonymat du grade et de l'ancienneté par la seule influence
qui vaille là-bas, l'influence individuelle de l'homme reconnu comme savant et estimé comme juste.

Arrêtons ici la faible esquisse des grandes lignes d'un
programme qu'il va falloir établir et réaliser immédiatement.

Pénétrons-nous bien de cette idée qu'une réforme est
nécessaire , que des dépenses considérables sont urgentes,
que nous avons quelques sacrifices d'amour-propre à con-
sentir, et tâchons, par tous les moyens à notre portée, de
créer en France, en faveur de la défense de l'Indo-Chine,
ce mouvement de l'opinion publique qui hâte et multiplie
les efforts des gouvernements. C'est le meilleur service
que notre génération, qui a conquis l'Indo-Chine, puisse
rendre à la génération qui suit, et qui a la charge délicate et
peut-être plus difficile encore, de sauvegarder la conquête.

M. le Président DELONCLE. — C'est avec juste raison
que les applaudissements qui ont, à maintes reprises, sou-
ligné la magnifique conférence de M. de Pouvourville,
ont félicité, comme il le méritait, notre très sympathique
Secrétaire général.

Permettez-moi de remercier M. l'amiral Fournier du
grand honneur qu'il nous fait en venant assister à notre
séance d'ouverture et en consentant à y prendre la parole.
La présence de ce grand marin à côté de celle des amiraux
Philebert et Richard nous remplit de joie , et ce n'est pas
sans émotion que nous allons l'entendre. Car l'amiral
Fournier est, en même temps qu'un grand marin, un grand
et éminent diplomate, et c'est entre ses mains que fut jadis
placé le sort du Tonkin. C'est lui qui a signé le traité de
Tien-Tsin, et c'est lui qui, tout récemment, a rendu à la

cause de la paix un service éminent dans un conflit extrêmement dangereux que tous nous devions redouter : l'incident de Hull.

C'est vous dire, Amiral, combien vos paroles sont autorisées parmi nous, et dans quels sentiments nous allons
écouter votre discours.

M. l'Amiral FOURNIER. — Je suis extrêmement tou-
ché, ému et confus des éloges très exagérés qu'a bien
voulu m'adresser M. le Président Deloncle, qui est un ancien ami, en qui j'ai toute confiance, qui sait si bien défendre les causes qui lui sont confiées, et qui sait avec tant de
chaleur nous porter au souci des intérêts de la Patrie.

M. de Pouvourville vous a fait un discours sur une question qu'il vient de traiter avec son talent habituel, et sur
un sujet de l'ordre le plus élevé. J'ai le regret de n'en avoir
pas entendu le début, mais j'applaudis à ses conclusions.

Je n'ai pas l'intention de faire une conférence, car je ne
suis pas diplomate, comme vient de le dire M. Deloncle,
je suis marin. M. Deloncle a bien voulu me demander de
lui prêter un appui amical ; il défend au Parlement une
grande cause, qui peut se traiter de mille façons ; il a bien
voulu penser que je pourrais parler au point de vue maritime.
Je n'ai pas décliné cette invitation si honorable pour moi.
Je viens donc vous parler sur ce sujet qu'il a bien voulu
me confier, ne pouvant refuser de prêter mon concours à
cette cause sacrée qui est celle de la défense de l'Indo-
Chine.

Je ne vous parlerai pas de la défense par terre ; car pour
vous dire ce que l'on peut faire dans ce sens, j'ai à côté de
moi le général Dodds, héros des troupes coloniales, vainqueur après tant d'années tristes et malheureuses, et qui,
le premier, nous a rendu quelques lueurs d'espoir avec
tant de rayons de gloire. J'ai en outre pleine confiance
dans le général Voyron.

Je ne vous parlerai donc que des questions concernant
la marine. Le premier principe que je désire établir est

l'autonomie de cette défense. Il est impossible de la confier à l'escadre de la Méditerranée, qui protège les côtes de Tunisie, d'Algé ie, de Corse et tout le bassin maritime de la Méditerranée. Il est impossible même de nous désintéresser de la Manche, car elle pourrait être franchie par des puissances d'excellentes marines, et très redoutables.

Nous avons en ce moment une entente cordiale qui, j'espère, se prolongera très longtemps ; mais le principe est de tout prévoir et de savoir se garder.

Déserter ces deux mers pour aller en Indo-Chine, il faut le prévoir, s'y préparer, parce que nous ne savons pas ce qui peut arriver ; mais il faut éviter d'y trop compter. Il faut nous garder comme si nous ne pouvions le faire. Il faut d'ailleurs envisager les difficultés en présence desquelles se trouveraient les escadres pour être transportées si loin, et celles de l'éloignement des bases de ravitaillement.

Les difficultés auxquelles a eu à faire face l'escadre russe nous montrent que c'est chose peu facile que de transporter une force navale d'Europe si loin de sa base.

En outre, il serait à craindre qu'elle arrive trop tard ; que les points d'appui soient insuffisants ; que les difficultés de ravitaillement soient insurmontables.

Ensuite, forcément, il y aurait une période d'au moins un mois pendant laquelle le rivage indo-chinois serait la proie des ennemis qui voudraient l'envahir, d'autant plus facilement que ces ennemis seraient plus près. Il est certain que les Japonais nous y devanceraient de trois semaines donc le mal serait fait. Voilà ce qu'il faut prévoir. Il faut donc que nous ayons sur place nos moyens de défense ; il faut nous fixer sur les rives de ce pays riche ; il faut que notre puissance, par son voisinage, soit une sécurité plus grande pour nos voisins, pour la Chine, pour l'Angleterre, les Indes, que celui d'Asiatiques qui pourraient mettre le feu aux poudres dans les Indes. Il est donc utile de rester, au lieu de céder la place à une puissance entreprenante hardie et conquérante, descendant de la race malaise, qui

sait si bien rayonner et soulever les pays environnants.
Nous sommes moins menacés qu'il ne paraît ; mais il ne
faut point s'endormir

Il faut donc compter sur une force pratique et immédiate ;
et pour cela il faut des torpilleurs, des sous-marins formant
un premier rayon défensif, des contre-torpilleurs et des
submersibles formant un deuxième rayon plus éloigné,
offensif, et pouvant aller très loin, pouvant atteindre
l'ennemi même jusqu'à sa base.

Il suffit d'indiquer les différences dans le rayon d'action
et de puissance de ces éléments. Pour vous faire comprendre
en deux mots que la torpille est une arme décisive, je ne
veux point invoquer le désastre si douloureux de nos amis
les Russes à Tsoushima ; car nous ne sommes point suffisamment bien renseignés sur les détails (et je tiens ici à rendre hommage à la valeur réciproque des deux adversaires),
nous ne savons en présence de quelles difficultés les vaincus
ont pu se trouver. Ce que nous savons et ce que je puis dire,
c'est que dans de récents exercices, il y a quinze jours,
nous avons fait des essais ; et j'ai été torpillé quatre fois par
surprise, par des submersibles, quoique connaissant par
faitement la place de ces unités ; par conséquent, c'est une
arme redoutable.

Le grand avantage de cette arme peut se reconnaître
de deux façons : en premier lieu, elle a toujours un refuge
contre la mer en tempête ; car, en descendant de quelques
mètres, le submersible se trouve dans un calme parfait,
comme le dit et l'a expliqué M. l'Ingénieur des constructions navales, M. Bertin, que j'aperçois ici, et au témoignage de qui je fais appel. S'il est vrai que les lames sont en
quelque sorte des rouleaux d'eau qui passent, le sous--marin
peut se placer au-dessous de ces rouleaux lorsque la mer
est trop forte. La deuxième raison de la force du submersible, la mer n'étant pas pour lui un obstacle, c'est qu'il
peut frapper l'ennemi sans que ce dernier se doute même
qu'il est menacé. On dit : « mais les submersibles sont petits
et les torpilles sont insuffisantes pour détruire les grosses

unités ». A ceci je répondrai que les torpilles seront ce qu'on les fera ; quand elles seront destinées à combattre de grosses unités, elles seront elles-mêmes plus grosses.

Les nations qui construisent arrivent à établir des cuirassés de 20.000 tonnes et qui coûtent 50.000.000 ; il faudra donc pour combattre ceux-là des torpilles plus fortes ; mais que l'on sache bien que la taille des torpilles augmentera en raison de la taille des navires ennemis. De la sorte, les navires auront beau augmenter leur tonnage, les torpilles augmenteront leur force d'explosion ; et cette dernière toujours l'emportera.

Quant à la blessure que cause cet engin, elle est terrible ; c'est une trouée par laquelle l'eau s'engouffre, quelle que soit la force de résistance de la cuirasse ; et le navire à ce moment s'incline, donne de la bande, et l'inclinaison du navire étant de 10 à 12 degrés, ce qui est peu, ce dernier est incapable de se servir de son artillerie, qui ne peut plus tourner. Cette unité est donc entièrement paralysée de tout mouvement et de son artillerie, et cela par une simple torpille. Dès lors, à quoi sert d'amener si loin des pièces énormes et ces navires colossaux qui coûtent 50.000.000 de francs, et qu'une simple torpille détruit ou met dans l'impossibilité de combattre ?

Je ne veux pas dire qu'il ne faille pas de ces vaisseaux ; ils forment un corps de bataille utile ; car il faut une force d'attaque qui fait le désordre chez l'ennemi et donne ainsi l'occasion aux petits engins de se montrer. Mais une flotte de submersibles et de torpilleurs est suffisante pour détruire une flotte très considérable ; car, ces unités, qui sont le quarantième ou le cinquantième des grands vaisseaux, qui peuvent être construites en dix-huit mois ou un an, et qui ne coûtent pas très cher, portent chacune 6 et même 8 torpilles qui, chacune, peuvent faire couler un vaisseau. Quelle flotte résistera à cette puissance ?

De plus le submersible n'a rien à craindre pour lui-même, car il échappe au danger en plongeant. Il y a une grande différence entre le vaisseau et le sous-marin ; c'est que ce dernier n'a pas à craindre les vaisseaux et que les vaisseaux ont tout à craindre du sous-marin. Avec un certain nombre de submersibles dans la Méditerranée et la Manche, nous serions maîtres absolus de tous les ports ; et ce résultat est impossible à obtenir avec de grandes unités ; car alors quelle flotte à alimenter, et par quel budget énorme ? Peut-on avoir pareille prétention ?

Quant à moi je dis que, si on me donnait à choisir entre une flotte de haut bord complète et assez considérable pour combler l'écart qu'il peut y avoir entre elle et une flottille de 100 submersibles, je préférerai de beaucoup commander les 100 submersibles et j'aurai plus de chance de gagner la bataille

En principe : en matière maritime opposer par exemple 2.000.000.000 à 2.000.000.000, c'est jouer à pile ou face. C'est beaucoup risquer que de dépenser 2.000.000.000 pour construire une flotte de haut bord, et c'est assurer sa destruction que de risquer 2.000.000.000 en submersibles. Pour arriver à ce résultat incertain, il vaut mieux 100 submersibles qui auraient une surabondance de force et de nombre permettant de détruire l'ennemi en peu de temps, sans risques ni aléas. En les appliquant au Tonkin, on aurait la protection à très peu de frais, alors qu'il serait impossible d'avoir une flotte remplissant le même emploi défensif et offensif. Il faut transformer celle que nous y avons déjà et l'encadrer de submersibles. Notre défense sera ainsi plus forte et plus rapide. Le submersible échappe à tout adversaire ; il a toujours une ligne de retraite, la verticale, où personne n'ira le chercher. Ne souffrant point de la mer, il pourra toujours se rapprocher du point où on pourra le réparer et reconstituer son équipage.

Il faut donc que l'arsenal de Saïgon soit à même de réparer, de reconstituer, de construire des sous-marins, de remplacer les équipages qui sont de 12 à 22 hommes environ, équipages d'élite et d'officiers qui sont si admirables. Ils sont arrivés à un degré de perfection dont je crois pouvoir dire qu'aucune autre nation n'en possède de tels ; et nos officiers ont un mérite exceptionnel de les avoir amenés à ce degré d'habileté et de savoir. La torpille est **un** engin difficile à manier ; c'est une arme qui, jusqu'à présent, paraît être bien française, et où rous semblons, dans tous les cas, avoir une réelle supériorité.

Supposons que chacune des nations intéressées sur la Méditerranée ait à sa disposition une centaine de submersibles (et cela est possible), comment voulez-vous qu'une flotte y passe ?

Avant dix ans, il y aura des établissements industriels qui vous feront des submersibles comme on fait de la charcuterie. Tout le monde en aura, et quand il y en aura partout, que deviendra la guerre de côtes ? Je ne résoudrai pas le problème, mais , ce que je puis dire, c'est que nous devons utiliser cette arme, car nous l'avons inventée ; il faut nous en servir et si nous hésitions trop longtemps, les étrangers se chargeraient de rous rappeler qu'elle nous est indispensable.

Tout ce que je demande, c'est que nous nous fassions respecter avec cette arme redoutable ; et on peut être certain que notre diplomatie y trouvera un appui puissant et pourra attendre les évèrements sans crainte.

Il faut donc, pour me résumer, donner à l'Indo-Chine deux ceintures : l'une défensive, en conservant et transformant notre petite escadre ; l'autre offensive, assez forte pour détruire l'ennemi et aller l'inquiéter sur ses propres côtes. Si on ajoute à cela des points d'appui avec des arsenaux de réparation et de construction, nous aurons fait alors tout ce que nous pouvons faire ; et l'escadre que nous aurons alors sera une puissance qui jettera certainement un certain froid au Japon.

Je vous remercie de votre attention si flatteuse, d'avoir bien voulu m'écouter si longtemps, et demande seulement que vous vouliez bien prêter votre concours pour la propagation de mes idées, auxquelles la Commission parlementaire et MM. les Ministres Thomson et Clémentel, paraissent déjà acquis.

· M. le Président DELONCLE. — Vous venez, Amiral, de prononcer des paroles si réconfortantes si entraînantes, que nous avons éprouvé l'émotion qu'il y a un an, vous avez fait éprouver à la Commission parlementaire de la marine.

Depuis plus de deux mois nous travaillions dans l'ennui et la tristesse ; nous ne savions pas où nous allions ; chacun avait sa manière de voir et la défendait ; et on sentait et en disait que rien de pratique ne sortirait de nos réunions.

Vous êtes venu, un jour d'été, et je me rappelle que, lorsqu'on vous a introduit, chacun de nous se demandait si ce n'était pas encore une audition comme tant d'autres, et si elle ne se terminerait aussi que par des paroles.

Vous êtes venu ; et dès que vous avez commencé à parler, tous, les plus incrédules, ceux qui ne voulaient rien faire, ceux qui voulaient tout désarmer et abandonner, tous se sentirent entraînés par votre beau langage modeste. et sans éclat. Vous souvenez-vous, quand vous êtes sorti, combien M. Clémenceau, président de la Commission, lorsqu'il vous a reconduit, a tenu à vous dire que vous nous aviez rendu l'espoir et l'honneur ? Et c'est de ce jour que la Commission a travaillé, car nous avions repris confiance.

Oui nous avons déjà une petite flotté de submersibles qui est suffisante pour garder nos côtes. Même les plus puissantes flottes, pour s'approcher de la France, savent maintenant qu'il y a des armes invisibles prêtes à fondre sur elles.

Rappelez-vous, il y a un an, comment vos conseils furent écoutés par la Commission parlementaire, mais pas assez en haut lieu. Aujourd'hui, vous êtes enfin écouté ; vous avez le champ libre ; chacun de nous, au Parlement, a retenu vos conseils. Aussi, avons-nous applaudi au Ministre des Colonies qui vous a demandé votre concours ; et je suis sûr que, sous votre direction, sortira le complément définitif de la défense de l'Indo-Chine, à laquelle nous travaillons ardemment depuis quelque temps, et qui ne peut être réalisée que par vous et sous votre haute direction, pour la grande cause de la Patrie.

Je remercie, en mon nom et au nom du Comité des Congrès coloniaux, les excellents orateurs que tout le monde vient d'entendre. Je remercie les nombreux assistants qui sont venus écouter la conférence de M. de Pouvourville et le discours de M. l'amiral Fournier. Et je suis sûr que nous en garderons tous un profitable souvenir.

Après une série de projections lumineuses, par clichés provenant de la collection de M. Legras, conseiller à la Cour d'appel de Saïgon, la séance est levée.

II

Conférences publiques

CONFÉRENCES PUBLIQUES

Les organisateurs du Congrès de 1905 ont, comme nou-l'avons dit, inauguré une série de conférences de l'après-midi et du soir, où ont été conviés, non seulement les adhé-rents au Congrès, mais tout le public parisien, que les cho-ses coloniales intéressent. L'affluence des assistants, le retentissement de ces conférences dans la presse et dans l'opinion, ont démontré que cette tentative était justifiée et qu'elle avait remporté un entier succès.

En dehors de la conférence de la séance d'ouverture, voici la liste des conférences qui ont été données, la plu-part avec de nombreuses projections inédites, dans le grand amphithéâtre de l'Ecole des Hautes Etudes Commerciales :

Mardi 6 juin, à 2 heures ½ de l'après-midi, sous la pré-sidence de M. le professeur Bouchard, membre de l'Institut et de l'Académie de Médecine, professeur à la Faculté de Médecine de Paris : *Alimentation et régimes alimentaires aux colonies*, par M. le docteur DESGREZ, Professeur agrégé à la Faculté de Médecine de Paris.

Mardi 6 juin, à 9 heures du soir, sous la présidence de M. François Deloncle, député de la Cochinchine : *L'action américaine aux Philippines*, par M. DE LAMOTHE, gouver-neur des colonies, avec des projections inédites, prove-nant de la collection de M. de Lamothe.

Mercredi 7 juin, à 2 heures de l'après-midi, sous la pré-sidence de M. François Deloncle, député de la Cochinchine : *Le caoutchouc dans les colonies françaises*, par M. le docteur SPIRE.

Mercredi 7 juin, à 4 heures, sous la présidence de M. Fran-çois Deloncle : *Le Maroc*, par M. Jean DU TAILLIS.

Mercredi 7 juin, à 5 heures ½ du soir, sous la présidence de M. François Deloncle, : *Adaptation des races chevalines françaises aux colonies*, par M. SISTERON, capitaine au 21° régiment de chasseurs, avec projections inédites de l'auteur.

Mercredi 7 juin, à 9 heures du soir, sous la présidence de M. Penant, président de section : *Principes de colonisation*, par M. GERVILLE-RÉACHE, député de la Guadeloupe, vice-président de la Chambre des députés.

Jeudi 8 juin, à 2 heures ½ de l'après-midi, sous la préeidence de M. François Deloncle : *La situation économique du Siam*, par M. DAUPHINOT, attaché commercial à la légation de France à Bangkok.

Vendredi 9 juin, à 5 heures de l'après-midi, sous la présidence de M. DEBOVE, doyen de la Faculté de Médecine de Paris : *Médecine et colonisation*, par M. le docteur Raphaël BLANCHARD, Membre de l'Académie de Médecine, Professeur à la Faculté de Médecine de Paris, avec nombreuses projections.

Vendredi 9 juin, à 2 heures ½ de l'après-midi, sous la présidence de M. François Deloncle : *La politique indigène aux Indes anglaises*, par M. J. CHAILLEY, secrétaire général de l'Union coloniale française.

Alimentation et régime alimentaire aux Colonies

Par M. Desgrez

M. le professeur Bouchard a ouvert et fermé la séance par d'aimables paroles pour la cause coloniale et ses défenseurs.

M. le Docteur Desgrez, avec toute l'autorité qu'on lui sait, a rappelé les principes d'hygiène et de préservation si nécesaires aux colonies. Ses démonstrations ont été ap.-puyées, non pas seulement de projections, mais aussi d'expériences.

La modestie excessive de M. le professeur Desgrez ne nous a pas permis de reproduire ici le texte ou l'analyse de son discours. Mais il importe que les congressistes et le public n'en oublient ni le souvenir ni le profitable enseignement.

L'Action américaine aux Philippines

Par M. de Lamothe

La séance est ouverte à 9 heures du soir.

M. le Président DELONCLE. — Je salue en M. le Gouverneur de 1ᵉ classe Henri de Lamothe, le voyageur qui depuis trente ans parcourt l'Europe. Personnellement, je me souviens d'avoir eu le plaisir de le rencontrer, dans les eaux d'Illyrie. C'était en 1875 et nous avions prévu les évènements qui occuperaient la Bosnie et l'Herzégovine

Déjà M. de Lamothe avait visité le Canada.

Depuis, il a été gouverneur de Saint-Pierre et Miquelon, de la Guyane, du Sénégal, du Congo, de la Cochinchine, et dernièrement enfin, il était Résident général au Cambodge, lorsque le Gouverneur général de l'Indo-Chine eut l'excellente idée de le charger d'une mission aux Philippines qui, depuis trois ans, étaient passées sous la domination américaine.

M. le Gouverneur de Lamothe vous dira ce qu'il a vu et ce qu'il pense, car c'est un esprit observateur et un honnête homme par excellence. Tel je l'ai connu il y a trente ans, tel je le retrouve aujourd'hui, fidèle à ses idées sur la colonisation, qu'on peut regretter de ne pas avoir pu appliquer.

Il y a peu d'hommes qui aient plus de valeur administrative que lui, plus de largeur de vue et plus de caractère.

Je le remercie donc de la conférence qu'il a bien voulu nous donner.

M. le Gouverneur de Lamothe aurait pu se faire entendre

à la Société de Géographie de Paris, à la Société de Géographie commerciale ; il nous réservé la primeur de sa conférence. Vos applaudissements lui témoigneront votre reconnaissance.

M. DE LAMOTHE. — En venant vous entretenir aujourd'hui de l'action américaine aux Philippines, je n'ai pas la prétention d'entrer dans des détails dont l'exposition demanderait certainement plus de temps que je n'en puis réclamer des organisateurs du Congrès et de votre propre indulgence. Je ne vous ferai pas une description pittoresque des parties de l'archipel que j'ai pu visiter. Je craindrais d'ailleurs de ne pas rendre aux beautés des Philippines tout l'hommage qu'elles méritent. Je venais d'être un peu gâté sous ce rapport par six semaines de séjour dans cette île admirable de Java qui, au point de vue de la splendeur des paysages et de la végétation, peut être appelée à bon droit le joyau de l'Insulinde. Toutefois, je vous montrerai tout à l'heure quelques projections qui vous donneront une idée sommaire des paysages et des habitants.

Ma mission avait d'ailleurs un but bien délimité. Je voulais constater sur place les résultats des six années d'occupation américaine dans cette ancienne colonie espagnole. Je me suis efforcé de me rendre compte de l'ancien état de choses et des changements déjà introduits. Connaissant, sinon à fonds, tout au moins d'une façon passable, les deux langues civilisées actuellement en usage dans l'archipel, c'est à dire l'anglais et l'espagnol, j'ai pu obtenir directement par voie de conversation une foule de renseignements que j'aurais vainement cherchés dans les livres. D'autre part, le gouvernement des Philippines m'a comblé de documents qui m'étaient absolument nécessaires pour me rendre compte, et du but poursuivi, et des moyens employés pour l'atteindre. Enfin, j'ai pu me procurer sur place un certain nombre d'ouvrages récents, les uns en anglais, les autres en castillan, qui représentaient le côté indépendant, souvent même critique, de l'opinion des résidents et des visiteurs.

C'est avec ces éléments que j'ai rédigé un rapport de mission, adressé à M. le Gouverneur général de l'Indo-Chine.

M. le Ministre des Colonies, à qui j'en ai communiqué la copie, a bien voulu m'autoriser à faire part au Congrès de mes observations.

Cette conférence, très documentée, et que M. de Lamothe a appuyée de projections toutes nouvelles, et particulièrement intéressantes, a été publiée *in extenso* dans le *Bulletin du Comité de l'Asie Française* (fascicule de juin 1905.)

M. de Lamothe tire, de sa récente mission, les conclusions suivantes :

Comme conclusion, toutefois, je vous demande la permission de vous lire purement et simplement la fin de mon rapport, rédigé à Saïgon, en février dernier, Je n'y veux pas changer un mot. A vous de juger si les évènements survenus depuis ces trois derniers mois ont confirmé ou infirmé ma manière de voir.

Mon très court séjour aux Philippines, écrivais-je alors, a laissé sur moi une profonde impression. En des circonstances des plus défavorables et malgré une dépression économique résultant d'une guerre prolongée et d'une effroyable épizootie qui, dans certains endroits, a détruit 90 % des animaux employés aux cultures, le gouvernement américain a réussi à donner dès maintenant au progrès matériel et moral de l'Archipel une impulsion qui ne s'arrêtera plus. Il m'a sans doute été tout particulièrement agréable de voir mettre aussi vigoureusement en pratique par un grand peuple, des théories de gouvernement colonial et de réforme par la diffusion de l'enseignement public, que j'ai constamment soutenues depuis trente ans, soit comme publiciste, soit comme gouverneur, et qui m'ont fait plus d'une fois traiter d'utopiste. Cette expérience est en cours ; ceux qui la dirigent reconnaissent nettement qu'elle ne pourra être jugée définitivement que par ses résultats, et que ceux-ci n'apparaîtront clairement que dans un délai qui peut embrasser une trentaine d'années, la durée d'une génération humaine. Je n'en verrai donc pas la fin ; mais il fallait que l'expérience fut faite et ce sera pour les Etats-Unis un éternel honneur de l'avoir tentée. Je désire vivement pour ma part que la démocratie française entreprenne une tâche analogue dans les possessions d'outre-mer, en commençant, bien entendu, par celles qui présentent le plus d'analogie avec les Philippines, par exemple, « *mutatis, mutandis* » Madagascar. En Indo-Chine même nous pourrions, je crois, nous inspirer utilement, dans bien des circonstances, de l'exemple qui nous est offert dans notre voisinage.

Tout autour de la mer de Chine règne une ceinture de splendides territoires peuplés de plus de soixante millions d'hommes et inégalement partagés entre les Pays-Bas (36 à 38 .000.000), la France (18.000.000), les Etats-Unis (7.600.000), l'Angleterre (environ 2.000.000). Quel sera l'avenir de ces pays de domination ?... La guerre de 1898 a démontré qu'on ne saurait défendre contre une attaque extérieure des colonies révoltées. Les évènements qui se déroulent en ce moment en Extrême-Orient semblent vouloir étendre et compléter cette démonstration, en ce sens que très probablement, en cas de complications futures, l'indifférence, et même la bienveillance passive des populations dominées ne suffira plus. Pour assurer le maintien du *statu quo* territorial, il faudra obtenir leur concours effectif, et ce concours on ne l'obtiendra qu'en substituant dans un délai qui ne saurait dépasser dix ou douze ans, tellement les évènements nous pressent, le régime de l'association à celui de la domination. Avant dix ans, les Philippines en seront arrivées, par la pratique du self-gouvernement, à cet état d'esprit où un peuple est capable de faire un effort pour la défense d'un état de choses qui lui assure les bienfaits de l'autonomie intérieure, et une participation si large à la gestion de ses propres affaires, qu'elle équivaut presque à l'indépendance. Dans ce cas, les Etats-Unis n'auront plus qu'à fournir l'appoint de leur flotte pour assurer l'inviolabilité du territoire. Peut-on arriver à un résultat analogue pour l'Indo-Chine française, et quels sont les moyens à employer pour atteindre ce but ? Ce n'est pas ici le lieu de traiter une question de cette importance ; je me borne à l'indiquer parce qu'elle s'impose. Puisse-t-elle être résolue avantageusement pour l'honneur de la France et pour la consolidation de l'œuvre commencée par elle en Indo-Chine il y a bientôt cinquante ans.

LE CAOUTCHOUC DANS LES COLONIES FRANÇAISES

Par M. le docteur Spire

La séance est ouverte à 2 heures ½.

M. MARCHAL, président du Comité permanent. — Sans autre forme et en l'absence de M. Deloncle, je me permettrai d'ouvrir la séance en donnant la parole à M. Spire.

Le conférencier, dans une étude très rapide, résume toutes les connaissances actuelles, sur le caoutchouc, ses qualités physiques, sa composition chimique. Il passe ensuite en revue, brièvement, les principales méthodes de récolte et de coagulation employés dans nos colonies françaises, en particulier dans celles qu'il a visitées : Congo, Nouvelle-Calédonie et Indo-Chine. Sur l'origine botanique des caoutchoucs français, le Dr Spire nous apporte des données intéressantes.

Tout le caoutchouc exporté de nos possessions coloniales provient, nous dit-il, presque exclusivement des lianes. En effet, si l'on excepte quelques tonnes de matières premières extraites dans la Sangha et la Kotto (Congo français), du Funtumia élastica, et les faibles quantités de caoutchouc calédonien, tirées des banians (Tiem prolixa et variétés voisines, tout le reste du caoutchouc africain et asiatique est obtenu par la saignée des lianes.

Ces lianes, on les connaît maintenant, grâce surtout aux travaux de nos botanistes français.

Pour l'Afrique, d'après Chevalier, la plupart des lianes productrices appartiennent au genre Landolphia. Le Sénégal, le Soudan et la Guinée française ont, comme prin-

cipale espèce productrice de latex, le landolphia Hende-
lotii.

Au Dahomey, à la Côte-d'Ivoire, dans le Haut Congo,
nous retrouvons surtout comme espèce exploitée, le landolphia ovariensis. Enfin, dans le Bas Congo, le caoutchouc
d'herbes est fourni par d'après M. Hua, par le landolphia
Thollouni et landolphia humilis.

En Asie, le genre landolphia est remplacé par le genre
nouveau parabaricum, et c'est les cinq espèces suivantes :
Parabaricum quintareti, spireanum, Tournieri, latifolium
et Verneti qui secrètent la plus grande partie du produit
exporté. Il faut citer encore le genre Xylisiabaria avec deux
espèces, le X. Raynaudi et X. spireanum qui donnent un
caoutchouc commercial.

A Madagascar, ce sont encore les Landolphias qui sont
traités par les collecteurs. Landolphia Perrieri, sphaerocarpa
et L. madagascariensis, surtout.

Enfin reste la Guyane, inexplorée encore botanique-
ment, et dont les ressources forestières n'ont pas encore
été exploitées.

Depuis quelques annnée, notre commerce colonial s'est
considérablement augmenté. Les hauts prix obtenus par
le caoutchouc ont naturellement encouragé nos colons,
et à l'heure actuelle, tant sur la côte occidentale qu'en
Extrême-Orient, on s'est mis à exploiter d'une façon intense cette richesse forestière naturelle, trop intensivement
d'après un certain nombre d'agronomes coloniaux, que
les méthodes barbares d'abattis et d'incisions inquiètent
singulièrement ; pour eux, la destruction totale et la disparition complète des bonnes espèces ne peut longtemps se
faire attendre. Le conférencier est moins pessimiste. Il
appuie son opinion sur la richesse générale de nos forêts
équatoriales et de nos montagnes d'Indo-Chine ; le nombre
relativement faible d'indigénes qui peuplent justement
ces zônes forestières insalubres, enfin, sur la vigueur et la
vitalité des deux genres d'Apicynées intéressants : Landolphia et Parabarium qui, sectionnés par la machette

de l'indigène, poussent aussitôt des rejets. Les fruits de la plupart des espèces sont enfin très riches en graines. Et quand la nature n'a pas entouré leurs graines d'une pulpe comestible recherchée par les animaux de la forêt, elles ont tout au moins une aigrelle, un plumet qui favorisent leur dissémination par le vent.

S'il existe un danger pour l'avenir de ces lianes, il provient moins de l'exploitation indigène de ces lianes elles-mêmes, que des grands abattis pratiqués chaque année par les noirs et les jaunes pour la préparation de leurs plantations de manioc ou de riz. M. Spire rappelle ce qu'il a vu dans la Songha, avec la mission Foureau, dans l'Oubanghi avec M. Liotard, enfin dans son voyage à travers la chaîne annamitique ; les immenses savanes, couvertes de graminées ou d'arbrisseaux chétifs qui sont venus remplacer, après l'abandon des terrains, la belle forêt ombreuse et humide qu'affectionnent les lianes à latex.

Peut-on instituer un régime forestier pour la protection de nos bois coloniaux ? A l'heure actuelle, M. Spire ne le croit pas. La douceur et la persuasion, il n'y faut guère soger avec les primitifs, habitués à leurs méthodes de faire, la moins pénible et la plus productrice ; la force et les sanctions pénales, aucun gouvernement ne prendra pareille mesure, et le voudrait-il, que l'entretien du personnel nécessaire exigerait des dépenses formidables.

Protéger simplement les lianes contre la brutale exploitation des indigènes. Des arrêtés concernant les méthodes d'incision ne sont pas applicables en pratique ; un agronome lui-même ne pourrait répondre en entaillant la liane d'un coup de machette pour en faire sourdre le latex, de ne jamais dépasser la zône corticale et de ne pas léser plus ou moins gravement la vitalité de la plante. Diviser les pays producteurs en zônes fermées successivement aux collecteurs pendant deux ou trois ans, comme on l'a fait en Afrique orientale allemande, au Congo, en Annam, il sera difficile d'obtenir l'observation de pareilles mesures, puisque malgré toute surveillance, le caoutchouc des zônes interdites passant de village à village arrivera et sera vendu sur les zônes autorisées.

Le docteur Spire préconise l'exploitation libre des lianes autochtones dans nos colonies. Ce n'est pas sans difficultés dit- il, qu'on a pu décider l'indigène à sortir de son apathie et à se décider à recueillir le caoutchouc. Si l'administration le gêne par des mesures restrictives, il abandonnera facilement un travail, rémunérateur sans doute, mais dont son absence totale de besoins lui permet de se passer. Quant aux commerçants européens, les ressources aisément exploitables de nos possessions ne sont pas en si grand nombre pour qu'on ne les encourage pas par les plus grandes libertés à rechercher et à fournir à notre industrie nationale les importants stocks de caoutchoucs dont elle a besoin. Le Dr Spire passe ensuite en revue les différentes méthodes commerciales qu'il a vu employer tant en Afrique qu'en Asie.

Le régime des concessions au Congo qui, malgré ses détracteurs, a permis tout au moins la mise en exploitation de régions lointaines qui depuis notre première occupation, n'étaient visités que par des agents commerciaux hollandais ou belges.

Le régime des petites concessions en périmètres réservés, procédé employé en Annam. Cette exploitation directe par des travailleurs attachés aux Sociétés, ne lui paraît pas devoir donner de bons résultats.

Les marchés libres enfin, les commerçants installant des factoreries sur la côte, envoyant des agents fonder des comptoirs dans l'intérieur.

Reste enfin la question des cultures.

M. Spire n'encourage pas volontiers les essais de plantations de lianes. Se basant principalement sur les expériences auxquelles il a assisté pendant son année de séjour à Java, dans les jardins d'essais , il ne croit pas à la réussite de ces plantations, si l'on ne trouve une autre méthode que l'incision des plantes et la récolte du lait.

Avec le traitement des écorces qui permettraient d'uti-

liser de jeunes lianes, la question serait modifiée ; mais il
faut attendre pour se prononcer que des expériences culturales aient prouvé la possibilité de tirer, par cette extrac-
tion mécanique, de lianes de deux à trois ans, un caoutchouc industriel et en quantité rémunératrice.

Comme culture de caoutchoutiers, le Dr Spire préconise
en Afrique, dans les zônes où cet arbre existe actuellement,
les plantations de Funtunia élastica. En Extrême-Orient,
il verrait avec joie développer la culture des Ficus elastica
dont les habitats d'origine, l'Annam, la Malaisie, etc., sont
voisins de notre grande colonie.

Les expériences faites avec des plantes exportées loin
de leur pays d'origine sont dangereuses. On a ruiné nombre de colons, tant en Afrique qu'en Calédonie avec les
essais de leara ou d'hevea. Il se produit, sans qu'on puisse
l'expliquer, par les changements de résidences, des modifications profondes dans l'appareil laticifère de ces plantes.
Même celles qui semblent s'acclimater comme les Hevea de
Ceylan et de Singapour, produisent un caoutchouc qui,
malgré sa pureté et son admirable préparation, n'a pas les
qualités de nervosisme des produits indigènes de l'Ama-
zone. Une expérience serait cependant intéressante à tenter : l'introduction de l'Hevea dans la basse Sangha, entre
Bonga et Ouesso, ce bassin, qui par sa latitude, ses conditions métérorologiques, son régime des eaux essentiellement variable, rappelle d'une façon absolue la vallée ama-
zonienne. Enfin, le conférencier étudie rapidement ce que
pourrait faire le gouvernement pour conserver à nos colonies cette source intéressante de richesse et l'augmenter encore, si possible.

On connaît à peu près, à l'heure actuelle, la plupart des
végétaux producteurs, poussant à l'état spontané dans
nos domaines d'outre-mer ; le gouvernement devrait continuer son enquête et étab,ir d'une façon certaine et complète le catalogue de ses caoutchoutiers.

Parallèlement à leur spécification botanique, devrait
être étudiée la compositior, la valeur des latex de chacune

de ces plantes, les procédés de récolte et de coagulation qui leur conviennent, puisqu'à ce point de vue, chaque lait a son individualisation physiologique.

Pour les cultures, tandis que les jardins d'essais continuent leurs recherches, forcément limitées, augmenter d'une façon considérable nos connaissances sur ces plantes, en répandant leurs graines, leurs boutures dans tous les jardins des résidents, des administrateurs, des commandants de cercle.

Obtenir des chefs indigènes, comme le recommandait M. Chevalier, qu'ils cultivent quelques pieds de caoutchoutiers auprès de leurs villages.

Fermer d'une façon intégrale, dans les centres caoutchoutiers, quelques hectares de forêts riches en lianes, pour conserver dans l'avenir des porte-graines, et charger de la surveillance de ces réserves le village le plus voisin.

Enfin, spécialiser dans nos principales colonies quelques agents de culture dans l'étude unique du caoutchouc et des plantes productrices. Les envoyer s'instruire, puisque nos jardins coloniaux sont trop récents, à l'Institut de Buitenzorg, puis dans les Etats Malais et à Ceylan, et leur confier le soin : 1° de répandre les sujets intéressants dans tous les centres administratifs et dans les villages importants ;

2° De créer, à l'instar des Hollandais, des plantations d'Etat qui serviraient de cultures modèles, fourniraient des graines aux colons, et finalement pourraient être cédées par l'Etat aux Sociétés qui voudraient se livrer à cette grande culture coloniale.

M. MARCHAL. — La mission m'est échue de vous remercier, et je n'ai pas besoin d'essayer de multiplier les compliments sur la valeur de ce que vous venez de dire.

Nous avons tous pu en juger la valeur, car ce ne sont pas des choses lues, mais des choses vues.

C'est par la persévérance personnelle que M. Spire a mise à recueillir le plus grand nombre de ces témoignages, c'est par le résultat de travaux aussi sérieux que l'on peut arriver à un bon résultat.

C'est avec une grande simplicité que M. Spire nous a fait sa conférence, mais comme quelques points de vue pourraient en être perdus pour l'importance de certaines circonstances, j'espère qu'elle sera publiée.

Je le remercie très sincèrement et j'espère que l'on en tirera un enseignement très spécial et qui nous préservera de déceptions cruelles.

Nous sommes tous partisans de l'expansion coloniale, c'est une nécessité pour nous, et ce sont des exposés comme ceux que vient de nous faire M. Spire qui pourront nous faire faire un pas en avant.

Encore une fois, je vous remercie, car ce sont des travaux sérieux comme celui-ci qui préparent l'avenir.

LE MAROC

Par M. Jean du Taillis

M. MARCHAL. — En l'absence de M. Deloncle, retenu par ses devoirs parlementaires, j'ouvre la séance à sa place.

M. du Taillis est resté quelques mois au Maroc et est allé à Fez où il a vu le sultan, et il a bien voulu, quoique revenu à peine depuis quelques jours, venir nous parler de ce qu'il a vu, et nous communiquer ses manuscrits et ses photographies.

M. J. DU TAILLIS. — Vous parler du Maroc ? Certes, si l'aimable sollicitation de l'infatigable président de ce Congrès était venue me chercher, il y a six mois, j'aurais eu grand plaisir à le faire. C'était alors le bon temps, celui où l'on pouvait croire faire œuvre utile, en intéressant le plus grand nombre à cette partie de notre mission africaine : la pénétration pacifique du Maroc.

Mais, aujourd'hui, alors que vient de s'affirmer si tristement la faillite de notre politique marocaine, alors que les plus optimistes regardent l'avenir non sans effroi, j'avoue tout le pénible de ma tâche, dont la difficulté se trouve encore accrue de la complexité très grande du problème marocain.

Il est en effet une question de politique européenne, une *question d'Occident,* que trop de points de ressemblance vraiment jettent en travers des colonnes d'Hercule, comme cette question d'Orient depuis des années sommeillant sur le Bosphore.

C'est une question de politique africaine et musulmane,
liée étroitement à l'avenir de notre empire colonial, à sa
pacification définitive, à son essor économique, cet empire
musulman ne pouvant songer à avoir d'autre capitale que
Fas, la capitale musulmane, la cité du Cherif.

C'est une question de politique algérienne, non pas tant
comme on l'a trop souvent répété, parce que 1.200 kilomètres de frontière commune nous donnent le droit d'envahir l'empire de l'Extrême Occident, mais parce qu'en
dépit de bornages purement conventionnels, pays, population, tribus du Maroc et de l'Algérie sont en communion
étroite entre elles, et que le vieux levain berbère, jamais
apaisé, n'attend qu'une occasion et je ne sais quel signal
pour se soulever contre notre domination.

Et la question marocaine est aussi une question médi-
terranéenne; ce n'est pas au lendemain de Tsou-Shima que
l'on pense voir une grande nation soucieuse de garder sa
suprématie dans le monde se désintéresser d'une lutte dont
l'enjeu est l'empire de la mer;... et de la mer latine.

Aussi bien, Mesdames et Messieurs, je me garderai de
développer ici chacun des aspects de ce redoutable problème. Ma seule ambition serait, au cours du récit d'un
voyage de huit mois que je viens d'accomplir, de déblayer
un peu le terrain pour les solutions à venir, en apportant
ma contribution très modeste aux études approfondies
de nos diplomates et de nos hommes d'Etat.

Que si d'aventure, dans cette chevauchée dans le
sombre Moghreb que ous allons accomplir ensemble, il
arrivait à votre guide de heurter quelque écueil, non pas
inconnu, mais seulement ignoré par système, cela reste-
rait sans conséquences nuisibles, car ma tâche achevée,
toute la vérité une fois dite, je demanderais au Président
Deloncle, dont on sait la rare compétence et la prudence
éclairée, de m'infliger toutes les corrections diplomatiques
qu'exigerait la gravité de la situation présente.

On s'illusionnerait grandement à vouloir traiter les choses marocaines avec les données historiques, même les plus précises, qu'ont pu nous léguer les siècles passés ; c'est un écueil où ont sombré beaucoup de ceux appelés à traiter ce sujet. On a voulu procéder par déductions, déduire par analogies. Ajoutons un abus de mots comme ceux de *bled maghzen* et de *bted siba*, par exemple, qui pouvaient avoir un sens autrefois, mais qui, depuis les transformations profondes subies ces dernières années, dans l'état d'âme du marocain, la cour·chérifienne, et jusque dans les mobiles des insurrections sans cesse renaissantes, sont devenu-incompréhensibles. Si l'on voulait être scrupuleusement exact, force serait d'affirmer la non-existence du bled maghzen : De Tanger à Fés,il y a beau temps que les communications directes sont suspendues , et notre ministre, devant se rendre,le 8 janvier dernier, à la cour d'Abd-el-Aziz, dut, hélas, et comme un simple commerçant ou touriste,s'embarquer à Tanger çour gagner Larache, et de là prendre la route d'El Ksar et de Fès. En revanche, le *bled siba* s'organise, ou tout au moins une partie du *bled siba* Sans doute, tout ce que l'on nomme l'empire du Maroc reste fermé pratiquement aux voyages d'agrément ; mais on ne saurait nier que les Guelaya, les Kebdana,les Beni-Snassen, les Amgad et bien. d'autres tribus,grâce à la persévérance d'un Français, depuis quatre années établi sur la frontière, à Port-Say, ont multiplié leurs échanges commerciaux avec nous,comprennent la valeur de notre pacifique action et plus encore servent volontiers de guides aux quelques rares Français qui osent s'aventurer lesur le *bled siba* marocain. Il y a plus,si des intrépides veulent pénétrer plus avant, il leur est presque toujours facile d'obtenir un sauf-conduit (*anaia*) semblable à celui dont j'ai été récem ment le bénéficiaire. C'est un agitateur qui le donne, un usurpateur sans doute, un brigand (rogui) qui l'accorde ; mais, en réalité, le détenteur de pareil laisser-passer peut être tranquille ;pas un cheveu ne tombera de sa tête. Il est bon d'ajouter qu'il faut être français pour obtenir cette faveur, car en luttant contre Abd-el-Aziz, depuis plus de deux années, non sans succès, c'est contre l'anglophilie du sultan que lutte le Prétendant.

Le Prétendant : sur ce sujet beaucoup a été dit et des légendes ont circulé qui pouvaient être intéressées. En face d'exagérations opposées, on n'a pu entrevoir l'entière vérité ; je dirai plus, car depuis le 8 avril de l'an dernier, un mot d'ordre a été donné pour « faire le vide et le silence » autour de tout cela. Ayant eu l'heureuse fortune de pouvoir démêler l'écheveau embrouillé des racontars et étayer mon sentiment sur des documents écrits qui sont restés en ma possession, je crois capital, pour résoudre la question marocaine, de savoir au préalable le dernier mot de l'énigme de Taza : quelle est la personnalité du Prétendant, quelles forces représentent ses partisans, et, si nous avons cru devoir jouer un rôle en tout ceci, quel fut ce rôle. Il sera aisé de comprendre ensuite pourquoi est impérieuse cette obligation de tout savoir, notre devoir de tout dire.

Notre diplomatie et les diplomaties étrangères ont eu un soin très grand, sitôt que se fut signalé à l'attention du monde politique l'agitateur de Taza, celui de discréditer l'homme en lui décernant des sobriquets tels que celui du *Rogui* ou de Bou-Hamara, qui ne signifient rien, sinon des injures ; or, on ne cherche à ravaler ainsi que les personnages dont les timorés ont peur. Si l'on affirme, après avoir vu et entendu, que dans tout le pays entièrement à la dévotion du Prétendant, ces mots de Rogui et de Bou-Hamara sont totalement ignorés, on conviendra qu'il est étonnant que l'Europe et le reste du monde ne connaissent précisément le Prétendant que sous ces appellations extravagantes, Pour quiconque se hasarde dans le *bled siba*, il y a obligation de donner à celui-là le seul nom de Mouley-Mohammed ; c'est avec un fanatisme inouï que les Berbères prodiguent les éloges du *Sidna* (Seigneur), du bras fort, du Tout-Puissant Mouley-Mohammed ; c'est avec une passion non feinte qu'ils baisent et portent succesivement à leur front, à leur bouche et sur leur coeur, le cachet qui authentifie toute note émanée de sa « Personnalité chérifienne ». Or, ce Moulay-Mohammed est le fils aîné du sultan Moulay-Hassan, prédécesseur d'Abd-el-Aziz. On conçoit déjà l'importance très grande qui peut s'attacher à ce fait que le Prétendant ne serait point un brigand vulgaire, mais un successeur légitime du trône, évincé par des intrigues de palais.

Il s'en faut pourtant que l'identité du personnage soit admise sans conteste (si elle était exacte, notre diplomatie verrait sa tâche beaucoup plus pénible et ce serait peut-être pour elle une raison suffisante de la repousser *a priori*). Pour nous qui n'avons d'autre ambition, sans passionner le débat, que d'exposer les faits, nous produirons ici les raisons alléguées par les deux opinions adverses pour asseoir leur foi ; le lecteur concluera.

Moulay-Mohammed, selon l'histoire, serait grand, bien pris, âgé de trente-cinq ans environ. C'est le signalement exact de l'agitateur de Taza. Moulay-Mohammed est borgne ; le Prétendant l'est aussi, ou du moins possède sur l'œil gauche, qu'il ne tient jamais grand ouvert, une tache grise qui est précisément celle indiquée comme constituant la cécité partielle du frère aîné du Sultan. Moulay-Mohammed a le visage piqué de petite vérole; ainsi du Prétendant. Enfin, on s'accorde à donner comme raison de la défaveur de la cour chérifienne vis-à-vis de Moulay-Mohamed, sa réputation de très grande cruauté. Or, si à la rigueur, on peut simuler des défauts physiques, il est autrement malaisé de contrefaire des tares morales. Or, de la cruauté du Prétendant, je peux citer des exemples qui dispenseront de commentaires. En campagne, ce dernier est toujours suivi de son harem : quatre femmes blanches et quatre négresses. Ayant ses tentes dressées à quelques mètres de celle du Prétendant, le harem est de plus entouré par une barrière de deux mètres de hauteur, constituée par une toile verticalement fixée à un cercle de piquets ; c'est un lieu fermé à tous les regards indiscrets mais non aux oreilles d'alentour. Or, fréquemment, des scènes se produisent au harem, et l'on entend alors, en même temps que les coups de lanières sûrement appliqués sur le dos des malheureuses, les cris déchirants de celles-ci. De la cruauté du Prétendant je peux citer encore ce trait: Le lendemain de la prise d'El-aïoum Sidi Mellouk, on amena au camp un déserteur de l'armée régulière, ayant fait le coup de feu contre ses frères d'armes de la veille. Le Prétendant résolut de faire un exemple : ayant ordonné de revêtir le coupable de deux *djellabas* (la djellaba, au Maroc, remplace souvent le burnous de nos Arabes d'Algérie ; c'est un vêtement analogue, mais à manches très largés), il fit verser sur lui une grande quantité de pétrole ; puis, l'ayant fait attacher à un térébinthe, on mit le feu, et ce fut, au milieu des cris d'épouvante et de douleur de l'infortuné, le crépitement des chairs embrasées, le suintement horrible des viscères éclatés.

Telles sont les preuves intrinsèques, pourrait-on dire, apportées par les partisans du Prétendant Moulay-Mohamed. Il en est une autre, extrinsèque, qui n'est pas non plus sans valeur.

Un homme s'est rencontré, un Français qui, par son goût des aventures puis par sa prédilection pour le pays d'Extrême-Occident, a passé quinze années de sa vie à parcourir le Maroc ; son intelligence, son mépris de la mort et du danger, bientôt sa connaissance approfondie de la langue arabe et de ses dialectes, lui ouvrirent toutes grandes les portes du Lar el Maghzen ou palais impérial de Fès et de Marrakesch. Il fut un des attachés de la cour du sultan Moulay-Hassan ; il donna les premières notions d'aquarelle au jeune Abd-el-Aziz, il guerroya dans Tafilalet avec le sultan, vécut à la cour avec Moulay-Mohamed. On peut feuilleter les bulletins des Sociétés de géographie de Marseille et de Paris, on y trouvera l'intéressant compte rendu de ses voyages ; on peut aussi jeter les yeux sur le superbe travail cartographique de M. Flotte de Roquevaire au Maroc, on y verra les itinéraires de Gabriel Delbrel. Or, dès le début du soulèvement de Taza, M. Delbrel reçut du gouvernement français, représenté par son préfet d'Oran, la mission de l'éclairer sur l'identité du Prétendant. Dans une lettre, dont je détiens l'original, le secrétaire général de la préfecture d'Oran, M. Rognon, écrivait, le 3 décembre 1903, à M. Delbrel :

« Pour l'instant, M. le Préfet me charge de vous signaler les points survivants sur lesquels il vous prie de le renseigner d'une façon sûre :

« 1° Au début de la campagne, le Prétendant a été désigné sous le nom de Bou-Hamara ; plus tard, certains ont affirmé que ce dernier n'était autre que Maulay-Mohamed (le borgne), frère aîné du sultan. D'autres ont affirmé que ce dernier renseignement était absolument inexact... Le Préfet pense que nous sommes en présence de deux personnages : l'un Bou-Hamara, désigné à tort sous le nom de Prétendant et agissant pour le compte de Maulay-Mohamed ; l'autre Maulay-Mohamed agissant tantôt personnellement, tantôt se tenant dans la coulisse et n'intervenant que quand il est nécessaire.

« Il vous sera sans doute facile, étant sur place, de nous renseigner d'une façon positive sur ce point... »

M. Delbrel, en possession de cette lettre ne perdit pas son temps ; il fit d'ailleurs mieux que de répondre, et après avoir reconnu, dans le Prétendant, son ancien compagnon d'armes, Moulay-Mohamed, il vint en personne mettre M. le Préfet d'Oran au courant de ses investigations. Je devais fatalement, au cours de mon voyage parmi les tribus au camp du Prétendant, rencontrer M. Delbrel ; je fis le siège de mon personnage et prévenu que j'étais contre lui par certains, je mis des jours à étudier mon témoin. J'ai ainsi acquis la conviction que M. Delbrel n'était pas un homme d'argent, que son témoignage touchant Moulay-Mohamed était autorisé, sincère et convaincu.

« Vous savez, me dit-il, comment je suis venu une première fois au camp et pourquoi. C'est parce que j'ai reconnu dans le Prétendant le frère aîné du sultan que j'ai souscrit à l'offre de rester près de lui, comme conseiller. Si j'y suis, c'est parce que j'ai foi en son avenir ; mais qui donc à ma place se serait lancé à la remorque d'un aventurier ? »

J'en aurais dit assez, si depuis quelques mois on ne s'é-
tait employé trop souvent à dénigrer par système les témoignages de M. Delbrel ; il est possible que ceux-ci soient
devenus gênants ; mais après comme avant le 8
avril dernier, c'est-à-dire après cet accord où l'Angleterre
nous somma de sauver Abd-el-Aziz, le témoin en cause n'a
pas démérité, que l'on sache. Or, dans la lettre précitée
de la préfecture d'Oran, on peut lire entre autres cette
phrase :

... « Tels sont les quelques points que M. de Malherbe
vous charge de lui signaler. Connaissant les hommes et les
choses du Maroc comme vous les connaissez, il vous sera
facile de recueillir des indications autrement sérieuses
et précieuses que les racontars qui nous sont servis journellement. »

Doit-on révoquer en doute les affirmations d'un homme
dont les indications sont à ce point « sérieuses et précieuses »?
Ne faut-il pas, au contraire, joindre cette preuve aux autres ?
séparément, elles seraient peut-être de moindre valeur,
mais leur faisceau ne constitue-t-il pas un argument considérable ?

Voici maintenant les preuves de la thèse contraire. Dès
son avènement au trône, on sait qu'Abd-el-Aziz fit enfermer son frère dans la prison de Méquinès ; lorsque le bruit
de la présence de Moulay-Mohamed à la tête de la révolte
de Taza se fut acrédité à Fès, les *oulémas* (notables) et les
chéurfa se concertèrent, et mécontents du règne actuel
sommèrent le sultan de dire la vérité et de leur montrer
vivant Moulay-Mohamed. On affirme qu'Abd-el-Aziz se
soumit à leurs injonctions. Un jour fut pris, et à l'heure
dite, dans le sanctuaire de Moulay-Eïdriss, un personnage
fut présenté aux oulémas, qui, paraît-il, reconnurent en
lui le vrai Moulay-Mohamed, Sans doute, on préférerait
qu'Abd-el-Aziz, devant les menaces des notables, les ait
menés de suite dans la prison de son frère et le leur ait
montré enchaîné. Les mœurs arabes ne toléraient pas

cette promptitude ni ce manque de décorum, et c'est vraiment regrettable, si l'on songe aux difficultés de la tâche
de l'historien.

Par ailleurs, El-Menebbi se trouve à Tanger.

El-Menebbi est un personnage du Maghzen ; il a trop
la science des affaires de son pays pour ne pas savoir que le
jour n'est pas éloigné peut-être où son ascendant à la cour
d'Abd-el-Aziz sera redevenu aussi puissant que jamais.
En conséquence, il continue de se montrer zélé partisan
du Maghzen et du sultan régnant. Son opinion sur le Prétendant était intéressante à recueillir ; la voici : Le Prétendant serait un Arabe algérien, du nom de Djilali Zeroni, un
joueur de flûte avec lequel il s'amusa naguère ; un impos-
teur par conséquent. Seulement, quand on demande à El-
Menebbi s'il a vu ces derniers temps Maulay-Mohamed, il
répond qu'Abd-el-Aziz ne doit le montrer à personne pour
ne pas exciter contre lui les partisans de son frère. Et puis,
El-Menebbi, ancien général du sultan, s'il fut à Taza, n'a
cependant jamais vu, même de loin, le camp du Prétendant.

C'est tout ; de preuves autres, personne parmi les plus
zélés partisans du sultan ne saurait nous en fournir. Sans
doute est-il malaisé d'en trouver. Je questionnais des gens
du maghzen, c'est-à-dire des personnages du gouvernement,
sur la facilité qu'il y aurait pour Abd-el-Aziz à terminer la
révolte, en confondant l'imposture de celui qui se dit être
Moulay-Mohamed. Le moyen ? Mais puisque le frère aîné
du sultan est à Fès, pourquoi ne pas le montrer au peuple,
le mener à travers les tribus, leur prouver enfin leur erreur ?
— Mais cela est impossible, affirme-t-on unanimement,
car ce serait la fin d'Abd-el-Aziz. Il suffirait que les Berbères
vissent Moulay-Mohamed pour l'acclamer et détrôner son
cadet...

Si ce n'est pas là une explication suffisante de la présence
effective de Moulay-Mohamed dans la prison de Fès, c'en
est une certainement des succès du Prétendant auprès des
tribus et de la suite ininterrompue de ses conquêtes.

De même que nous devions nous renseigner, dans la

mesure possible, sur l'identité du « Rogui », de même de-
vons-nous tenter de préciser l'étendue du soulèvement et
ses conséquences possibles, ainsi que la force et le nombre
de ses effectifs. Nous pourrons, nous appuyant sur des
faits, être autrement positif, beaucoup plus précis.

On a beaucoup raillé les insurrections marocaines et leur
efficacité. L'histoire est là pour donner raison aux persi-
flages, car presque toujours, l'insurrection fut incapable de
détrôner le sultan ; tout au plus, parvint-elle, par inter-
valles, à restreindre plus ou moins le nombre des tribus
payant l'impôt. Mais aujourd'hui, il s'en faut de beaucoup
que ce soulèvement puisse être comparé aux autres, sa
raison d'être surtout étant très différente. Ce n'est pas pour
s'affranchir de taxes plus ou moins lourdes que les Tsoul, les
Branès, les Ghiata, les Guelaya, les Audjera, les Djebala,
les Kebdana, les Beni-Snassen, etc., etc. se sont groupées
autour du Prétendant de Taza ; ce n'est pas non plus par
amour de la lutte et des razzias consécutives, car on pille
beaucoup plus fructueusement et avec moins de périls dans
les rivalités intestines de tribu à tribu. Un ressort que l'on
n'avait jamais vu agir dans les révoltes antérieures, reste
tout puissant dans celle-ci ; un mobile qu'on n'avait jamais invoqué est le seul plausible de cette lutte de quarante
mois sans trêve ni défaillance ; ce ressort c'est l'animosité
contre les tendances trop visiblement anticoraniques
d'Abd-el-Aziz ; ce mobile, c'est la haine profonde dans tout
le Maroc, non pas du *roumi* en général ou du *naszereni*,
mais de l'Anglais et de l'Espagnol, les *spongis* ; de l'Anglais,
que le sultan écoute au point « d'avoir vendu une partie
de son pays aux Espagnols ». (1) J'ai eu maintes preuves
durant mes récentes pérégrinations, de constater à la fois
le mépris haineux de tout Berbère pour l'Espagnol et l'indif-

______

(1) Les récents accords sont ainsi expliqués par les indigènes. La
France a été la dupe de l'Angleterre, qui voulant garder le Maroc sans
en avoir les charges, a obtenu que l'Espagne y prenne une place
importante, afin qu'elle-même y règne à sa place.

férence presque amicale de ces mêmes indigènes pour le Français : frottant l'un contre l'autre l'index de la main droite et celui de la main gauche, le caïd Couba, et si Ahmou, et le caïd Schedli, et combien d'autres m'ont répété le même mot : Français et nous, kif-kif. Et d'autres sont venus aussi m'affirmer qu'avec les Français — des braves — on pouvait faire la guerre et être amis, alors qu'avec les Espagnols, « la guerre n'était que de la fantasia » (textuel) ; d'autres enfin m'expliquant, comment avec les Français les échanges commerciaux étaient honnêtes, tandis qu'avec les autres *spongis*, c'était comme avec les *youdi*,« on était toujours volé » (textuel).

Je m'en voudrais d'allonger démesurément ces notes d'une étude, qui reste à faire, sur l'antithèse aussi des tribus berbères, autochtones, du Maroc, et cette poignée de Maures conquérants, envahisseurs qui constituent la partie la plus éclairée du pays, la plus puissante jusqu'à cette heure, mais aussi la plus corrompue. Le *bled s.ba* et le *bled maghzen* c'est à proprement parler, le pays des Berbères et celui des Maures ; non pas deux entités géographiques, imprécises, indéfinissables, mais deux groupements ethniques absolument distincts, aisément reconnaissables, identiques à eux-mêmes depuis des siècles, absolument opposés de mœurs, de tendances, et pour tout dire en un mot, inassimilables, malgré ce trait d'union puissant, le lien de l'Islam. La population berbère, qui comprend douze millions d'individus environ au Maroc, est une population de travailleurs, attachés à la glèbe, amoureux de leurs champs, fidèles, comme nos villageois, à leur clocher, au minaret de la mosquée de leur tribu et à la koubba de leur marabout. Pour la plupart musulmans de rencontre, ils sont restés monogames, leurs femmes ne se voilent pas le visage ; beaucoup de leurs ancêtres, au temps de l'Eglise d'Afrique, furent chrétiens, et leurs tatouages au front, aux bras, sont fréquemment des croix. Le hasard du moment peut faire cataloguer telle ou telle de ces tribus berbères dans le bled maghzen ; en réalité, elles n'ont jamais été soumises, et, si bled siba il y a, c'est le bled berbère.

La population maure est presque uniquement citadine ; c'est le plus bel ornement de Fès, de Tanger, de Rabat, de Merrakesch et de Méquinès (2). Loin d'avoir le visage bruni et sévère des autochtones, les Maures sont d'un teint très blanc, la figure très japhétique, les traits excessivement adoucis. A part cela, orgueilleux, sans aucun goût pour le travail, tout à ses plaisirs, que des dilapidations continuelles lui permettent de se procurer sans compter, le Maure est chaque jour plus incapable de remplir son rôle conquérant, dominateur. Longtemps corvéable et malléable à merci, le Berbère a pris conscience ces dernières années de la possibilité de secouer le joug. Le Maure, détenteur du sol, sous ce prétexte que ce sol étant à Dieu appartient au plus fort « que Dieu protège », a senti le terrain s'écrouler sous lui au jour où il se trouva incapable d'un effort soutenu pour réagir ; les terres maghzen se sont éparpillées, le Berbère a fait main basse sur tout ce qui se présentait, et aujourd'hui n'est en réalité bled maghzen que le seul bled maure.

Le pourquoi de la révolte de Taza est là. Préoccupation du vieux parti berbère d'asseoir son hégémonie, saisissant l'occasion d'un mécontentement motivé et profond contre le sultan régnant pour se montrer, se compter, s'essayer et vaincre. Que si l'on se demande comment expliquer la présence hypothétique de Moulay Mohamed, un Maure, à la tête de ce mouvement berbère, il suffit pour répondre de se souvenir des données de l'histoire : pour culbuter un gouvernement comme pour subjuguer un peuple, il est indispensable que la révolte ait un chef, comme il est obligatoire, pour le révolutionnaire et le conquérant, abnégation faite de ses croyances et de ses sympathies personnelles, de s'appuyer en le dirigeant sur le parti de l'opposition et des mécontents.

Ainsi caractérisée la nature et la portée du soulèvement

(2) De La Martinière, *Le Maroc*.

actuel, il reste à montrer maintenant sur quelles forces il s'appuie. J'ai compté les tentes des trois armées dont l'ensemble constitue aujourd'hui les troupes du Prétendant : camps de Moulay-Mohemed (?) , camp de Si-Taïeb-ben-bou-Amama, camp d'Abd-el-Malek-Abd-el-Kader, le fils cadet de l'Emir. En résumé, ces unités, fort bien appropriées à leur mission spéciale, composées de guerriers endurcis et admirablement entraînés, soutenues par ur fanatisme belliqueux dont on ne peut se faire une idée, constituent un puissance contre laquelle viendra presque fatalement se briser toute résistance autre qu'une armée européenne. Sans vouloir entrer dans des détails trop techniques et inutiles ici sur la composition de ces armées, il est nécessaire de savoir qu'elles comprennent des troupes régulières et d'autres irrégulières. Les premières, équipées, habillées à l'européenne, ou du moins avec un uniforme bleu pour l'infanterie, rouge pour l'artillerie et la cavalerie, sans oublier les brodequins de cuir noir, comptent exactement cinq cents cavaliers, dits maghzen, cinq cents fantassins et deux cents artilleurs. Ces derniers sont chargés de servir une pièce Bange de 80 millimètres, deux pièces de 7, un obusier et deux mitrailleuses à tir rapide. Cette petite batterie peut paraître ridicule en Europe. Ici, vis-à-vis de populations sans défenses qu'elle terrorise, en face de murailles vétustes qu'elle renverse, c'est un appoint notable. L'armement de toutes ces troupes régulières est le Mauser. Un approvisionnement de considérable de ces fusils tout flambants neufs est même parvenu le mois dernier au camp, via Melilla. Les munitions sont abondantes, à un prix très abordable, les cartouches Mauser valant chez le Prétendant 25 à 35 *pesetas* seulement le cent.

Toute cette armée régulière, augmentée encore par des recrues quotidiennes, est assez homogène ; on n'y voit pas, comme dans les armées du Maghzen, de tout jeunes enfants porter le fusil à côté de vieillards grisonnants. De trop nombreux déserteurs de turcos et de spahis algériens sont venus en former les cadres, et ma stupéfaction fut complète d'avoir à en constater la superbe ordonnance. Les troupes sont d'ailleurs régulièrement payées ; une solde de 1 fr. 25 par jour est versée à chaque unité, quelqu'en soit le grade ; les hommes sont matriculés, payés après chaque revue hebdomadaire, les absents ne recevant aucune solde. C'est en somme un noyau solide ; entraîné non par des manœuvres mais par une lutte très dure de plusieurs mois, il est sans contredit à l'heure actuelle le seul élément vraiment militaire du Maroc.

Les troupes irrégulières viennent lui apporter l'appoint du nombre. Celles-ci se composent, en grande partie, de cavalerie, ou mieux d'infanterie montée. Dix-huit cents Tsoul et Branès, montagnards, ayant peu de bêtes disponibles ont été montés avec des chevaux achetés à Fès et dans le Gharb ; ils suivent fort régulièrement les diverses pérégrinations du Prétendant. Viennent se joindre à eux les contingents des tribus sur lesquelles campe l'armée. Parmi ces dernières on peut compter deux mille cavaliers et huit mille fantassins prêts à rejoindre le camp au premier signal, Chez les Nitalsa, les Beni-Atta, les Sedgia, etc. Toutes ces troupes ont un armement quelque peu disparate, mais devenu excellent, grâce à l'active contrebande de guerre qui se fait dans tout le Riff et couvre le Maroc, de Martini, de Gras. de Remington. Les gens de Bou-Amama, eux, collectionnent les Lebel. Contrairement aux troupes régulières. celles-ci n'ont point de solde ; elles vivent sur le pays, de dons volontaires ou de razzias, et ont pour tout salaire une part du butin enlevé à l'ennemi. La prise et le pillage d'Aïoun-Sidi Mellouk ont pu largement les indemniser pour plusieurs mois de campagne.

Pourtant, une question se pose : comment le Prétendant se procure-t-il les ressources nécessaires pour équiper, nourrir et payer tous ses réguliers ? Un fait est indéniable : ceux-ci ne se plaignent pas, ils sont même fort satisfaits de leur sort. Un autre fait est hors de doute, la réalité et l'importance des ressources du Prétendant. J'ai assisté, par le plus grand des hasards, à un livrement de tentes et d'uniformes ; il s'agissait d'une facture de 22.000 fr. ; ils ont été scrupuleusement comptés et payés sur l'heure. Mais alors d'où vient l'argent ? De deux sources certaines, d'une troisième peut-être. Il y a d'abord la douane. Le Prétendant, en effet, ne s'est pas contenté d'avoir une cour, une armée, des tribus vassales ; il a tenu à avoir sa douane et ses douaniers. Un seul poste, il est vrai, divisé en deux bureaux et situé sur les deux uniques routes qui, de Melilla, le Presidio espagnol, se dirigent vers le Riff. Les opérations fiscales sont très simples, sans paperasseries d'aucune sorte et rapportent en moyenne deux cents *douros* espagnols par jour (mille pesetas ou sept cent cinquante francs environ). Après la douane, vient l'impôt des tribus dévouées au Prétendant. Cet impôt augmenté de dons volontaires est assez considérable, et ce n'est pas sans surprise qu'on peut voir des tribus se soulevant contre le sultan pour ne pas recevoir la visite de ses collecteurs d'impôt, dans l'espèce, pour ne point payer un prélèvement de dix pour cent, par exemple, et versant sans maugréer, entre les mains du Prétendant, des sommes cinq fois plus fortes. Sans base suffisante d'appréciation, on ne peut fixer les revenus issus de cette source ; ils sont considérables et peuvent atteindre dix mille francs journellement. Enfin, une troisième origine peut-être doit ou dut exister, des ressources du Prétendant, ce qu'on a appelé en Algérie la commission oranaise. J'y viendrai ; mais s'il était une preuve de la réalité de cette source, on pourrait la trouver dans la présence certaine de louis d'or français dans la cassette de Moulay-Mohamed. Un des rares visiteurs du camp du Prétendant, il y a deux ans, reçut de lui en présent un beau cheval et deux cents louis. Mais passons.

Pour en finir avec l'armée du Prétendant, il convient de mentionner l'usage de fusées-signal pour correspondre avec les diverses fractions de l'armée, notamment avec le corps des éclaireurs, trois cents cavaliers, sous le commandement d'Abd-el-Kader el Attigi. Encore faut-il rappeler l'utilisation de réflecteurs à acétylène pour la sûreté du camp et les attaques de nuit. Ce sont là des procédés quelque peu moins barbares que ceux que l'on aurait pu supposer ; ils révèlent une armée prenant au sérieux son métier et ne négligeant rien pour vaincre.

L'armée de Bou-Amama est toute différente. C'est la troupe nomade , campant où elle se trouve, emmenant avec elle ses troupeaux, ses femmes, toutes ses richesses une smala, en un mot, de douze cents tentes, où l'on peut compter quatre cents cavaliers et douze cents fantassins. Les chameaux, très rares au Maroc, au nord de l'Atlas, s'y trouvent en nombre considérable et décèlent l'origine saharienne de ces troupes, dont la valeur est toute dans le fanatisme et le renom justifié de leur chef.

En résumé, la révolte de Taza n'est point, comme on l'a cru trop longtemps, un mouvement insurrrectionnel semblable à ceux dont est tissée l'histoire du Maroc ; beaucoup plus raisonné et motivé, il est en conséquence beaucoup plus redoutable. Si l'on ajoute qu'enthousiasmée par ses succès, enhardie par la bravoure de son chef, qui ne craint pas la mêlée et dont le bruit d'invulnérabilité est depuis longtemps répandu, l'armée considérable, en somme, du Prétendant, est une force admirablement appropriée au pays ; on conviendra peut-être, que, quelque soit la nécessité pour la France de conserver apparemment son attitude politique envers le maghzen d'Abd-el-Aziz, le temps est peut-être venu de faire comprendre à ce dernier que qui est défendu par la France est maître.

La politique, dite de pénétration pacifique, avait comme moyen d'action unique, la collaboration étroite avec le maghzen. Cette politique vient d'échouer, en grande partie du moins ; serait-ce que nous l'aurions mal comprise ou que nous nous soyons fait du maghzen une idée inexacte : Il importe, en tout cas, de le préciser; ensuite, nous tenterons d'expliquer les causes d'insuccès de notre politique : ce sera en même temps en indiquer le remède.

M. MARCHAL. — Je suis certainement votre interprète
en remerciant notre aimable conférencier qui vient de nous
parler avec une connaissance approfondie et d'une manière
si variée et si vive. Mais la fête n'est pas finie. Permettez-
moi cette expression, car nous avons une autre conférence,
celle de M. le capitaine Sisteron, qui va prendre la place
de M. du Taillis et qui va nous exposer une autre question
d'un intérêt colonial économique.

L'ÉLEVAGE DU CHEVAL DANS NOS COLONIES

Par M. le capitaine Sisteron

La séance est ouverte à 5 heures ½.

M. MARCHAL. — La parole est à M. le capitaine Sisteron.

M. le capitaine SISTERON. — A l'origine de toutes les civilisations, le cheval nous apparaît tel que la nature l'a créé, avec les qualités de robustesse, de sobriété et d'endurance des races primitives, mais également avec son insuffisance de taille et d'ampleur, les imperfections de son modèle, ses défectuosités de caractère qui rendent son emploi souvent difficile, son utilisation toujours restreinte. Au fur et à mesure que s'accomplit l'évolution, la main de l'homme l'assouplit, l'asservit à sa volonté, l'adapte aux besoins de la terre, à la nécessité des transports agricoles et industriels ; plus tard, son génie le transforme, le plie aux exigences de la guerre, aux caprices impérieux de la mode, et fait du cheval de service, le cheval d'armes et le cheval de luxe, terme de l'amélioration.

Les progrès de l'élevage auront donc, d'un pas égal, suivi les progrès de l'agriculture et de l'industrie, et même, élargissant notre horizon, si nous considérons que la pénétration économique, aussi bien que l'infiltration morale, la diffusion des idées s'opèreront surtout par la fréquence et la rapidité des communications, nous en arriverons à constater, et cela sans qu'une semblable opinion puisse être considérée comme paradoxale ou trop pompeuse, que le cheval, seul agent de locomotion dans un pays neuf, devient un des facteurs les plus actifs de toute civilisation, et par suite, de toute colonisation.

Dans les domaines divers où s'exercent l'activité et la pensée humaines, il a suffi d'une découverte, de l'adaptation d'une force nouvelle, du génie d'un penseur ou d'un savant, pour transformer brutalement les méthodes acquises : c'est l'introduction des machines agricoles ou l'emploi des engrais chimiques en agriculture ; la vapeur, les applications de l'électricité dans l'industrie : c'est Descartes ou Pasteur dans le monde de la philosophie ou de la science ; rien de semblable ne s'est produit en élevage; les progrès sont ici le résultat d'une œuvre patiente, d'une lente progression dont les échelons successifs doivent être gravis pas à pas et sans qu'il soit jamais permis d'en enjamber un seul ; et cette lenteur même, cette progression nécessaire dans l'amélioration impriment un caractère tout spécial d'immuabilité aux lois qui en découlent. C'est de leur observation, de leur ignorance ou de leur oubli que dériveront le succès comme les mécomptes les plus graves·

Telles sont, brièvement esquissées, les considérations qui militent d'une part en faveur de l'élevage colonial, et nous imposent de l'autre, qu'il s'agisse d'acclimater à Madagascar une race étrangère, ou d'améliorer les races indigènes de notre colonie d'Indo-Chine, une étude attentive des conditions de sang et de milieux, une prudence vigilante dans le choix et l'application des procédés.

Ce sont les deux parties du travail que je vais avoir l'honneur de vous présenter, honneur insigne en même temps et redoutable, car si je prends la parole en public, aujourd'hui pour la première fois, c'est précisément devant un auditoire d'élite que composent les plus hautes personnalités du monde colonial.

L'acclimatement. — Pour faire un bon cheval, dit un vieux dicton normand, trois choses sont nécessaires : le père, la mère et le coffre à avoine.

Lorsqu'il s'agit d'élevage colonial, entre en ligne un autre facteur, le plus important peut-être : l'acclimatement. Des exemples récents nous en affirment l'importance et nous démontrent que le cheval de service, aussi bien que l'étalon, doivent, avant d'être mis en usage, être faits aux conditions de leur nouveau milieu.

Pendant la guerre du Transvaal, les Anglais ont débarqué au Cap plus de 150.000 chevaux, venus pour la plupart de l'Australie, de l'Amérique, de la Hongrie, des provinces de Finlande et de la Galicie. Sur cet énorme contingent, 10 à 15 % à peine firent la campagne ; on cite notamment un convoi de 15.000 chevaux tirés de la République Argentine, dont une moyenne seule de 5 % pût être utilisée.

L'expédition de Chine, très instructive à cet égard, a permis de comparer la force de résistance et les facultés d'assimilation des chevaux de races diverses qui remontaient chacun des contingents de nationalités différentes.

Ce sont les chevaux arabes de nos escadrons qui s'y comportèrent le mieux, montrant sous les murs de Pékin, de même qu'ils l'avaient fait en Crimée, les facilités de leur acclimatement à tous les sols et à tous les ciels.

M. Barascud, directeur du service vétérinaire pendant l'expédition de Chine, écrit : « De tous les chevaux qui se trouvaient en Chine, les chevaux arabes se sont maintenus en le meilleur état, affirmant une fois de plus leur facilité d'acclimatement. »

Et le général Voyron, dans son rapport sur l'expédition, nous dit : « Qu'ils s'y montrèrent d'une résistance et d'une rusticité remarquables. »

Lorsque plus tard, à propos de l'Indo-Chine, nous étudierons les essais de croisements tentés en Algérie, aux Indes, au Japon, nous reconnaîtrons la suprématie indiscutable, sur ce point, des représentants du sang oriental.

Mais n'interviennent pas seulement dans l'acclimatement l'énergie héréditaire de la race, la vitalité du sang, mais encore les questions de sol, de climat, d'alimentation, et surtout les modes d'élevage, qui conservent aux races primitives leur rusticité lorsqu'ils les maintiennent dans les conditions de leur éducation première, et leur enlèvent, au contraire, à mesure que s'affinent les méthodes, les qualités d'endurance et de sobriété, qui seules, leur permettront de s'accommoder sous un ciel nouveau des procédés forcément rudimentaires d'un élevage à ses débuts.

Madagascar. — Madagascar n'a pas de chevaux ; l'absence de toute race indigène et les conditions particulières d'une terre rebelle augmentent singulièrement les difficultés de l'élevage ; là, plus que partout ailleurs, seront nécessaires ces qualités d'assimilation et de résistance. Nul autre ne les possède à un plus haut degré que le cheval camargue qui peuple à l'état sauvage notre île provençale ; il les tient à la fois du sol et du climat de la région qu'il habite, de son sang et de son éducation.

La Camargue. — *Le climat et le sol.* — Le climat de la Camargue varie entre — 2 et + 35 degrés ; mais il est rendu très rude par les sautes brusques de température, par les pluies torrentielles qui, à certaines époques, tombent sans interruption, et par la violence du mistral qui chasse à la mer les miasmes paludéens. Les moustiques abondent, les fièvres y règnent à l'état permanent. On doit y prendre exactement les mêmes précautions que dans les régions coloniales.

On peut diviser la Camargue en deux parties : l'une, au nord, cultivée depuis de longs siècles, complètement assainie et très fertile ; nous n'avons pas à nous en occuper ; l'autre partie basse, marécageuse, encore inculte, aux terres imprégnées de sel, véritable archipel dont les îles se soudent les unes aux autres pendant la saison sèche — à peine quelques rivières — les roseaux, les enganes, et quelques tamarins en sont l'unique végétation ; à l'ombre des enganes, sorte de buissons ligneux, pousse une herbe rare, courte, salée et très tonique, qui constitue la principale nourriture des troupeaux.

Autrefois, dans toute l'Isle, côte à côte avec les taureaux, leurs ennemis intimes, paissaient de nombreux troupeaux de chevaux sauvages, puis, suivant la loi que je vous indiquais au début de cette étude, en même temps que progressent les méthodes agricoles, la main de l'homme améliore la race devenue insuffisante, l'adapte à de nouvelles utilisations. La culture gagne du terrain, l'espace se rétrécit, le marais diminue, et la basse-Camargue est aujourd'hui le seul et véritable centre d'élevage du cheval camargue de race pure.

Le cheval camargue. — Le sang. — Il est aujourd'hui tout à fait établi que, bien avant l'occupation romaine, il existait dans toute la vallée du Rhône et en Camargue des chevaux à l'état sauvage.

Le cheval de la Camargue était analogue au cheval de Solutré, aux chevaux de Corbie, et appartenait au type belge, qu'on retrouve encore chez quelques-uns de ces descendants.

Mais, à la suite des migrations aryennes, le cheval asiatique fait son apparition ; il affirme, ainsi qu'il le fait dans tout croisement, la suprématie de son sang, et, par une série de transformations successives, impose en signe de conquête, à la presque totalité de la population chevaline, le front plat des races orientales.

Avec les Romains, c'est l'introduction des chevaux numides.

Les Sarrazins, maîtres de la Provence, forment dans l'île des dépôts de chevaux pour la remonte de leurs troupes.

Les Croisés ramènent leur contingent de chevaux orientaux.

Plus tard, ce devint l'importation régulière de reproducteurs arabes et barbes que nous signale le bon évêque de Senez, Quiqueran de Beaujeu, vers l'an 1600, et que cite le duc de Newscastle en 1760.

En 1729, un haras royal est fondé à Arles, le étalons sont au compte du roi, et parmi eux, je relève : un d'Andalousie, deux arabes.

Le marquis de Royère, en 1821, rétablit le haras supprimé par la Révolution, insistant sur la nécessité de recourir à l'étalon de race orientale. — Et voilà la race primitive, celle qu'on est convenu d'appeler la race camargue pure, celle qui, depuis des siècles occupe le delta du Rhône, et qui, conservant sous les influences de la souche première, du sol et de son mode d'éducation un air parfaitement défini, un caractère autochtone indiscutable, s'est néanmoins par suite des croisements répétés dont je viens de parler, modifiée dans des proportions telles qu'on peut affirmer aujourd'hui qu'elle offre tous les signes et possède toutes les qualités qui sont le propre des races asiatiques.

Mode d'élevage. — Le cheval camargue vivait en manade, c'est à dire en troupeaux, sous la surveillance de gardiens à cheval, trouvant sur le sol même toute sa nourriture ; en liberté le jour et la nuit, toujours dehors, sans abris, il affrontait avec la même indifférence la chaleur, les vents, la pluie et la piqûre des moustiques. — Chaque proprié-taire possédait un ou deux étalons appelés Prignons ; la monte se faisait à l'état libre, la mise bas également, sans qu'on prît le moindre soin de la poulinière et de son produit.

La nature seule, écrivait M. de Truchet, au début du siècle dernier, fait tous les frais de sa multiplication, de son accroissement et de sa nourriture.

Utilisation. — Celui qui résistait à un tel abandon gagnait à ce régime une endurance peu commune. Son utilisation principale était le foulage et le dépiquage des grains ; il servait de monture aux gardiens pour la conduite des taureaux, les ferrades et les courses, et, dans un pays particulièrement difficile, rempli de marécages, où les routes n'existaient pas, assurait seul les communications. — Les seigneurs, dit Quiquéran de Beaujeu, estimaient fort ses qualités de vitesse et de résistance, et après les levées de la Grande Armée, le rapport de M. Desportes, inspecteur des haras impériaux en 1807, contient les appréciations suivantes : « La sobriété, la légèreté et la vitesse des chevaux de la Camargue, la facilité avec laquelle ils supportent la mauvaise nourriture, la rigueur des saisons et le défaut d'abri, rendraient leur emploi extrêmement utile à la guerre. Un corps de cavalerie légère, monté sur ces chevaux, s'entretiendrait et servirait utilement là où d'autres corps de la même arme ne pourraient se maintenir.

Aujourd'hui, le progrès a restreint son utilisation, mais

les procédés d'élevage sont toujours les mêmes — la vie à l'air libre, le roseau du marais, l'herbe rare à l'ombre des enganes — en hiver, dans quelques manades, les chevaux sont réunis chaque jour dans un enclos et reçoivent une distribution de roseaux séchés — à l'époque des courses, un peu de riz, quelques poignées de marc de raisin.

Telles sont les seules améliorations apportées, et ce sont également les seules que je préconiserai dans une tentative d'acclimatement à Madagascar.

Mettre le cheval à l'arrivée dans des conditions analogues à celles de son élevage en Camargue, ne pas augmenter sensiblement son bien-être, pour lui conserver ses qualités d'endurance. — De grands espaces, de l'air et de la liberté ; un hangar qui lui servirait d'abri contre les pluies torrentielles, un enclos fermé pour qu'on pût chaque jour l'apprivoiser à la vue et aux caresses de l'homme, et lui donner, aux heures de disette, en s'inspirant des circonstances particulières du sol et du milieu, un supplément de nourriture.

Le Cheval camargue amélioré. — La similitude entre les conditions climatériques de la Camargue et celles des régions coloniales, la forte dose de sang oriental qui coule dans les veines du cheval camargue, ses qualités bien affirmées de sobriété et de résistance, semblent le désigner à une tentative d'acclimatement ; mais encore faut-il qu'il soit susceptible d'amélioration ; que cette amélioration puisse suivre d'un même pas le progrès de la colonie qui l'adopte, et qu'il se prête à la transformation que réclameront non plus seulement les besoins de l'agriculture et de l'industrie, mais encore les nécessités des services publics — j'indique par là les transports rapides, la police montée, la remonte du corps d'occupation.

L'évolution agricole considérable qui a déterminé dans un partie de la Camargue une orientation nouvelle de l'élevage, s'est produite il y a trente ans à peine ; jusqu'en 1875, date de l'introduction des machines agricoles dans le nord de l'Isle, la race primitive était pure de tout mélange officiel.

Et, lorsque nous constatons les résultats aujourd'hui apportés par l'amélioration, nous avons précisément le bonne fortune rare, unique à notre époque, de pouvoir suivre, dès le début et pour ainsi dire pas à pas, d'après les cartes d'origine, documents indéniables, les croisements et les procédés qui ont fait du camargue primitif, restreint dans son volume, un cheval de service apte à tous les emplois, et dont quelques-uns déjà seraient capables de figurer dans un lot de nos meilleurs chevaux du Midi.

C'est l'histoire et la progression de cet élevage que vous allez lire. — Depuis la race pure, vous suivrez de génération en génération les transformations sucessives de taille, d'ampleur et de modèle. — Je résumerai par la suite l'enseignement que nous devons tirer de ces expériences ; elles seront une règle sûre pour l'avenir d'un élevage colonial.

(*Projections.*)— Messieurs, vous avez vu les résultats — je résume les procédés par l'opinion d'un des éleveurs qui connaissent le mieux la région camargue, qui, par la qualité de ses chevaux, tient certainement la tête parmi les producteurs du cheval de remonte : « Au premier croisement toujours le p. s. arabe — il donne la distinction des formes sans enlever la sobriété, mais on obtient peu de taille. — Par la suite, l'anglo-arabe étend les lignes, donne de la taille, du dos et de l'ampleur ; le demi-sang anglo-arabe, fera plus gros et préparera un type de pouliche plus important. — le pur sang anglais enlève trop ses produits, — Je n'ai aucune confiance en l'étalon du Nord, et je crois à la nécessité de ne pas croiser à outrance si nous voulons conserver à nos chevaux leurs qualités de robustesse et de membrure.

Par une transition toute naturelle, si nous passons à l'Indo-Chine, et si nous trouvons entre les races chevalines qui la peuplent et celles que nous venons d'étudier, quelque affinité de sang, quelque similitude dans les milieux et les conditions d'élevage, ne serons-nous pas autorisés à nous demander si les mêmes méthodes qui ont réussi en

Camargue ne pourraient être appliquées avec succès dans notre colonie ?

Tous les chevaux de l'Asie, qu'ils soient mandchous, chinois, coréens ou annamites, dérivent de la race asiatique mongole, venue des hauts plateaux de l'Asie centrale — issus de cette souche première et répandus ensuite sur tout le continent asiatique, ils se sont plus ou moins conservés ou abâtardis, suivant le mode d'élevage de chaque contrée, les influences du sol et du climat, l'utilisation et les services qu'on leur a demandés.

Or, il se trouve, par une singulière coïncidence, que ces mêmes plateaux de l'Asie centrale furent également le berceau du cheval arabe asiatique ; que de cette origine commune résulte dans sa descendance (et nous avons constaté la forte dose de sang oriental qui coule dans les veines du cheval camargue), qu'il en résulte , dis-je, une affinité indiscutable avec les races de l'Asie.

Je retrouve chez certains peuples de l'Asie les coutumes que j'ai signalées en Camargue — « les Mongols, écrit le commandant Stiegelman, appliquent le mode pastoral commun à tous les peuples primitifs ; ils élèvent leurs chevaux en troupeaux, gardés par des bergers à cheval..., exposés à toutes les intempéries, sans abris été et hiver », et, sans revenir sur les conditions climatériques, s'il n'existe pas en Indo-Chine de mode d'élevage bien défini, le cheval annamite se nourrit de paddy et de jeunes pousses de bambous, alors qu'en Camargue les roseaux et le riz constituent le fond de son alimentation.

La race annamite. — « Le cheval annamite, écrit un officier supérieur du corps expéditionnaire de Chine, est assez vigoureux et résistant ; sa silhouette élégante, son degré de sang, ses allures parfois brillantes font de lui un beau modèle de petit cheval de selle ; mais il est trop frêle, trop grêle, de trop petite taille (1m.18 à 1 m. 25), pour constituer une bonne monture de guerre, même en Indo-Chine ; il n'est réellement utilisable que monté par un poids léger; il n'a pas suffisamment d'étoffe pour supporter les fatigues

d'une campagne. » Voilà donc le premier facteur de l'accouplement, et ce portrait n'est pas pour nous déplaire.
— Il ne s'agit plus ici d'acclimater une race étrangère, le principe est bien formel : partout où il existe une race indigène il faut l'utiliser quelle qu'elle soit ; les transformations directes de juments poulinières ont très rarement donné de bons résultats ; il s'agira donc de régénérer, par des croisements judicieux et des méthodes plus rationnelles, nos races indigènes, que les conditions défectueuses d'un élevage laissé au hasard et sans honneur depuis de longs siècles, ont seulement appauvries, et qui prouvent, après un pareil abandon, par leur existence même, la vitalité et l'excellence du sang primitif.

Lui conservant sa distinction native, apporter de l'ampleur au corsage et faire plus larges ses hanches, ouvrir son coffre et son ossature rétrécis par une alimentation insuffisante — grandir ensuite très progressivement la taille dans les proportions que comportent la nature de la race et les conditions mieux entendues d'un élevage nouveau, enfin l'adapter aux différentes utilisations que réclament les exigences militaires, les services publics et les besoins économiques du pays, tel doit être notre but, et nous étudierons successivement les moyens de le réaliser, c'est-à-dire les croisements, le choix et la sélection des mères, l'amélioration des modes d'élevage.

Les croisements. — Un bon étalon est celui qui trace sa descendance, lui imprime sa marque propre, dont l'essence se fond peu à peu dans la race qu'il a mission d'améliorer, et qui substitue à la souche primitive l'excellence de son sang.

Si le cheval arabe a démontré sous toutes les latitudes ses admirables qualités de cheval de guerre, c'est surtout comme reproducteur qu'il affirme sa suprématie, et je ne me contente pas ici des résultats isolés que nous avons constatés en Camargue, c'est l'histoire chevaline de l'ancien monde tout entier qui nous apporte son enseignement.

Répandu de l'Asie dans tout l'univers, son type se fixe plus particulièrement dans certaines régions, soit par suite d'une occupation plus longue et plus nombreuse, soit aussi parce qu'il a trouvé des conditions plus favorables et des populations plus enclines aux soins délicats de l'élevage.

Veru en Hongrie avec les Aryens par le Caucase, en Andalousie avec les Maures, dans le sud de la France par l'invasion sarrazine, il imprime en ces différents pays, à toute la population chevaline, son cachet propre, et crée chez nous ces merveilleuses races du Midi, orgueil de notre cavalerie légère, dont le type est le cheval navarrin des Pyrénées, et le centre d'élevage le plus important, la plaine de Tarbes que M. de Grabensée, inspecteur des haras allemands, au cours d'un voyage d'étude en France, déclarait fournir les chevaux les plus nobles du monde.

Ce n'étaient là que des manifestations isolées et sans que nul contrôle pût les rendre officielles. — Il en est autrement depuis que des méthodes rationnelles d'élevage ont été découvertes et appliquées, et la création des studbooks permet d'établir, par une filiation indéniable, que le cheval arabe est le véritable créateur de toutes les races nobles, de celles les plus estimées du monde entier — je veux dire — le cheval de pur sang anglais, les chevaux de Trakenen et du Wurtemberg, ceux de Kisber et les trotteurs russes d'Orloff.

Dans les temps modernes et sous les ciels les plus divers, seule son influence apporte d'heureux résultats :

En Algérie, le pur sang anglais et l'anglo-arabe donnent des produits délicats et décousus. Son alliance avec le type africain donne l'arabe-barbe, corrige les défectuosités de la race indigène, en augmentant sa qualité.

Les Japonais, réfractaires autrefois à l'élevage, se préoccupent depuis quelques années de la question chevaline. — Ils importent d'abord des pur sang et des demi-sang anglais, australiens et américains, lesquels ne purent s'acclimater, puis, en 1893, des anglo-arabes qui se reproduisent presque intacts à la première génération, mais par la suite, les produits trop délicats deviennent communs, perdent leur finesse de tissu et l'énergie originelle. — Après la

campagne de Chine, les chevaux arabes de nos chasseurs
d'Afrique sont achetés pour servir d'étalons dans les haras
nippons.

Aux Indes, malgré leur science profonde des choses de
l'élevage, les Anglais ont cédé à la tentation commune
de grandir d'un seul coup les races indigènes. Ils ont importé
d'abord des reproducteurs de toutes sortes de l'Angleterre
et de l'Australie. — Toutes leurs tentatives ont échoué
jusqu'au jour où, instruits par l'expérience, ils ont choisi
des étalons asiatiques de petite taille, venus de Perse, du
Turquestan, et de leur colonie africaine du Cap ; leur
élevage est assez florissant aujourd'hui pour suffire aux
besoins de leur cavalerie (35,000 chevaux) et de leur artillerie (15.000).

Nous préférerons aussi le reproducteur de petite taille
(1 m. 42 à 1 m. 45), bien compact avec de bons aplombs,
plus d'ampleur que de longueurs, plus de sérieux que de
distinction, s'il est nécessaire de sacrifier l'une de ces qualités — car, outre que le simple bon sens nous indique de
proportionner la taille des deux facteurs de l'accouplement, un élevage qui débute ne peut nourrir que des chevaux de petit volume.

Si le choix des mères est au début judicieusement fait,
en raison des affinités qui existent entre le cheval de l'Annam et le cheval arabe, tous les deux de sang asiatique,
il est possible que dès la première génération, l'amélioration soit très sensible. Mais qu'elle soit rapide ou lente
dans ses manifestations, il importe, pour qu'elle soit durable, qu'une sélection attentive réserve à la reproduction
toutes les pouliches susceptibles de concourir à la régénération de la race.

Peu à peu, les croisements nouveaux, un élevage plus
attentif, une alimentation plus régulière et plus abondante
auront, par une sage progression, grandi et amplifié le cheval indigène ; l'amélioration le rendra également plus apte
au service de la selle et à celui du trait léger. Il sera possible à ce moment de sélectionner quelques mères que dési-

gneront un volume plus important, et surtout, car il faut
tenir un compte sérieux de l'hérédité, une disposition
toute spéciale à l'attelage.

L'anglo-arabe, soit même un demi-sang de nos races du
Midi, interviendront alors sur une race améliorée déjà par
plusieurs générations de croisements purs, et il se peut
qu'on parvienne à créer un type plus ample et particulièrement désigné pour le service des transports ; mais ce serait une faute capitale que vouloir y arriver par des croisements hâtifs ; ce deviendrait un leurre, étant données les
conditions du sol et de la souche première, d'espérer arriver
jamais au cheval de gros trait.

Le mulet. — L'élevage du mulet résoudra la difficulté.
Supérieur au cheval en tempérament et en ténacité, à l'ouvrage, il est appelé à rendre aux colonies les plus importants services, tant dans les colonnes que pour les transports
agricoles et industriels. Dans toute l'Asie, il est trop petit
et trop frêle pour répondre complètement aux besoins de
son utilisation. — Nous avons sous la main le plus estimé
des reproducteurs. L'Angleterre et l'Amérique, tributaires
autrefois de notre élevage, enlèvent à prix d'or, depuis
quelques années, les meilleurs baudets de nos ateliers du
Poitou.

Il ne peut s'agir ici de créer une race, l'amélioration ne
pouvant, par suite de son infécondité, dépasser une génération ; mais il est évident qu'au fur et à mesure que grandira
et s'amplifiera le cheval indigène, le mulet suivra la même
évolution, surtout si les conditions d'élevage se modifient
pour lui, comme pour ses voisins plus nobles de pâturage
et d'écurie.

Amélioration des modes d'élevage. — Cette hygiène du
pâturage et de l'écurie, les questions d'alimentation dépendent des conditions spéciales du sol et du climat, ainsi
que de la nature propre de la race ; elles demandent à être
étudiées sur place ; ce sera le rôle de l'officier de remonte
et je ne me permets pas d'en parler.

Depuis quelques années, le service des remontes utilise

en France avec succès le système dit des primes de conservation.— Il achète les meilleures pouliches de trois ans, les confie soit à l'éleveur qui les a fait naître, soit à un propriétaire choisi, désigne l'étalon qui doit les servir, et accorde une prime annuelle d'entretien variable d'après les soins qui auront été donnés à la poulinière et à son produit.

Après deux années de reproduction, la jument est reprise et mise en service. — Les produits restent la propriété de l'éleveur.

Cette mesure, peu coûteuse, permet de diriger l'orientation de l'élevage dans le sens qu'on veut lui donner, en créant un groupement de poulinières sous l'influence et la surveillance directe des commandants de dépôts, et je la préfère au système des jumenteries. En outre, des dépenses considérables qu'entraîne leur installation, les conditions d'hygiène et d'alimentation qu'on applique à leurs élèves sont trop sensiblement différentes des modes ordinaires pour qu'un enseignement efficace déroule de leur fonctionnement.

Ce n'est que beaucoup plus tard, et lorsque les résultats apparaîtront clairement dans l'ensemble de l'élevage , qu'il faudra se préoccuper de créer un type de reproducteur indigène qui fixe définitivement la race nouvelle.

La mesure que je préconise établit l'expérience sur un plus grand nombre de points, facilite la détermination des centres favorables, et permet à l'officier, par des explorations fréquentes, de vulgariser les nouvelles doctrines. Telle est sa mission la plus haute, et c'est là que j'arrêterai cette causerie déjà longue. Instructeur au dépôt de son personnel, il sera au dehors l'éducateur hippique de l'éleveur indigène, par des conférences dans les centres importants à l'époque des achats, par des visites répétées aux éleveurs ; son influence doit exercer une ation profonde, diriger et régler les moindres détails de l'élevage naissant, encourager le succès , prévenir et rectifier les fautes de ceux qui débutent en une science nouvelle. Il devra multiplier les conseils, inspirer assez de confiance et d'autorité pour qu'ils soient rigoureusement suivis.

J'ai terminé. — La création d'un élevage à Madagascar, la régénération de nos races appauvries de l'Indo-Chine, ouvrant à toutes les énergies un vaste champ d'activité ; telles sont les mesures que j'ai l'honneur de soumettre à la compétence autorisée du Congrès, et qui me paraissent propres à réaliser cette œuvre éminemment utile et patriotique, qui intéresse à un si haut degré le progrès et l'avenir de nos colonies.

M. le Président DELONCLE. — Vous êtes encore sous le charme de ces paroles si précises et du talent oratoire de notre conférencier, M. le capitaine Sisteron, qui réunit à la fois la vaillance de l'officier à la science de l'éleveur, de l'homme qui sait et qui, par sa connaissance profonde, a su faire partager ses convictions à son auditoire.

La question que M. le capitaine Sisteron vient de traiter est en effet une des questions des plus intéressantes pour nos colonies, particulièrement pour l'Indo-Chine , pour Madagascar, surtout pour Madagascar.

Je suis très heureux que M. le capitaine Sisteron ait bien voulu émettre des vœux pratiques pour le Congrès. Ces vœux, nous les voterons, je ne dirai pas les yeux fermés, mais nous les voterons en toute confiance, et je serai heureux de les transmettre à M. le Ministre des Colonies et je les pousserai ; car ces questions lui sont familières. M. le capitaine Sisteron peut être assuré qu'ils ne resteront pas dans les cartons. En ce qui me concerne je m'efforcerai de chercher les moyens de les réaliser. Je ne sais encore quel est le moyen de la réalisation de ces vœux. Pour l'Indo-Chine, je ferai tout mon possible. En Indo-Chine comme partout, c'est l'initiative privée qu'il faut stimuler pour obtenir un résultat pratique. Nous avons des éleveurs qui ne demandent pas mieux que d'apprendre, et qui seraient certainement heureux de connaître les résultats des expériences très intéressantes conduites par M. le capitaine Sisteron.

Parmi l'auditoire, je vois des figures amies et je souhaite que ces amis, ces personnes qui s'intéressent à la question prennent dès aujourd'hui en mains la réalisation des désirs de M. le capitaine Sisteron.

PRINCIPES DE COLONISATION

Par M. Gerville-Réache

La séance est ouverte à 9 heures du soir sous la présidence de M. D. Penant, ancien délégué élu des Colonies, Directeur du Recueil général de Jurisprudence et de Législation coloniale, président de la section II.

M. Penant se lève et prononce l'allocution suivante :

Mesdames, Messieurs,

Les citoyens d'un Etat démocratique comprendraient bien imparfaitement le rôle qui leur est dévolu dans la direction politique de leur pays s'ils prétendaient avoir rempli envers eux-mêmes comme vis-à-vis de leurs compatriotes, tous les devoirs attachés à la qualité de libre citoyen, quand ils ont, à des époques périodiques, déposé dans une urne un bulletin de vote.

Leurs obligations ont une toute autre ampleur.

Sans aller jusqu'à prétendre que leurs mandataires au Parlement doivent se renfermer dans un programme déterminé, il est bon, il est nécessaire, c'est une loi morale que les citoyens sachent préparer à leurs élus le champ de leur action.

Pour obtenir ce résultat chez nous, il fallait que les Français se pénétrassent de cette vérité qu'en aidant de leurs propres lumières ceux auxquels ils confient leurs destinées, ils peuvent prétendre à obtenir la somme de garanties à attendre d'un gouvernement représentatif. Nous en avons heureusement acquis la conviction. Et c'est ainsi qu'on a pris de plus en plus dans notre pays la bonne habitude, excellente quoiqu'en disent quelques esprits chagrins, de se grouper en réunions, de s'organiser en Congrès : tout ne s'y passe pas académiquement ; l'échange des idées qui y sont exposées, les discussions qui s'y élèvent, les vœux qui s'y expriment, ne peuvent, en lui servant de guide, que faciliter la tâche du législateur. La puissance que celui-ci est appelé à retirer de la ligne directrice que lui impriment ces pacifiques assises, a devant elle un large horizon. N'est-ce pas, en effet, l'opinion publique qui s'en dégage, peut-être plus forte, un jour prochain, que celle même dont la presse est l'incarnation.

Et je veux seulement pour preuve de ce que j'avance, l'intérêt remarquable qui se manifeste pour les conférences qui ont eu lieu dans cette salle depuis l'ouverture du Congrès colonial de 1905 ; je la vois tout particulièrement, ce soir, Mesdames et Messieurs, dans votre nombreuse assistance dont je ne saurais trop vous remercier.

Faciliter la tâche du législateur en matière coloniale, en cette matière si particulièrement délicate, c'est la mission que se proposent les Congrès coloniaux.

Délicate est cette matière à plusieurs points de vue ; délicate parce que, sous la constitution présente des colonies françaises, l'œuvre de la législation est en désaccord avec nos principes républicains ; délicate surtout parce que , suivant l'opinion généralement adoptée, le régime sous lequel vivent nos colonies n'a point donné les résultats moraux et matériels légitimement dus au patriotisme des colons et aux sacrifices de toute nature consentis généreusement par la mère-patrie.

Il n'est peut-être même pas téméraire d'affirmer que, s'il existe un désaccord sur le mode de réformes à adopter, nous sommes unanimes à reconnaître que le système actuel doit faire place à de nouvelles conceptions, aussi bien en ce qui concerne les citoyens français des colonies qu'en ce qui regarde les indigènes.

Dans ce nouveau système, devra sans doute être appliquée à l'égard des indigènes une politique que réclament vainement depuis de longues années quelques-uns d'entre nous, politique qui sera l'antipode, et nous devons l'espérer, s'il n'est pas trop tard, l'antidote de celle qui a été suivie jusqu'ici, la politique de bonté et d'association, enfin recommandée en haut lieu maintenant.

D'autre part, et l'heure ayant sonné de ne plus penser aux conquêtes, mais à l'utilisation pratique des colonies, la constitution nouvelle devra se préoccuper particulièrement des mesures propres à assurer le développement économique de nos possessions d'outre-mer, qu'attendent et auquel participeront pour y trouver la récompense de leurs travaux, ceux de nos jeunes concitoyens que forment, pour le bien de la plus grande France, l'Etablissement qui nous accorde sa gracieuse hospitalité.

C'est à la deuxième section du Congrès colonieal de 1905, Mesdames et Messieurs, qu'a été départie l'étude des questions de législation coloniale, questions, nous ne craignons pas de le dire, qui dominent toutes les autres questions coloniales, parce que, de la législation coloniale comme de la constitution coloniale, dépend l'avenir des colonies.

A ce titre, poursuivant le but dont nous avons planté dès l'année dernière les premiers jalons avec un jeune et sympathique avocat, M. Delmont, avocat à la Cour de Paris, nous avons cru devoir mettre cette année, en tête de notre ordre du jour, l'étude de la nouvelle constitution coloniale dont il y aurait lieu de réclamer des pouvoirs publics l'organisation prochaine.

Cette étude, Mesdames et Messieurs, nous a semblé ne pouvoir recevoir ses effets qu'en nous assurant l'appui d'un homme dont la science et l'expérience, en même temps que l'autorité, fussent pour ses auditeurs un attrait et un enseignement, et pour les pouvoirs publics un avertissement.

C'est à M. Gerville-Réache, député de la Guadeloupe, vice-président de la Chambre, que nous nous sommes adressés, à l'homme dont toute la vie a été consacrée à la cause coloniale, à celui qui n'a jamais séparé les intérêts de la métropole de ceux des colonies, à celui dont les services pour le pays s'exercent en toute occasion, à celui enfin que la confiance de ses collègues a porté à la présidence de la Commission supérieure de la Marine et à la vice-présidence de la Chambre.

Nous n'avions pas été déçus dans l'espoir que nous avions conçu de trouver en lui l'orateur qui exposât comme il convient devant vous et devant l'opinion publique, appelée à prendre parti dans le débat qui s'ouvrira, le grave sujet des « Principes qui doivent présider à l'organisation des colonies » et dicter la constitution coloniale qui devrait les régir.

Nous avions donc reçu la promesse formelle de M. Gerville-Réache qu'il nous donnerait ce soir une conférence sur ce sujet ; il ne prévoyait pas qu'une malencontreuse et subite indisposition viendrait s'y opposer. A l'instant, il m'informe qu'il doit renoncer à la satisfaction qu'il s'était promise. Nous ne l'entendrons donc pas ; mais il a voulu, comme me le dit si aimablement sa lettre d'excuse, ne pouvant faire mieux, nous envoyer une partie de lui-même, en confiant à son fils, qui connaît bien toutes ses pensées, le soin de nous développer, sur la question qu'il devait traiter, tout le programme de l'honorable vice-président de la Chambre.

Je serai certainement un interprète fidèle de vos sentiments, Mesdames et Messieurs, en priant M. Gerville-Réache fils, que j'ai l'honneur de vous présenter, d'offrir à son père nos profonds regrets de la pénible raison qui l'a obligé de se faire remplacer, mais en lui disant à lui-même que nous ressentons bien vivement la délicatesse qui a présidé au choix du remplaçant

A l'avance, Mesdames et Messieurs, je puis dire que, tout en regrettant de ne pas avoir entendu la parole si pleine d'autorité du père, vous aurez à applaudir au talent, à la valeur oratoire du fils.

Et s'adressant à M. Gerville-Réache fils, M. Penant termine en ces termes :

Je vous remercie bien cordialement, Monsieur, en mon nom et au nom de l'assemblée, de vouloir bien accepter la mission que vous a confiée mon honorable ami, Monsieur votre père.

Des applaudissements prolongés saluent la fin de cette allocution.

La parole est ensuite donnée à l'orateur par le Président.

M. M. GERVILLE-RÉACHE. — Mesdames, Messieurs,

Vous avez été invités à entendre et vous êtes venus entendre M. Gerville-Réache, vice-président de la Chambre des députés, président du groupe interparlementaire colonial et maritime.

Je comprends que vous éprouviez une vive désillusion en voyant paraître à sa place son fils que vous ne connaissez pas.

Et certes, si cette transposition de personne avait été préméditée, ce serait un véritable guet-apens. Mais seules les circonstances ont empêché mon père de prendre la parole devant vous, et en me priant de vous faire savoir combien vifs étaient ses regrets, il m'a chargé de faire agréer ses excuses à l'Assemblée.

Mesdames, Messieurs,

Notre empire colonial est aujourd'hui définitivement reconstitué. En même temps qu'elle poursuivait son œuvre de restauration intérieure, la troisième République reprenait au dehors des traditions séculaires en notre pays. Aux débris de notre ancien empire colonial perdu par les fautes de la monarchie, elle ajoute un nouvel empire colonial qui, certes, ne vaut pas le premier, mais qui constitue bien encore pour nous une chance suprême.

En Asie, à notre établissement précaire de Cochinchine, nous avons ajouté par étapes successives le Cambodge-l'Annam, le Tonkin et le Laos, et de leur réunion, nous, avons formé cet immense et magnifique empire d'Indo-Chine.

En Afrique, notre action a été plus vigoureuse encore.

Nous avons couvert la frontière orientale de l'Algérie par l'acquisition de la Tunisie ; nos comptoirs du Sénégal et du Gabon, prodigieusement accrus, se rejoignaient au lac Tchad, tandis qu'à Madagascar, l'extension progressive de nos droits nous donnaient la domination de la grande île toute entière.

En trente ans, nous avons pris pied sur toutes les mers du globe, et, de nouveau, nous faisons figure de grande puissance coloniale.

A l'heure présente, l'ère des conquêtes est close, et, s'il est vrai que nous avons encore à résoudre quelques questions délicates au Siam, aux Nouvelles-Hébrides et au Maroc, l'opinion coloniale française est unanime à réclamer la mise en valeur de notre domaine d'outre-mer.

A dire vrai, la période de conquête a été en même temps une période d'organisation préliminaire. Dans la plupart de nos colonies nous avons creusé des ports, construit des routes et des chemins de fer, balisé des fleuves ; nous nous sommes préoccupés, plus peut-être que d'autres puissances coloniales, des problèmes d'enseignement et d'hygiène, et, pour tout dire, de la conquête morale des indigènes.

Mais cette œuvre d'organisation n'a jamais été qu'une œuvre d'à-peu-près, de tâtonnements, conçue sans plan d'ensemble, exécutée d'après des méthodes très diverses, et parfois contradictoires.

Il faut donc hautement féliciter les organisateurs du Congrès colonial de faire figurer à l'ordre du jour de leurs travaux, l'examen et l'étude de questions purement doctrinales.

Il aurait fallu, à vrai dire, pour parler devant vous des principes de colonisation, une plus grande autorité que la mienne et une plus vieille expérience.

J'ai toutefois un titre à obtenir, votre indulgence et c'est un titre sérieux pour un conférencier : je n'abuserai pas de votre bienveillante attention.

.Mesdames, Messieurs,

Lorsqu'on a posé la question de savoir quels rapports
sont possibles entre une nation coloniale et ses établissements extérieurs, la réponse n'est point difficile à donner,
la métropole a le choix entre deux méthodes qui s'excluent :
la méthode d'assimilation et celle d'autonomie.

Les difficultés commencent seulement au moment de
choisir .

Avant de les aborder, permettez-moi de courtes défini-
tions. La politique d'assimilation se propose d'unir indisso-
lublement les colonies à la mère-patrie, et dans ce but, elle
tend à transformer progressivement les indigènes en citoyens français.

Poursuivant un idéal complètement opposé, la politique
d'autonomie se propose de laisser les colonies s'administrer elles-mêmes pour que, devenues adultes, elles soient
en mesure d'être maîtresses de leurs destinées.

Pour les partisans de l'assimilation, la métropole est, au
sens profond du mot, la mère-patrie dont les colonies sont
les filles affectueuses et dévouées. Les joies et les douleurs
leur sont communes.

Pour les partisans de l'autonomie, la métropole est un
tuteur. Les colonies devenues adultes liquident avec elle
leur compte de tutelle, non sans parfois des heurts et des
déchirements, pour suivre isolément leurs destinées particulières.

De ces deux méthodes de colonisation, si différentes
dans leurs applications et leurs résultats, je voudrais examiner laquelle paraît la mieux appropriée à nos traditions,
laquelle est susceptible d'apporter à la métropole le plus
large appoint de force morale et matérielle.

Il est, à mon sens, difficile de contester que la méthode
d'assimilation soit conforme à notre tempérament national et à l'esprit de notre législation. Et ce n'est pas seulement parce qu'il nous paraît injuste de retirer aux Français qui vont s'établir dans nos colonies les droits et les

avantages dont ils bénéficiaient ; ce n'est pas seulement parce qu'il nous semble odieux d'établir deux catégories de Français, ceux de la métropole, qui ont tous les droits et ceux d'outre-mer, qui n'en ont aucun ; mais c'est aussi parce que la nationalité française a pour nous une valeur morale exceptionnelle et qu'il nous paraît généreux de l'accorder progressivement aux indigènes.

Mais d'ailleurs, en même temps qu'il satisfait admirablement l'orgueil légitime de notre race, le principe d'assimilation séduit notre esprit de latins avides d'unité. C'est de Rome, en effet, que nous avons hérité de cet irrésistible penchant à porter au-delà des mers notre législation, notre organisation administrative et sociale ; c'est elle qui nous a légué ses admirables aptitudes à gagner la confiance en même temps que l'admiration des races soumises par la force.

Il est d'ailleurs conforme à toute notre législation coloniale, depuis la Révolution, et, si l'on peut objecter que des textes législatifs importants comme la loi du 24 avril 1833 ou le sénatus-consulte de 1866 semblent nettement favorables à la méthode d'autonomie, il importe de remarquer, comme l'a fait M. Girault dans son admirable ouvrage sur la législation coloniale, que le principe d'assimilation des colonies est un principe républicain. Dès 1790, en effet, l'Assemblée nationale proclama que les colonies font partie de la nation, et, par la constitution du 3 septembre 1791, elle leur accorde le droit d'être représentées.

La théorie des Assemblées révolutionnaires triomphe à nouveau en 1848, et la chute de l'Empire, l'établissement définitif de la troisième république sont le signal d'un progrès nouveau des idées d'assimilation, appliquées avec éclat dans la loi militaire du 15 juillet 1889 et la loi douanière du 11 janvier 1892. Mais, de ce que le principe d'assimilation est conforme à la tradition des Assemblées républicaines, il ne s'en suit pas, peut-être, que son application à nos possessions coloniales soit heureusement appropriée aux besoins et aux intérêts de celles-ci. Il est permis d'objecter que l'Angleterre, pour avoir donné une adhésion entière à la théorie de l'autonomie, n'en est pas moins la première nation coloniale du monde, et que, par suite, ce sont peut-être les Assemblées républicaines qui se sont trompées avec infiniment d'esprit de suite pendant cent ans.

Pour répondre à cette critique, il suffit, je crois, de remarquer qu'aucune comparaison ne peut être faite entre l'empire colonial anglais et le nôtre.

Les grandes colonies anglaises, le Canada, l'Afrique australe, l'Australie, sont des colonies de peuplement. Des millions d'émigrants, anglo-saxons pour la plupart, ont fait souche de races nouvelles, qui, déjà, ne confondent plus leurs destinées avec celles de la métropole.

Avec la conscience de leur force, l'ambition de se suffire à elles-mêmes leur est venue, et la métropole est trop lointaine pour empêcher que l'autonomie d'aujourd'hui soit l'indépendance de demain.

Chez nous, rien de semblable. Notre seule grande colonie de peuplement, l'Algérie-Tunisie, est un prolongement de la métropole. Ses intérêts économiques sont étroitement liés aux nôtres, et quand bien même la population française d'Algérie ne serait pas profondément attachée à la métropole, qui pourrait soutenir qu'elle sera un jour assez forte pour former une nation souveraine sur cette terre d'Afrique, où côte à côte grandissent de puissantes colonies espagnoles et italiennes, et tout un peuple d'indigènes dont la conquête morale ne sera peut-être pas accomplie avant un siècle.

Nos autres grandes colonies sont sans doute fort éloignées de la métropole, mais ce ne sont pas des colonies de peuplement, et nos compatriotes y sont trop isolés au milieu des indigènes pour ne pas sentir l'impérieux besoin d'être solidaires de la mère patrie.

Et d'ailleurs, est-il encore exact de dire que les Anglais sont restés des partisans irréductibles de l'autonomie ?

Effrayés des progrès incessants de l'Allemagne et des Etats-Unis, qui leur disputent et leur ferment des marchés dont ils étaient le maîtres séculaires, ils sentent le besoin der resserrer les liens qui les unissent à leurs grandes colonies autonomes. Sans doute, il n'est pas possible d'identifier ces projets de fédération économique préconisés par l'ancien ministre des Colonies Chamberlain avec la politique telle que nous la comprenons en France.

Mais il faut remarquer que pour parvenir à créer l'union économique des colonies anglaises avec la métropole, Chamberlain et ses partisans font appel à la solidarité de langue, de religion et de race qui unissent les différentes parties de l'empire.

Et ils sont entraînés à concevoir l'empire, non plus seument comme une union douanière, mais comme le faisceau de toutes les forces de la race anglaise dans le monde, conception qui se rapproche singulièrement de la conception française d'assimilation.

Comment expliquer, dès lors, qu'au moment même où les Anglais cherchent, sinon à abandonner, du moins à modérer dans son application leur méthode d'autonomie, un mouvement puissant se manifeste en France en faveur de cette même méthode.

Si puissant que nous voyons déjà se modifier profondément l'esprit de notre législation coloniale. Car il n'est pas douteux que l'art. 33 de la loi de finance du 13 avril 1900 et la loi du 19 décembre 1900 sur l'organisation financière de l'Algérie posent des principes sinon nouveaux, du moins en contradiction avec la doctrine d'assimilation. Cette contradiction est-elle fondamentale ou seulement apparente, c'est ce qu'il nous sera possible, je crois, de déterminer, si nous examinons les raisons déterminantes de cette évolution. A mesure que nous connaissions mieux notre empire colonial, bon nombre d'esprits distingués ont été frappés de la diversité et en même temps de la complexité des problèmes à résoudre pour l'administrer au mieux de nos intérêts. Ils en ont conclu dès l'abord qu'à des pays si différents de climat, de productions, de races, de langues et de religions, il était illogique et dangereux de donner des institutions uriformes. Ils en ont déduit qu'il fallait, non pas assimiler les indigènes, mais les faire évoluer dans la logique de leur civilisation. Et de déduction en déduction, ils en sont arrivés à prétendre qu'il importe peu à la métropole de voir ses colonies autonomes se séparer d'elle un jour, comme le fruit mûr tombe de la branche, si la mère-patrie a semé ses idées dans le monde et laissé des héritiers de son génie. Quant une doctrine aboutit à une semblable conclusion, quand la défense d'un principe qui peut avoir sa part de vérité, entraîne les partisans de l'autonomie à envisager comme une conséquence naturelle, logique et inévitable de leurs idées, la séparation des colonies, il est permis de leur demander si ils se sont bien assurés de leurs prémisses. Est-il bien vrai que le principe d'assimilation tend à étouffer la liberté et la richesse des colonies sous des règles immuables qui n'ont pas été faites pour elles? Que dans l'exaltation de la période révolutionnaire, dans la griserie des principes d'égalité et de fraternité, on ait songé à transformer brusquement les indigènes en citoyens français, je l'accorde.

Encore, faudrait-il remarquer que cette conception est restée purement idéale et n'a jamais pris l'ombre d'existence législative.

Mais est-il permis de penser qu'il puisse se trouver aujourd'hui un esprit assez intransigeant pour demander l'assimilation immédiate de toutes les colonies, assez chimérique pour croire qu'il suffirait d'un texte législatif pour donner la mentalité française aux Congolais ou aux Annamites ? Si tu veux tuer ton chien, dit le proverbe, tu diras qu'il est enragé.

Je voudrais essayer de montrer de quelle manière on peut être partisan de l'assimilation sans être enragé, c'est à dire sans abandonner toute clairvoyance et tout bon sens.

Parce qu'il peut nous paraître juste, et par suite utile d'attacher les colonies à la métropole par des liens indissolubles, il ne s'en suit nullement que nous méconnaissions la lenteur avec laquelle évoluent les sociétés.

Ce que souhaitent les partisans de l'assimilation, ce n'est pas de brusquer cette évolution, c'est de fixer dès maintenant l'idéal lointain mais accessible, auquel elle doit tendre.

Ce qu'ils demandent, c'est qu'il soit entendu que nous devons nous efforcer de faire, dès maintenant, la conquête morale des indigènes par l'éccle, par la force de pénétration de nos principes d'hygiène et de nos méthodes de travail.

Et ce n'est que lorsqu'ils auront été gagnés peu à peu, lorsqu'ils auront évolué de l'organisation sociale rudimentaire qui est la leur, à notre organisation compliquée, par des besoins croissants, et le conflit toujours plus aigu des intérêts individuels, alors seulement il pourra être question de leur accorder la qualité de citoyens français, avec ses avantages et ses charges. Et pourquoi cette évolution serait-elle impossible, à moins d'admettre, au risque des démentis les plus cruels de l'histoire, que les races jaunes ou noires ne puissent s'assimiler l'essentiel de notre civilisation indo-européenne ! C'est par une semblable méconnaissance de l'évolution d'un peuple, peu différent il y a un demi-siècle de nos populations indo-chinoises, que la Russie s'est usée dans une guerre sans issue contre un peuple qui s'est assimilé, d'une manière intégrale, nos principes d'organisation militaire et nos méthodes de combat.

Et sans espérer que le développement des races indigènes de nos colonies sera aussi rapide que celui des Japonais, aucun fait n'autoise à affirmer qu'une semblable évolution leur est à jamais interdite.

Ainsi donc, après avoir montré que la métropole a le choix entre deux méthodes de colonisation, nous avons opté pour la méthode d'assimilation, qui sauvegarde admirablement les intérêts de la mère-patrie.

Mais la réponse à notre question du début n'est pas encore définitive, et il suffit de se souvenir des termes dans lesquels nous l'avons posée pour voir que nous n'en avons envisagé qu'un côté : quels sont les rapports possibles entre une métropole et ses colonies. Nous avons répondu pour la métropole ; mais que répondrons-nous pour les colonies ? Car il ne peut être question d'assimiler par la force ; on ne transforme pas en citoyen français un indigène qui repousse la nationalité française, et le maître d'école ne peut être doublé d'un gendarme.

Il nous faut donc répondre à deux nouvelles questions : existe-t-il des colonies françaises mûres pour l'assimilation? Ces colonies sont-elles disposées à accepter toutes les charges de la nationalité française, je veux dire notre régime fiscal et les obligations du service militaire ?

A ce point de vue spécial de l'assimilation, il est permis, je crois, de faire une classification nouvelle des colonies françaises, qui permetra de les ranger en trois catégories : les colonies peuplées de Français, vivant d'une vie analogue à la nôtre, parlant la même langue que nous, ayant les mêmes traditions, les mêmes joies et les mêmes deuils. Ce sont les Antilles, la Guyane et la Réunion.

Un deuxième groupe comprendra les colonies où nos compatriotes, en petite minorité, se trouvent en contact avec une race indigène organisée, pourvue d'institutions stables et d'une organisation administrative et sociale régulière : ce sont, par exemple, les pays d'Indo-Chine.

Enfin, la troisième catégorie comprendra les colonies que l'on pourrait appeler inorganiques ; nos compatriotes y sont peu nombreux, les races indigènes sont émiettées indifférentes ou hostiles les unes aux autres, sans solidarit, aucune de croyances, de langage ou de mœurs : ce sont, pour n'en citer que trois, les colonies d'Afrique occidentale, le Congo et Madagascar.

De cette classification rapide et sans prétention scientifique, il résulte à premier examen que les colonies du premier groupe : Antilles, Guyane et Réunion répondent exactement à l'idée que nous nous sommes formés de la colonie prête à l'assimilation.

Elles étaient indiquées pour constituer la première application de notre principe ; on les a donc assimilées. Mais cette assimilation a été bâtarde ; nous n'avons pas tiré du principe posé les conséquences qui logiquement en découlent, et cette expérience, qui aurait dû être féconde, a fourni des armes aux adversaires de l'assimilation.

Et voici l'opinion du plus fougueux.

« Ni contribuables, ni soldats, les électeurs indigènes n'en sont pas moins admis à discuter notre budget, à contrôler la caisse où ils puissent sans la remplir ; leurs représentants peuvent augmenter notre dette, décider la paix ou la guerre. Leurs responsabilités seront légères auprès de celles de leurs collègues de France. Grande sera leur tentation d'augmenter les dépenses dont leurs électeurs pourront profiter, telles que les dépenses de personnel. Et ne se feront-ils pas prier, en revanche, pour voter des crédits d'un intérêt purement métropolitain, tels que l'achèvement d'un canal ou d'une voie ferrée. Ne nous entraînent-ils pas, ce qui est grave, par l'ardeur seule de leurs conceptions patriotiques et dans leur méconnaissance naturelle de nos difficultés continentales, ne nous entraînent-ils pas à négliger la mise en valeur de notre pays pour nous engager trop avant dans des entreprises trop lointaines?

Et voilà nettement dénoncé le péril que font courir à la métropole 16 députés coloniaux, maîtres tyranniques de 580 députés métropolitains.

Mais, s'il convient seulement de sourire de ces exagérations perfides qui se font justice d'elles-mêmes, il est utile de protester contre le reproche fondamental qui est formulé par l'auteur de cette philippique enflammée.

« Ni contribuables, ni soldats ».

Et certes, si l'assimilation avait pour but de conférer aux Antillais et à nos compatriotes de la Réunion et de la Guyane tous les droits du citoyen français en leur faisant gracieusement remise de tous les devoirs et de toutes les obligations qui nous incombent, vous seriez en droit de penser que notre générosité n'est pas loin d'être de la sottise.

Mais, peut - on, sans mauvaise foi, reprocher à nos vieilles colonies un traitement de faveur que non seulement elles n'ont pas sollicité, mais qu'elles ont repoussé avec véhémence ?

Par la voix de leurs représentants au Parlement, elles ont demandé et obtenu que la loi militaire du 15 juillet 1889 leur fût applicable. Est-ce leur faute si le texte ne leur a pas été appliqué, et irait-on jusqu'à regretter que nos compatriotrs d'outre-mer n'aient pas pris les armes et fait une révolution pour obtenir de servir leur pays malgré lui ?

Par l'intermédiaire de leurs conseils généraux, de leurs conseils municipaux, ils ont réclamé le droit de participer aux dépenses communes et d'être assujettis à notre régime fiscal. Peut-on leur faire un crime de ne pas payer d'impôts que la métropole n'établit pas chez eux, et de ne pas se présenter chez un percepteur qu'on ne leur envoie pas ?

Ni contribuables ni soldats. Si puissant est leur attachement à la métropole qu'ils réclament sans se lasser le droit de payer des contributions et d'accomplir les périodes légales du service militaire. Ils auront sans doute gagné des droits qu'on leur marchande quand on parle de les en priver.

Cette assimilation complète que réclament les vieilles colonies est fondée en raison sur la similitude de langage de mœurs et de traditions, et il est inutile de réfléchir longuement pour comprendre qu'il serait absurde et dangereux de l'accorder aux deux autres groupes de colonies.

Qu'il me soit permis de faire remarquer en passant qu'il ne serait pas moins absurde ni moins dangereux de leur donner l'autonomie. Et je veux faire entendre par là quo, s'il est bon en matière de colonisation de posséder un principe directeur, il est impraticable] de l'appliquer en principe dans toute sa rigueur.

Et cependant, l'assimilation une fois faite des Antilles de la Guyane et de la Réunion, il faut bien organiser le reste de notre empire colonial, infiniment plus vaste et plus peuplé que nos vieilles colonies.

Sans attendre que l'évolution des races indigènes le

aient suffisamment rapprochées de nous pour qu'elles soient assimilables, et que l'on puisse leur appliquer à toutes la constitution et la législation françaises, il faut songer à leur donner des institutions de transition. Nous sommes ainsi conduits à résoudre divers problèmes que soulève cette question de la constitution coloniale : une constitution coloniale est-elle nécessaire ? Par qui doit-elle être faite ?

A la première question : une constitution est-elle nécessaire ? les théoriciens de la législation coloniale répondent unanimement par l'affirmative.

L'organisation actuelle de nos colonies est en effet en contradiction très nette avec nos principes constitution nels de 1875. Elle a été créée par le sénatus consulte du 3 mai 1854, qui, après division des colonies en deux catégories, décidait que les vieilles colonies seraient placées sous un régime mixte de sénatus consultes et de décrets, le reste de notre empire colonial restant soumis au régime des décrets.

Sans examiner la question purement doctrinale de savoir si le senatus-consulte de 1854 a été abrogé en même temps que la constitution impériale, il faut reconnaître que le régime des décrets, qui peut avoir son utilité lorsqu'il s'agit d'une colonie naissante, devient fâcheux dès que la colonie est organisée, parce qu'il la prive de la garantie que lui donnerait le contrôle du Parlement.

« C'est, dit M. Leroy-Beaulieu, un système déraisonnable à bien des titres. Il a pour objet de soustraire aux représentants naturels de la nation l'examen d'affaires qui touchent gravement les intérêts nationaux présents et futurs ; c'est donc un empiètement du pouvoir exécutif sur les attributions essentielles de la représentation du peuple ; il a pour conséquence, en outre, de faire artificiellement le silence autour des questions coloniales, de les enterrer sans bruit, ou de les trancher avec le minimum possible de discussions et d'informations; il excite, par conséquent, à très juste titre, la défiance et le mécontentement des colons.

Je ne crois pas cependant qu'il soit possible de faire disparaître entièrement le régime des décrets. Il ne faut pas oublier, en effet, que le Parlement, surchargé déjà par l'étude et la discussion de questions de toute nature, travaille avec enteur. Or, les questions coloniales réclament souvent des décisions rapides qui ne s'accomoderaient pas de la procédure parlementaire.

Quel sera donc le législateur colonial ? La question ne peut se résoudre d'une manière absolue, et je ne crois pas que le législateur colonial puisse être unique.

A mon avis, le Parlement devrait à chaque colonie une constitution propre, une sorte de charte, qui fixerait les libertés, les droits et les obligations essentiels des colons et des indigènes.

Il conviendrait, pour le surplus, de conserver le régime des décrets, après lui avoir fait subir d'importantes modifications.

Tous les décrets devraient être pris, après avis non plus du Conseil d'Etat, dont la compétence en matière coloniale peut être contestée, mais du Conseil supérieur des colonies, réorganisé et transformé en Assemblée permanente non de contrôle, mais de préparation.

Par cette organisation mixte, que j'ai tracée très sommairement, comme une indication d'ensemble, on écarterait je crois, les critiques que soulèvent les deux théories exposées brillamment sur la matière, l'une par M. Delmont, au Congrès Colonial de l'an dernier, l'autre par M. Girault.

Car, bien que leurs doctrines soient très différentes puisque M. Delmont demande la formation d'un Parlement colonial, destiné, non pas à préparer des décrets, mais à faire des lois, alors que M. Girault demande la constitution de parlements locaux, on peut leur faire la même critique. On peut leur reprocher, comme le faisait M. Leroy-Beaulieu, pour le régime des décrets, on peut leur reprocher d'être en contradiction avec la constitution de 1875 et de porter atteinte aux droits et aux attributions essentielles des représentants du peuple.

De cet examen rapide des principes qui doivent nous guider dans l'organisation de notre empire colonial, il est permis de tirer la conclusion suivante :

Le principe d'assimilation que nous avons adopté ne peut être app,iqué qu'avec lenteur et prudence.

Il est nécessaire de le considérer, non pas comme un principe d'action immédiate, mais comme l'idéal de cette nation généreuse qui, la première, a proclamé que tous les hommes naissent égaux en droits.

Qu'il ne soit pas posible de l'appliquer tout de suite et dans toute son ampleur, j'en conviens, mais il ne faut pas perdre de vue le but auquel nous devons tendre de toutes nos forces. Un jour doit venir où l'on ne connaîtra plus ni métropole ni colonies, mais la nation.

M. DE LAMOTHE. — J'ai suivi la discussion de mon excellent ami, M. Gerville-Réache, avec un grand intérêt, et je sais que les idées qu'il défend depuis longtemps viennent d'être extrêmement et fidèlement bien traduites par son fils.

Je comprends parfaitement l'opinion qui domine chez lui. Seulement, je demande à faire remarquer que l'assimilation n'est pas d'aujourd'hui quant au principe, mais de 89.

Au choix que vous venez d'offrir entre l'autonomie l'assimilation, j'en opposerai deux autres : Le premier s'appellera centralisation, unité, uniformité ; et l'autre s'appellera fédération.

Remontant jusqu'à Montesquiou, nous trouvons qu'il a dit : « Je sais que les peuples latins ont sucé les idées unitaires ». Mais si de la France on a le droit de faire une grande république militaire, on ne peut en faire autant de 58.000 millions d'habitants de la plus grande France ; avec des colonies très étendues et de races très différentes, il faut faire, et ce sera le principe du fédéralisme qui devra triompher.

On nous dit que l'assimilation était facile pour les colonies telles que La Guadeloupe, La Guyane, La Réunion ; je dirai que j'hésiterai quant à la Guyane, qui désirerait peut-être l'assimilation ; mais je crois qu'un bon gouvernement dans la colonie permettrait bien mieux et plus tôt son développement.

On a cité M. Girault : il a plaidé en effet, cela. Mais il a aussi une autre formule excellente : « La décentralisation législative est la plus urgente et la plus utile de toutes les réformes. »

Si nous prenons la décentralisation législative, c'est la fédération.

Prenons l'ensemble des colonies : je les diviserai, après avoir mis de côté les colonies assimilables ou celles sujettes à être rapidement assimilables, de la façon suivante :

Madagascar nous montre une population très désireuse de s'instruire, cherchant par tous les moyens à s'assimiler.

Pour les peuples de l'Indo-Chine, il est bien certain que le Japon, qui est leur proche parent, nous montre combien ils peuvent faire de progrès, et ce ne sera pas non plus en les encombrant de toutes espèces de difficultés pour gêner leurs propres affaires que l'on arrivera à un résultat. Il faut chercher la formule de leur organisation.

Pour les pays musulmans, là est la difficulté, car avec l'assimilation, vous mettez le pays dans une position de provisoire perpétuel.

J'ai protesté contre l'assimilation, afin d'obtenir plus tard les droits de citoyen français.

La naturalisation est une chose erronée et qu'il faut remplacer. On ne doit pas augmenter les naturalisations indigènes. J'ai montré hier à ma conférence sur les Philippines que tout le monde est citoyen, quand il parle une langue civilisée.

Aussi je demande que l'accession du droit politique soit un droit, avec des conditions.

Nous ne pouvons pas forcer les peuples que nous dominons à ce provisoire. Aussi, je demande que l'empire colonial se compose de territoires qui seront dotés chacun de

leurs constitutions, soit cinq constitutions. Vous voyez
donc que je supprime les décrets et que vous aurez une organisation libérale, qui constitue les organes qui font la législation par elle-même.

M. Marchal. — Dans ce système, quel sera le lien de
rattachement ?

M. de Lamothe. — Je suis absolument contraire à toutes
les propositions de rattachement. Je voudrais que dans
les pays où il y a des citoyens et des sujets, je voudrais que
la capacité électorale se renforçât progressivement par
l'accession d'éléments supérieurs ; alors, on pourra dire à
ce moment-là que, peut-être, les colonies pourront faire
leurs lois elles-mêmes, avec plus de justesse et plus de
rapidité.

M. Penant. — Vous avez parlé d'un projet de constitution que je voudrais pouvoir faire soumettre au Parlement.

M. Seville. — On a beaucoup parlé d'assimilation. En
Indo-Chine, j'ai été dans toutes les classes indigènes pour
leur demander leur opinion.

Certains, comme les mandarins, qui sont les intellec-
tuels, nous ont dit que cela dépendait des cas ; que, par
exemple, pour éviter la prison, pour avoir une peine moins
forte, ils se feraient naturaliser ou non ; mais que, s'ils se
faisaient naturaliser, c'est qu'ils pourraient y trouver un
bénéfice.

M. Passerat de la Chapelle. — Je puis vous dire que
étant depuis vingt ans en Indo-Chine, je connais fort bien
les indigènes de ce pays, et que je puis en parler avec connaissance de cause. Je dis donc que les indigènes, les
Annamites, ne sont pas assimilables, parce qu'ils ont une
civilisation beaucoup plus avancée que la nôtre.

M. Penant. — Il faut nécessairement rendre un hommage
très mérité à la civilisation annamite.

M. Passerat de la Chapelle. — Pour vous prouver
combien cette civilisation chez les Annamites est supérieure
à la nôtre, et surtout combien ils sont plus avancés que

nous au point de vue social, je ne vous citerai qu'un exemple :

Quand un membre d'une famille annamite tombe dans misère ou meurt, tous les membres de la famille annamite viennent en aide à la famille éprouvée ; et ce serait pour eux un déshonneur de ne point le faire ; c'est pour eux un droit envié.

Ils ont conservé leur mentalité qui provient de cette civilisation si supérieure et qui date de bien avant la nôtre. Ils ne sont donc pas, pour ces raisons, assimilables.

M. DE LAMOTHE. — Je donnais tout à l'heure un sens beaucoup plus restreint à mes paroles.

Vous connaissez les indigènes du Congo, et vous admettez tous que ces indigènes ne peuvent non plus être assimilés.

Peut-être que l'introduction la plus grande possible de l'instruction sagement dirigée par ceux à qui peut appartenir ce droit, les amènera aux idées françaises.

M. DE POUVOURVILLE. — On ne peut admettre que le jour où les indigènes auront été amenés par l'instruction aux idées françaises, ils aient la mentalité française. Laissez-les, après les avoir assimilés à nos idées, libres de leur mentalité, et vous serez amenés à constater que leur mentalité ne sera et ne pourra jamais être française.

M. P. DE LA CHAPELLE. — L'acquisition de la mentalité française n'est pas possible ni chez les Chinois ni chez les Annamites.

M. DE POUVOURVILLE. — Je crois qu'il est très simple de s'expliquer. Celles de nos colonies qui réclament leur assimilation à la nation française sont dans un état inférieur à la civilisation française, et ne méritent pas encore les avantages que confère l'assimilation. Nous voyons donc mal la question, car, d'autre part, ce n'est pas en les assimilant faire un cadeau superbe à des colonies qui ont une civilisaiton très avancée, et qui n'envient nullement les bénéfices de la nôtre.

M. PENANT. — Les vues préconisées pour l'assimilation ne sont que pour un avenir lointain.

Nous sommes sur un terrain colonial. Le programme du Congrès Colonial est de présenter des formules pratiques pour des solutions immédiates. Nous sommes ici pour émettre des vœux concernant des difficultés présentes, existant aujourd'hui, et réglables de suite.

Il faut émettre des vœux.

Je suis heureux de vous dire que je suis persuadé que la commission parlementaire qui, prochainement discutera cette question, approuvera dans une certaine mesure ces vœux.

M. Passerat de la Chapelle. — Comme vœux à émettre, je crois, si j'ai bonne mémoire, que ce sont ceux qui ont déjà été émis en 1903 et qui ont été, du reste, reproduits déjà l'année dernière.

M. Penant. — Quels sont ces vœux ?

M. Passerat de la Chapelle. — Ils ont été intégralement formulés dans le compte rendu imprimé du Congrès Colonial de 1903 ; mais on ne les a pas reproduits dans le compte rendu de 1904.

M. Penant. — Il sera utile de les reproduire au compte rendu de cette année comme sanction à cette discussion.

La séance est levée.

LA SITUATION ÉCONOMIQUE DU SIAM

Par M. Dauphinot

M. MARCHAL. — Je prends la présidence au nom de M. Deloncle, et donne la parole à M. Dauphinot, attaché commercial à la légation de France à Bangkok, sur la situation économique du Siam.

M. DAUPHINOT. — Mesdames, Messieurs, permettez-moi d'abord d'adresser mes sincères remerciements à l'éminent député de la Cochinchine, M. François Deloncle, qui a bien voulu me prier de vous dire quelques mots sur la situation économique du Siam et sur les voies ferrées de pénétration au Laos.

Je vous demanderai ensuite de m'accorder toute votre indulgence, car les sujets que je vais traiter devant vous, il faut bien l'avouer, sont d'une certaine aridité.

Le Siam, Messieurs, dont la superficie est d'environ 450.000 kilomètres carrés, ne compte que 6.500.000 habitants, dont plus de la moitié sont Chinois et près d'un tiers sont Laotiens. Si l'on ajoute à ces deux éléments un certain nombre de Malais, de Cambodgiens, d'Annamites, de Mans et de Birmans, on est forcé de constater que la race des conquérants du pays est maintenant noyée dans la masse de la population, et l'on doit franchement admirer ce petit peuple qui a su maintenir sa domination sur une pareille quantité de sujets d'origines si différentes.

Ce résultat est dû surtout à l'énergie des rois de la dynastie actuelle, et tout particulièrement aux rares qualités de Sa Majesté Chulalongkorn.

Ce souverain ne s'est pas contenté de s'entourer, comme ses prédécesseurs, des princes de sa famille et de leur confier la direction des principaux ministères ; il a fait peu à peu venir d'Europe 250 fonctionnaires qu'il a chargés d'introduire au Siam les principes administratifs qu'ils avaient vus appliquer dans leurs parties respectives; et, en vingt ans, il a accompli, avec leur aide, une série de réformes qui avaient pour but la cohésion plus grande des diverses parties de son royaume, et la centralisation vers Bangkok de leurs forces vives.

C'était une lourde tâche ; car la plupart des provinces étaient gouvernées par des chefs locaux qui se considéraient comme à demi indépendants, et qui luttèrent avect énacité pour défendre leurs prérogatives. Sans doute, le but cherché par le roi n'est pas encore complètement atteint; mais la siamisation du Laos, des provinces de Battambang et de Siem-Réap et des Etats malais marche à grands pas, et l'on peut déjà prévoir le moment où elle sera un fait accompli.

Vous savez tous que les deux nations parmi lesquelles le roi a choisi de préférence ses collaborateurs sont les nations anglaise et allemande.

Mais, pouvait-il en être autrement alors que presque tous ses fils, à la suite d'invitations pressantes, avaient fait leur éducation en Angleterre ou en Allemagne et en étaient revenus pleins de sympathie pour des peuples et des gouvernements qui, non seulement les avaient accueillis à bras ouverts, mais les avaient comblés d'honneurs ?

Il ne faut donc pas s'étonner de voir des Anglais diriger les finances, les douanes, la justice, l'instruction publique, les forêts, les mines, la police de Bangkok, le département du cadastre, et des Allemands à la tête des chemins de fer et des postes et télégraphes !

L'influence de l'amiral de Richelieu a introduit des Danois dans la marine et dans la gendarmerie provinciales. Des Italiens sont chargés des travaux publics, des Japonais du département de la sériciculture, des Hollandais de celui de l'irrigation.

La France compte depuis trois ans quatre de ses enfants au service du Siam; ce sont trois ingénieurs et un dessinateur qui sont affectés au département sanitaire de Bangkok ; mais qui, malgré les nombreux projets qu'ils ont étudiés, n'ont encore vu aucun de leurs plans pris en considération. A la suite de la convention du 13 février 1904, M. Padoux, consul de France, a été nommé conseiller légiste et est arrivé au Siam il y a trois mois.

Les derniers venus, les Américains, occupent le poste le plus élevé, celui de conseiller général de Sa Majesté, qui est rempli avec autorité par un diplomate, M. Strobel. Nous avons donc, Messieurs, une bien faible part dans l'administration du Siam, et c'est d'autant plus regrettab,e que, tout en reconnaissant que les fonctionnaires étrangers ont été en général choisis avec quelque soin, on ne peut nier que l'on eût trouvé très facilement en France des hommes de la même valeur.

Il n'en est pas moins vrai que l'organisation actuelle est en grande partie leur œuvre, et c'est pourquoi je ne pouvais omettre de vous signaler leur influence dans tous les rouages du royaume.

Le premier point à examiner, quand on étudie la situation économique d'un pays, c'est l'état de ses finances. Je vous dirai de suite que celles du Siam sont particulièrement prospères.

Depuis douze ans, le budget des recettes a triplé, non pas par suite de la création de nouveaux impôts, mais par une meilleure perception et un rendement de plus en plus fort de ceux existants. Grâce à la prudence avec laquelle est établi le budget des dépenses, les exercices se sont tous soldés avec un excédent ; aussi, non seulement le Siam n'a-t-il pas de dette, mais possède-t-il un trésor de réserve qui peut être évalué à une cinquantaine de millions de francs.

Le budget général de 1904-1905 s'élevait à 132.650.000 francs. Celui de 1905-1906 se monte à 151.600.000 fr., et marque ainsi un nouveau pas en avant.

La moitié des revenus du royaume est constituée par les

différentes Fermes,dont les principales sont celles des jeux, de l'opium et de l'alcool, et par les taxes de capitation ; les autres recettes les plus importantes sont celles qui proviennent des douanes, de l'impôt foncier, des forêts et des octrois.

Les plus fortes dépenses sont celles affectées au ministère de l'intérieur, à la liste civile, à l'armée et à la marine, au gouvernement de Bangkok et aux travaux publics.

Il est probable que les revenus du Siam suivront, pendant longtemps encore, une marche ascensionnelle. En effet, les ressources du pays ne sont pas, à beaucoup près, mises en valeur, et si l'on considère, d'une part, les efforts faits par le gouvernement pour activer leur exploitation, et d'autre part, l'accroissement constant de la population par suite de l'immigration chinoise, on doit reconnaître que l'avenir se présente sous un jour favorable.

Parmi les efforts dont je viens de parler, il faut citer d'abord les mesures financières qui eurent pour but de créer au Siam un crédit qui lui permit de contracter en Europe une série d'emprunts dont il avait besoin pour accélérer la construction de ses voies ferrées.

La première de ces mesures fut, en 1902, l'émission d'un papier-monnaie destiné à remplacer les billets émis par les trois banques de Bangkok, et qui, jusque-là, avaient seuls cours. Les caractéristiques de cette opération étaient les suivantes :

Faculté illimitée d'émission.

Cours légal donné aux nouveaux billets, dont les revenus du royaume formaient la garantie.

Le gouvernement prenait l'engagement de conserver une encaisse, en argent ou en valeurs, égale à 75 % du montant des billets en circulation, ensuite, de rembourser son papier à présentation, mais à Bangkok seulement, et se réservait dans les provinces le droit de refuser tout ou partie du remboursement.

De plus, on devait publier tous les mois, dans la *Gazette officielle*, le montant des billets en circulation, celui de l'encaisse métallique et la liste des valeurs en réserve. Une commission de deux membres, dont l'un était le ministre des finances, était chargée de veiller à l'achat et à la garde de ces valeurs.

L'opération était fort intelligemment combinée; car elle permettait au gouvernement de se constituer à peu de frais une encaisse métallique et lui donnait le contrôle exclusif de la caisse de garantie.

A cette époque, 21 septembre 1902, les trois banques de Bangkok avaient en dépôt des sommes diverses en numéraire, appartenant à l'Etat et qui se décomposaient ainsi :

La Hong-Kong and Shanghaï Banking Corporation, 7.200.000 fr., la Chartered Bank of India, Australia and China, 3.600.000 fr., la Banque de l'Indo-Chine, 360.000 fr. Elles acceptèrent sans hésiter les nouveaux billets.

Le succès, dès lors, était assuré.

A la suite de la première émission, qui s'élevait à 1.500.000 ticaux, soit 1.800.000 fr., et fut absorbée en deux mois, on en fit plusieurs autres.

D'après mes derniers renseignements, il a été mis en circulation, jusqu'à ce jour, 10.000.000 de ticaux, qui sont représentés par une somme égale en numéraire dans la caisse de garantie.

Un peu effrayé , en effet, par une tentative faite l'an dernier par une bande composée de deux Siamois et de quatre Japonais pour écouler de faux billets, le gouvernement n'a pas encore usé de son droit de convertir en valeurs une partie de l'encaisse métallique.

Les billets siamois se substituant peu à peu aux coupures des banques étrangères, il est certain que le département du papier-monnaie , qui avait été chargé des émissions , se transformera en banque d'Etat. Il est déjà entré dans cette voie, car il consent des prêts sur hypothèques, achète des remises sur Londres et essaie d'en vendre.

La seconde des mesures financières est d'un tout autre ordre d'idées. On l'a appelée à tort l'établissement de l'étalon d'or ; mais c'est un terme absolument impropre pour caractériser une opération qui n'était qu'un essai de stabilisation du cours du tical.

Le 26 novembre 1902, un décret royal arrêta à la Monnaie la frappe des ticaux et rendit le tical indépendant de la piastre, dont il avait jusque-là représenté les trois cinquièmes.

Le jour suivant, un arrêté du ministre des finances fixa le prix de vente des ticaux à dix-sept pour une livre sterling, ce qui imposait au tical une valeur de 1 fr. 48.

Or, à ce moment, d'après le cours de la piastre, cette valeur n'était que de 1 fr. 16. On voulait donc, du jour au lendemain, augmenter le prix du tical de 28 %.

Le négoce et les banques, énergiquement soutenus par les légations, protestèrent aussitôt ; puis le gouvernement s'étant refusé à rapporter ces mesures arbitraires, les trois banques, d'un commun accord, fermèrent leurs caisses.

On entama alors des négociations qui se terminèrent le 10 décembre par l'arrangement ci-dessous, à la suite duquel les affaires reprirent leur cours.

Par mesure transitoire, le taux de vente des ticaux était porté à 20 pour une livre sterling, soit à la parité de 1 fr. 25, ce taux devant, jusqu'au 28 février 1903, suivre les fluctuations de hausse du change à Singapore, mais sans pouvoir subir de modification en cas de baisse.

De plus, les banques étaient autorisées à importer, au cours du 27 novembre, une somme de piastres argent égale à l'importance du dépôt que le gouvernement avait chez elles, et le ministre des finances s'engageait à leur échanger au même cours contre des ticaux argent toutes les piastres qu'elles avaient en caisse ou en mer, venant de Hong-Kong, Saïgon ou Singapore. La Hong-Kong and Shanghaï Bank transforma de ce fait 400.000 piastres, la Chartered 340.000 et la Banque de l'Indo-Chine 100.000.

Ces concessions eurent pour premier résultat de limiter les pertes des banques aux facilités qu'elles durent accorder aux négociants, qui furent autorisés à remplir leurs engagements, moitié sur l'ancienne, moitié sur la nouvelle base.

Elles leur permirent en outre d'acheter des ticaux pour une somme considérable, 13 à 14 millions de francs, dont la plus grande partie fut payée sur la base de 20 ticaux pour une livre sterling , et de réaliser ainsi des bénéfices bien autrement importants que n'avaient été leurs pertes tout en conservant une encaisse métallique grâce à laquelle elles pouvaient parer à la hausse du tical.

Le gouvernement espérait regagner rapidement le cours de 1 fr. 48 ; cependant, il n'y est pas encore tout à fait parvenu. Au mois de mars de cette année, lorsque j'ai quitté le Siam, le cours officiel était , il est vrai, de 1 fr. 51 ; mais celui des banques était de 1 fr. 44 ; il y avait donc un écart de 5 %.

La baisse presque constante de la piastre depuis deux ans, et le surplus continuel et progressif de la valeur des exportations sur celle des importations ont évidemment aidé la politique financière du Siam; mais le ministre des Finances a beaucoup fait de son côté pour contribuer au succès de cette politique en réduisant peu à peu au minimum ses dépôts dans les banques et en multipliant ses émissions de papier afin de raréfier l'argent monnayé.

En résumé, si le gouvernement siamois n'est pas arrivé à la stabilisation absolue du cours du tical, il a du moins réussi à enfermer cette valeur entre des limites assez rapprochées pour qu'on n'ait plus à craindre les grosses variations qui, depuis sept ou huit ans, avaient été, aussi bien pour les budgets royaux que pour les gens d'affaires, une menace constante, et ce résultat est à signaler aux économistes qui cherchent le moyen de fixer le cours de la piastre indo-chinoise.

Encouragé par ce succès, le Ministre des Finances a complètement réorganisé la Monnaie, a fait à Londres d'importants achats d'argent en barres et a donné l'ordre de frapper des ticaux qu'il a facilement écoulés dès que les réserves des banques ont été épuisées.

Puis, il a tenté un premier emprunt. Après des négociations assez longues, la Banque de ''Indo-Chine et la

Hong Kong and Shanghaï Bank ont entrepris tout dernièrement à part égale cette opération aux conditions suivantes : un million de livres sterling divisé en 50.000 obligations de 20 livres ou 500 fr. entièrement libérées et au porteur, remboursables au pair et par tirages au sort annuels, de 1911 à 1945, sous réserve de remboursement anticipé à partir de 1915 Intérêt annuel : 4 ½ %, payable net d'impôt les 1er mars et 1er septembre à Paris, en francs, au change du jour de l'échéance. Le gouvernement siamois s'est engagé, dans le cas où une garantie spéciale serait consentie à un autre emprunt étranger contracté par lui dans l'avenir, à appliquer immédiatement et concurremment cette même garantie au présent emprunt.

La somme demandée était prête avant l'émission ; le succès était donc certain et le Ministre des Finances du Siam peut à bon droit se féliciter du résultat de cette opération, qu'il a pu mener à bien à des conditions plus avantageuses que celles obtenues presque à la même époque par la Chine et le Japon.

Nous allons maintenant étudier le commerce extérieur du Siam, ou plutôt le commerce extérieur du port de Bangkok, car les statistiques de la douane ne font pas mention des entrées et des sorties qui ont lieu sur les autres points du royaume.

Je vous rappellerai, Messieurs, que toutes les marchandises sont frappées, à leur entrée au Siam, d'un droit *ad valorem* de 3 %, sauf les vins et bières, pour lesquels le droit est de 5 %, et sauf les spiritueux qui, au-dessous de 50° sont taxés à raison de 80 à 90 %. A la sortie, la plupart des produits acquittent des droits variant de 2 à 10 %.

En 1903-1904, le commerce extérieur s'est élevé à 186 millions, dont 87 milions d'importations et 99 millions d'exportations. Quoique le total soit inférieur de près de 5 millions à celui de l'année précédente, la situation reste bonne; car, si les exportations ont baissé, c'est uniquement dû à la mauvaise récolte du paddy. La saison des pluies avait été si défavorable que la réduction eût même été plus forte si la superficie cultivée en riz n'avait sensiblement augmenté dans le courant de l'année.

Les principaux articles d'importation ont été :

Les fils et tissus de coton pour 17.200.000 fr., les comesti,es pour 6.100.000 fr., le sucre, pour 3.500.000 fr. et, pour des sommes moindres, l'opium, les sacs de jute pour le riz, les tissus de soie, le pétrole, les vins, bières et liqueurs.

Singapore et Hong-Kong arrivent en tête de la liste des pays d'expédition ; puis viennent l'Angleterre, l'Allemagne, la Chine, l'Inde, les colonies hollandaises, la Suisse, les Etats-Unis, la Hollande, la France avec 444.000 fr., la Cochinchine avec 432.000 fr., l'Italie, le Danemark, etc.

Les principaux articles d'exportation ont été :

Le riz sous toutes ses formes pour 75.400.000 fr., le teck pour 11.000.000, les peaux de bœufs et de buffle pour 1.420.000 fr. et, pour des sommes moins fortes, les poissons séchés ou salés, le poivre, les bœufs et la laque.

Parmi les pays de destination, Hong-Kong tient le premier rang et est suivi par Singapore, l'Inde, l'Allemagne, l'Angleterre, Penang, la Cochinchine avec 384.000 fr., la France avec 273. 000 fr., le Danemark, la Suisse, etc.

D'après cette statistique, la France et la Cochinchine réunies (et on ne peut les séparer, car une bonne partie des expéditions de ou pour la France passe par Saïgon) ne prendraient part au commerce extérieur du Siam que pour 1.533.000 fr. ; mais c'est une grave erreur qu'il importe de rectifier.

D'abord., les industriels et les négociants français vendent presque toutes leurs marchandises susceptibles d'être expédiées en Extrême-Orient à des maisons anglaises ou allemandes. Quand ces marchandises arrivent à Bangkok elles portent la mention « made in England » ou celle « made in Germany »; et sont en tout cas classées à la douane comme produits anglais ou allemands, parce qu'elles sont parties des ports de Londres, Brême ou Hambourg. C'est ainsi qu'il se vend à Bangkok tous les ans plus de 500.000 fr.

de parfumerie française, qui ne nous sont pas attribués dans les chiffres de la douane, et je pourrais citer bien d'autres exemples.

Mais ce n'est pas tout !

Nos importations par Battambang ont été, en 1903, de 3.500.000 fr., et nos exportations de 8.500.000 fr. ; du côté du Laos, nous trouvons 1.600.000 fr. d'une part, et de l'autre, 1.900.000 fr. Nous arrivons donc, en n'ajoutant que ces chiffres à ceux de la douane, à un total de plus de 17 millions de francs.

Je ne parlerai que pour mémoire des autres intérêts commerciaux et industriels que nous avons au Siam ; mais il ne faut cependant pas oublier que la Banque de l'Indo-Chine est depuis longtemps installée à Bangkok et vient de monter une agence à Battambang ; que des Français et des protégés Français possèdent au Siam des scieries et une vingtaine de rizeries, dont plusieurs très importantes ; enfin que, parmi nos protégés chinois, les uns sont concessionnaires de forêts de teck, les autres, à la tête de grosses maisons de commerce ; d'autres, encore, nombreux, ceux-là, à la tête de maisons de détail.

Il me semble que tout cela détruit singulièrement cette légende répandue à plaisir par nos concurrents, et d'après laquelle (je cite textuellement un article du *Morning Post*) « le commerce français au Siam ne se monte pas à 1 % du commerce anglais ». Il était bon de faire justice de pareilles allégations et je suis heureux, Messieurs, de saisir cette occasion pour le faire devant vous.

Notre chiffre d'affaires avec le Siam n'est certes pas ce qu'il devrait être ; mais il suffirait, pour qu'il augmentât, que nos industriels et nos négociants voulussent bien, soit traiter directement avec les gros importateurs de Bangkok, soit y envoyer des agents intelligents, travailleurs, parlant et écrivant couramment la langue anglaise.

Je ne veux vous en donner qu'une preuve :

L'an dernier, le directeur du Musée commercial de Lille écrivit à M. le Chargé d'affaires de France, en mettant à sa disposition une somme de 500 fr., et en le priant de faire acheter une collection très complète des divers tissus de coton vendus au Siam. Peu de temps après, la collection était expédiée avec tous les renseignements utiles concernant les prix et les conditions de vente et de paiement, les modes d'emballage et d'expédition et avec les noms de plusieurs bons agents. Quelques maisons se mirent en rapport avec ces derniers, firent des échantillonnages répondant au goût du pays et depuis, deux d'entre elles ont pris des ordres d'une certaine importance.

Je crois qu'en conserves, en vins et liqueurs, en tissus de soie, en parfumerie, en produits chimiques et pharmaceutiques, en parapluies et en bien d'autres articles, le même résultat pourrait être facilement obtenu. Le Siam est un pays d'avenir, et je souhaite ardemment que nos commerçants n'hésitent pas à faire quelques efforts pour y prendre la place qu'ils devraient occuper depuis longtemps.

Le mouvement de la navigation du port de Bangkok est assez actif et le serait beaucoup plus encore s'il n'existait pas à l'embouchure du Menam une barre de sable qui empêche les navires calant plus de 4 mètres de pénétrer dans le fleuve. Le dragage de cette barre ne présenterait aucune difficulté ; mais le gouvernement la considérant comme sa meilleure protection contre les bâtiments de guerre ne veut entreprendre aucun travail pour la faire disparaître.

Quoique le nombre des vapeurs entrés à Bangkok en 1903-1904 ait été moindre que celui de l'année précédente, par suite de la diminution des exportations de riz, il s'est élevé à 613. Il faut ajouter à ce chiffre 7 voiliers et 58 jonques, ce qui porte le tonnage à 520.000 tonnes.

Depuis l'achat par le Nord-Deutscher-Lloyd des deux Compagnies anglaises qui assuraient les transports entre Bangkok, Singapore et Hong-Kong, c'est le pavillon allemand qui se montre le plus souvent dans les eaux du Menam. Il a été porté l'an dernier par 306 navires jaugeant 325.000 tonnes, puis venait le pavillon norvégien, celui de l'Angleterre, celui du Siam et le nôtre, qui était représenté par 28 navires et 12.500 tonnes.

La navigation côtière emploie en outre 717 petits vapeurs et 4.000 voiliers de 50 tonnes et au-dessous.

Le gouvernement royal, auquel les droits de douane et d'exportation rapportent en moyenne 6 à 7 millions de francs, avait songé, il y a quelques anrées, à en augmenter la quotité ; mais il semble avoir renoncé à ce projet. Il s'est sans doute rendu compte qu'il était préférable de chercher un accroissement de ses revenus dans le développement de l'agriculture, et il a étudié les meilleurs moyens de le favoriser.

Nous avons vu que le principal article d'exportation était le riz, dont il s'expédie, suivant les années de 9.500.000 à 13 millions de piculs. Les premiers efforts devaient donc tendre à l'augmentation de la superficie cultivée en rizières

Comme toutes les contrées où le paddy est cultivé depuis des siècles, le delta du Menam est sillonné de canaux d'irrigation. Mais certains de ces canaux ont été creussé dans de mauvaises directions ; d'autres sont plus ou moins envasés et des régions entières, privées d'eau pendant une partie de l'année, restaient incultes.

Dans l'espoir de remédier à cette situation, le roi concéda, il y a une dizaine d'années, à une Compagnie mi-européenne, mi-siamoise, la propriété de la plaine de Klong-Rangsit, située au nord-est de Bangkok, à portée de deux rivières et d'une étendue de 200.000 hectares environ. Cette concession était accordée à charge d'irriguer tous les terrains; en vue de l'érection de bâtiments administratifs.

- La Compagnie utilisa d'abord, pour creuser ses canaux, la main-d'œuvre indigéne ; mais elle y substitua peu après des excavateurs mécaniques. Au fur et à mesure que des terrains pouvaient être irrigués, ils furent mis en vente et trouvèrent de suite preneur. Peu à peu, cette région, auparavant inhabitée, se peupla ; une ville s'éleva au centre de la plaine, et aujourd'hui, 180.000 hectares sont cultivés et produisent en moyenne 5.000.000 de piculs de paddy.

En même temps, les revenus de l'Etat, tant par l'impôt foncier que par les taxes d'exportation, augmentaient notablement et la Compagnie réalisait des bénéfices considérables.

Le gouvernement fit alors venir de Java un ingénieur hollandais, M. van der Heyde, et le chargea d'étudier l'irrigation de plusieurs autres régions. Mais celui-ci ne borna pas là ses recherches et présenta peu de mois après un projet gigantesque qui comprenait l'irrigation de tout le delta du Menam.

Les grandes lignes de ce projet consistaient à établir un barrage sur le fleuve, à Chainat, soit à environ 200 kilomètres de Bangkok., et à faire partir de là deux canaux principaux se dirigeant vers la mer, et sur lesquels se brancheraient les ramifications d'un système qui permettrait d'utiliser un certain nombre de canaux existants.

La superficie totale irriguée devait être de 1.870.000 hectares, dont 40 % seulement étaient déjà en rizières, et cependant M. Van der Heyde ne comptait que sur une augmentation de 20 % des terrains cultivés, soit 150.000 hectares ; mais il annonçait que, par suite de l'extension de la période de culture et de la quantité d'eau que l'on pourrait répandre pendant la plus grande partie de l'année, on obtiendrait régulièrement une récolte double de la récolte moyenne.

Quoique le gouvernement ait créé un département de l'irrigation à la tête duquel il a placé l'ingénieur hollandais et l'ait autorisé à s'adjoindre quatre de ses compatriotes, il s'est contenté jusqu'ici de lui confier la réfection des anciens canaux, et il est douteux qu'il se décide à mettre ses plans à exécution.

D'abord, le projet représente au minimum une dépense de 85.000.000 de francs ; puis, que deviendraient les villes et les villages situés sur les rives du Menam lorsqu'on aurait emprunté au fleuve, comme on le prévoit, les neuf dixièmes de son volume d'eau pendant six ou sept mois par an ? Que deviendrait Bankgok, qui est sillonné de canaux peu pro-

fonds dont la plupart ne sont alimentés que par le Menam ?
Non seulement la capitale ne serait plus qu'un foyer d'épidémies de tout genre ; mais sa valeur comme port dispa-
raîtrait entièrement, quand le fleuve serait presque à sec
en dehors des heures de marée ! Ne serait-il pas bien plus
pratique et économique de continuer à donner des concessions du genre de celle qui a été accordée pour la plaine du
Klong-Rangsit ? Le département de l'irrigation aurait alors
pour mission de contrôler les plans, de les coordonner et
de surveiller les travaux exécutés par les concessionnaires.

L'irrigation du delta serait peut-être achevée en un laps
de temps plus long ; mais l'Etat n'aurait à payer que ses
ingénieurs ; les résultats, au point de vue agricole seraient
à peu près les mêmes, et l'on n'aurait pas à craindre la
ruine et l'exode des populations riveraines du Menam.

Le problème de la mise en valeur des terrains à rizières
se pose également en Indo-Chine.

Vous connaissez, Messieurs, les efforts constants faits
par l'administration pour améliorer le régime des eaux
dans les Deltas de notre Colonie et les sommes considérables
qu'elle a dépensées et qu'elle dépense tous les ans dans ce
but. Malgré tout, des plaines immenses sont incultes et le
seront longtemps encore, si l'on ne peut compter que sur
les ressources des différents budgets pour leur répartir l'eau
qui leur manque ou pour drainer celle qui les inonde.

Pourquoi ne tenterait-on pas, dans cetaines régions de la
Cochinchine et du Cambodge, l'opération qui a si bien réussi
au Siam ? Elle aurait exactement les mêmes chances de
succès, et je crois que l'on trouverait assez facilement, tant
en France qu'en Indo-Chine, parmi ceux qui s'intéressent
aux questions coloniales, les capitaux nécessaires pour l'entreprendre.

Je ne puis, dans ce court exposé, vous citer toutes les
mesures qui ont été prises au Siam pour encourager l'agriculture ; je me contenterai de vous parler des principales.

Le gouvernement royal se préoccupait depuis longtemps
de ce fait que les Laotiens cultivaient le mûrier, le coton,

le tabac et plusieurs autres plantes en même temps que le paddy, tandis que les paysans du Delta ne se consacraient qu'à leurs rizières.

Désireux avant tout d'améliorer et de développer la production de la soie, il fit venir, en 1901, un Japonais, le Dr Teyama, et le chargea de diverses expériences qui donnèrent les résultats les plus intéressants.

Ces expériences portaient sur trois points : la culture du mûrier, l'élevage du ver à soie et le dévidage des cocons.

Elles ont prouvé que, dans le Delta, les mûriers siamois poussaient plus rapidement et fournissaient plus de feuilles que les essences japonaises qui y avaient été essayées.

Puis, en étudiant les périodes de l'existence des vers à soie, on se rendit compte que la vie d'une génération ne durait au Siam que de 44 à 50 jours, c'est-à-dire beaucoup moins qu'au Japon et qu'en Europe, et on arriva à cette conclusion qu'on pouvait élever par an sept ou huit générations de vers, et par conséquent, obtenir sept à huit récoltes de soie.

Après avoir réuni de nombreux spécimens de chacune des variétés de vers siamois, on éleva la moitié des vers de chaque famille par les procédés en usage au Siam, et l'autre moitié avec les méthodes japonaises. La production de soie de ces derniers fut de 30 % supérieure à celle des autres. De plus, les méthodes d'élevage et de dévidage des Japonais appliquées aux vers siamois donnèrent une soie estimée à 23 fr. le kilo, tandis que les autres procédés fournirent un produit sensiblement plus commun, dont la valeur n'était que de 5 fr. le kilo.

Enfin, on constata qu'un raï, soit 1.600 mètres carrés, pouvait produire 4.000 kilos de feuilles de mûrier par an, et que 14 kilos de ces feuilles suffisaient pour obtenir un kilo de cocons. Le paysan qui aurait un raï de planté en mûriers pourrait donc atteindre un rendement de 285 kilos de cocons ce qui représente une valeur de soie brute de 210 à 280 fr., résultat d'autant plus appréciable que les soins à donner à cette plantation ne seraient pas de nature à lui faire négliger sa rizière.

A la suite de ces essais, on organisa un département de la sériciculture dont M. Teyama, secondé par quatre autres Japonais, fut nommé directeur. Trois fermes-écoles furent créée à Bangkok, à Korat et à Chrapatom, et des dévidoirs mécaniques y furent installés.

Chacune de ces fermes reçoit tous les ans une trentaine d'apprentis des deux sexes, et les professeurs y continuent leurs études sur de larges bases, non seulement au point de vue séricicole, mais aussi sur d'autres plantes dont la culture, peut être pratiquée concurremment avec celle du paddy.

Quoique le Siam n'exporte encore que 900 piculs de soie comme 25 à 30.000 individus s'y livrent déjà à la production de ce textile, il est probable que la sériciculture y est appelée à un grand avenir.

J'ai eu l'honneur de signaler ces expériences à M. le Gouverneur général de l'Indo-Chine, qui a fait venir l'an dernier de Canton, un spécialiste, M. Aymery, et l'a chargé d e se livrer dans notre colonie à des études similaires.

Le Siam est aussi un pays d'élevage, et il exporte en moyenne de 10.000 à 12.000 bœufs sur Singapore, et de 2.000 à 3.000 sur la Birmanie. Malheureusement, des épidémies de peste ravageaient périodiquement les troupeaux de bœufs et de buffles. Le gouvernement a envoyé récemment aux Philippines une mission qui en a rapporté un sérum américain dont les effets ont été très satisfaisants. Le mal est en partie enrayé, et l'on a pris diverses mesures prophylactiques pour en prévenir le retour.

Le paysan siamois est fort enclin aux procès, et les tribunaux avaient constamment à juger des contestations au sujet des propriétés dont les limites étaient assez mal définies. Cette situation a notablement changé, grâce à l'activité déployée par le département du cadastre, dont ses travaux permettent de délivrer tous les ans une quantité de titres de propriété bien établis.

Les vols de bestiaux étaient fréquents et souvent impunis.

On a augmenté l'effectif de la gendarmerie qui, forte aujourd'hui de 6.000 hommes et b:en commandée par des officiers danois, introduit peu à peu l'ordre et la sécurité dans les provinces.

Le second article d'exportation est le teck, dont il a été expédié l'an dernier plus de 58.000 tonnes. Une exploitation intensive avait pu faire craindre, dans un avenir relativement rapproché, la disparition de cette précieuse essence ; mais le département des forêts a mis un terme à cette dévastation. L'entaillage a été complètement interdit dans les régions appauvries et ne se fait plus dans les autres que sous le contrôle des inspecteurs. Puis, les concessionnaires ne peuvent plus abattre que les deux cinquièmes de leurs arbres, et doivent replanter deux tecks par chaque pied abattu.

Si les forêts de teck, qui sont situées dans le bassin du Menam, sont presque toutes concédées à des Sociétés anglaises, il en est d'autres tout aussi belles et qui n'ont, pour ainsi dire, pas encore été exploitées. Ce sont celles qui se trouvent dans les vallées du Nam-Huok, du Me-Rhok et du Me-Dug.

D'après les accords annexes de la convention du 13 février 1904, des concessions doivent être accordées à des Français dans ces trois vallées, et c'est assez naturel, puisque le flottage des billes ne peut avoir lieu que par le Mékong. Cette descente, qui semblait autrefois presque impraticable, a été réalisée depuis trois ans par quelques négociants qui avaient acheté des tecks sur la rive siamoise. Les travaux d'amélioration du cours du Mékong permettent d'espérer que les difficultés de flottage s'aplaniront peu à peu et que des Sociétés françaises pourront bientôt s'installer au nord du Siam et expédier régulièrement à Saïgon de nombreux radeaux de ce bois dont la valeur marchande tend à augmenter.

Le teck n'est pas le seul arbre intéressant des forêts du Siam ; les bois de rose, d'aigle et d'ébène donnent lieu à des exportations d'une certaine importance.

Quoiqu'on ait signalé divers minéraux, , l'industrie minière ne porte que sur l'or, l'étain, les saphyrs et les rubis. Elle est sous le contrôle du département des mines et de la géologie, créé en 1890.

L'or se rencontre dans plusieurs provinces sous forme d'alluvions surperficiellement exploitées par les indigènes. Les essais tentés par des Compagnies européennes avec les méthodes modernes n'ont pas encore réussi ; cependant, la Kelantan Gold Dredging C° paraît avoir trouvé un terrain assez riche dans la rivière de Kelantan, où elle a installé deux dragues.

L'étain est le seul métal qui ait fait naître une industrie de réelle importance. On en connaît des gisements dans le nord ; mais tous les dépôts de bonne teneur se rattachent au soulèvement granitique qui constitue la frontière entre le Siam et Ténasserim, et forme en quelque sorte l'épine dorsale de la péninsule malaise.

Ces dépôts se trouvent sur les deux versants de la chaîne. L'île de Puket, sur la côte ouest, est le centre de production le plus actif ; les districts de Redah, Rahman, Jalar, Takuatong et Renong sont ensuite ceux où le développement des mines paraît devoir être le plus rapide.

La production annuelle dépasse 5.000 tonnes, valant plus de 15 millions de francs. Cette industrie est entre les mains de Chinois, et la fonte est faite sur place par les procédés chinois ; il existe cependant trois Compagnies étrangères organisées par des Anglais, des Hollandais et des Américains.

Les saphyts et les rubis sont les seules pierres précieuses que l'on trouve en abondance. Les saphyrs du Siam sont célèbres par leur pureté et leur belle nuance ; mais, comme il n'y a pas de droits d'exportation sur les pierres précieuses. il est impossible de déterminer l'importance de ce commerce. Presque tous proviennent du district de Païlin où on les rencontre dans des alluvions dont on les extrait par un simple lavage. Cette industrie est exercée par des Birmans et des Shans qui emploient des Laotiens ; les Européens n'ont jamais pu s'installer dans cette région, qui est très malsaine, et se contentent, en général, d'acheter les pierres qui leur sont apportées à Bangkok.

Les rubis, que l'on trouve surtout dans les environs de Chantaboum et de Krat, n'ont pas grande valeur ; car ceux qui sont d'une bonne nuance sont presque tous petits.

Le Siam, très bien partagé sous le rapport des cours d'eau, ne possédait guère que des routes fluviales. Or, la plupart de ces routes ne sont praticables que pendant une période dont la durée varie suivant l'ampleur de la saison des pluies. Il était donc indispensable d'assurer les communications entre les différentes parties du royaume, et c'est dans ce but qu'a été conçu le réseau des chemins de fer. '

La première ligne fut celle de Bangkok à Korat. Cette voie ferrée, qui a une longueur de 264 kilomètres, et est à voie normale, traverse la chaîne qui sépare la vallée du Menam de celle du Mékong. Son prix de revient a été assez élevé, 100.000 fr. le kilomètre, par suite des difficultés éprouvées pour franchir la montagne au milieu d'une forêt très fièvreuse, qui a coûté la vie à 32 Européens, ingénieurs en chefs de chantier et à 10.000 coolies.

Inaugurée en décembre 1900, elle relie à la capitale les provinces laotiennes, dont les principales routes viennent aboutir à Korat. Depuis son ouverture, le commerce général de Korat a plus que doublé ; il s'élève aujourd'hui à de 5 millions de francs, et encore ce chiffre ne comprend-il pas les produits et les marchandises qui ne font que traverser la ville en transit.

C'est par là que passent la plus grande partie des articles étrangers qui sont rendus dans notre Laos.

Avant que cette ligne fût terminée, le gouvernement avait commencé les travaux du chemin de fer du nord, destiné à developper les relations commerciales de Bangkok avec les provinces septentrionales du royaume, les Etats Shans, le Talifou et le Yunnan.

Le premier tronçon de cette voie se détache du chemin de fer de Korat à Ban-Chagi, un peu au-dessus de Ayuthia. Il a été livré au public le 1er avril 1901 jusqu'à Lopburi, soit sur 42 kilomètres. Depuis, les travaux ont été poussés avec activité, et au mois de novembre de cette année, on ouvrira la seconde section qui ira jusqu'à Paknampo, 210 kilomètres plus loin.

Puis, le tracé se dirigera sur Pitchit, Outaradit et Phré. Là, il s'infléchira vers l'ouest pour gagner Lakhon-Lampang et Xiengmaï, que l'on compte atteindre dans sept ou huit ans. Plus tard, la ligne sera prolongée vers Xienghaï et Xiengsen pour rejoindre un jour les chemins de fer de la Birmanie.

Concurremment avec la construction de la ligne du nord, on en avait entrepris une autre se dirigeant vers le sud du royaume, et qui fut inaugurée le 19 juin 1903. Elle relie Bangkok à Patkuri et Petchaburi. Sa longueur est de 151 kilomètres, et sa voie est d'un mètre, largeur qui a été déterminée par celle des chemins de fer anglais de la péninsule malaise, auxquels elle est destinée à être raccordée dans l'avenir. Elle se déroule entiérement en terrain plat et a coûté 73.000 fr. le kilomètre.

Ces différentes voies ferrées ont été construites en régie par l'Etat, qui les exploite. Elles rapportent de 3 à 3 ½ % du capital engagé.

Le département des chemis de fer a toujours eu pour directeurs des ingénieurs allemands ; aussi, jusqu'il y a deux ans, les rails, les ponts en fer et le matériel roulant avaient-ils été constamment achetés en Allemagne ; mais, depuis, à la suite des réclamations du corps diplomatique, des adjudications ouvertes ont eu lieu, et les constructeurs belges et anglais l'ont emporté sur leurs concurrents.

En outre des voies ferrées de l'Etat, il en existe trois autres toutes à voie étroite, qui appartiennent à des Compagnies particulières. L'une, longue de 19 kilomètres, quitte à Tarma la ligne du nord et s'étend jusqu'à Thrabat, lieu de pèlerinage très fréquenté. La seconde, longue de 21 kilomètres, relie Bangkok à Paknam, c'est'à-dire à l'embouchure du Menam. Toutes deux donnent de dix à douze pour cent d'intérêt par an.

La troisième, qui a une longueur de 33 kilomètres, et s'étend de Bangkok à Rachin, petite ville située sur la mer, à l'embouchure de la rivière du même nom, a été inaugurée le 4 janvier 1905. Il est question de la prolonger jusqu'à l'embouchure du Mékong.

Plusieurs autres lignes ont été étudiées ; mais les deux seules dont la construction paraisse assez prochaine sont : le prolongement de la ligne de Korat jusqu'à Ban Tha Chan, point où la Moun devient navigable, et une ligne qui irait de Bangkok à Pétriou, ville située à 80 kilomètres à l'est de la capitale, dans une plaine riche et bien cultivée.

Ces projets sont à notre ; car le premier serait l'amorce du chemin de fer de Korat à Oubone, et le second l'amorce d'une voie ferrée de Bangkok à Battambang.

Puisque nous sommes sur le chapitre des travaux publics, je dois vous dire combien il est regrettable que les sommes nécessaires pour l'adduction de l'eau potable à Bangkok ne soient pas encore inscrites au budget, alors que depuis bien longtemps on a reconnu l'urgence de cette entreprise.

Il y a trois ans, le gouvernement engageait spécialement dans ce but trois Français. Leur chef, M. de la Mahotière, présenta peu après un projet dont le devis s'élevait à 6.200.000 fr., et qui consistait à prendre de l'eau dans le Menam, à 26 kilomètres à vol d'oiseau de Bangkok, à la filtrer et à l'amener sous pression par une conduite posée à fleur de terre. Quoique ce projet, de l'avis de tous les gens compétents et impartiaux fût le seul pratique, il n'a pas été adopté.

Mais on s'est livré, à Bangkok même, à des forages plus ou moins profonds qui n'ont d'ailleurs donné que de piètres résultats et ne pourront jamais, quoiqu'il arrive, fournir, à beaucoup près, une quantité d'eau suffisante pour une population de 600.000 habitants.

Les sommes relativement importantes dépensées pour ces essais eussent été bien mieux employées ailleurs !

On parle maintenant de jeter un pont sur le Menam. Ne serait-il pas plus sage de songer d'abord à assainir la capitale ?

Bangkok a la réputation méritée d'être l'une des villes les plus malsaines de l'Extrême-Orient, et il est étrange que le gouvernement ne paraisse guère se préoccuper de cet état de choses ! Coupée en tous sens par des canaux à moitié envasés, traversée par le Menam dont les eaux sont non seulement saumâtres, mais encore contaminées par les détritus et les animaux morts qu'on y jette journellement la capitale du royaume voit presque tous les ans sa population décimée par de terribles épidémeis de choléra, et l'on se demande souvent, pendant la saison sèche, comment la peste n'y règne pas en permanense. Privée d'égoûts, mais dotée en revanche, tout le long de sa grande artère New Road, de drains sars pente et sans issue, qui ne sont que des réceptacles d'immondices, elle ne doit sou exissence qu'à la brise de mer qui souffle presque tous les soirs et chasse une partie des miasmes qui se sont amassés pendant la journée.

Et c'est vraiment dommage de voir ainsi nég,iger cette ville si pittoresque, où se coudoient vingt races différentes, où des palais entourés de beaux parcs lancent dans les airs leurs pnoms tantôt dorés, tantôt recouverts de faïences multicolores, où se dressent de tous côtés les pagodes les plus curieuses et où le Sampeng, quartier chinois où grouillent deux cent mille célestes, renferme un ensemble bizarre de richesses artistiques et commerciales !

La prospérité de la ville serait tout autre si le gouvernement royal affectait à sa transformation les quelques millions nécessaires, millions qu'il trouverait facilement ailleurs, s'il ne voulait pas les prendre sur son budget ordinaire.

La propreté et l'état sanitaire ne sont pas, du reste, les seules choses dont on prenne peu de souci. Ce port si animé ne possède pas un seul quai ; sa douane n'a ni entrepôts, ni magasins, et les intérêts de la navigation, du commerce et de l'industrie y sont fort peu pris en considération.

C'est ainsi qu'il n'existe sur Singapore aucun service régulier correspondant avec les malles d'Europe, et que les postes et télégraphes fonctionnent de la manière la plus déplorable. Retards dans la distribution des courriers, vols de lettres chargées, mauvaise transmission des dépêches étaient devenus si fréquents que le roi a dû récemment déléguer Phya Sri, sous-secrétaire d'Etat à l'intérieur, pour mettre de l'ordre dans cette administration. Il est à souhaiter que ce fonctionnaire énergique réussisse dans cette tâche ; mais il est peu probable qu'il y parvienne, si l'on ne reconstitue pas les cadres en éléments européens, c'est à dire tels qu'ils étaient lorsque les télégraphistes Français eurent installé les premières lignes au Siam.

Malgré ces critiques, il faut reconnaître que le gouvernement royal a beaucoup contribué à l accroissement de la fortune publique tant par les réformes qu'il a introduites dans l'administration des provinces que par la construction des chemins de fer. La situation économique est bonne, et tout porte à croire que rien ne viendra en déranger l'équilibre. Le Siam mérite, par conséquent, le crédit auquel il vient de faire un premier appel en France et en Angleterre et auquel il se propose de s'adresser prochainement pour de nouveaux emprunts.

Vous savez, Messieurs, que le Siam forme la frontière de l'Indo-Chine sur une longueur de 2.200 kilomètres environ.. Les intérêts économiques d'une bonne partie de notre colonie dépendent donc, à beaucoup d'égards, de ce voisinage.

Les provinces qui lui sont limitrophes sont : au sud-ouest, le Cambodge ; à l'ouest, le Laos.

Nous avons déjà vu que le commerce extérieur du Cambodge avec le Siam s'élevait à 12 millions de francs, ce qui prouve que la plus grande partie du riz et du poisson, qui sont les principaux produits des provinces de Siemrèap et de Battambang s'écoule vers Pnom-penhet Saïgon, et que les articles français se vendent dans cette région du Siam de préférence aux autres.

Le Cambodge est, en effet, relié à ces deux provinces par le lac Tonlé Sap. De plus, la rivière Sang Ké est navigable pendant sept mois par an jusqu'à Pak-Préa pour les vapeurs d'un tirant d'eau de quatre à cinq mètres, et jusqu'à Battambang pour les chaloupes des messageries fluviales de Cochinchine.

Ces relations commerciales ne peuvent que se développer ; car, à la suite d'un accord avec le gouvernement siamois, nos ingénieurs rectifient en ce moment le cours du Sang-Ké qui, depuis Pak-Préa, présentait une succession de coudes aux angles très aigus. D'ici quelques mois, les vapeurs et les jonques pourront monter jusqu'à Battambang, et éviteront ainsi un transbordement coûteux.

Les provinces siamoises ne sont, au contraire, reliées à Bangkok que par une mauvaise route d'une longueur de 390 kilomètres, et qui n'est praticable que pendant la saison sèche.

Quoique la convention du 13 février 1904 prévoie la construction d'un chemin de fer de Pnompenh à Battambang, cette entreprise n'est donc nullement urgente, et nous devons réserver nos efforts pour des travaux plus utiles.

Examinons maintenant la situation économique du Laos.

Cette province, dont la superficie est d'environ 225.000, kilomètres carrés, possède des ressources remarquables mais dort la plupart sont encore inexploitées.

Ces ressources sont de différents genres.

Parmi les produits agricoles, je citerai :

Le riz, dont on cultive plusieurs sortes, et surtout le riz gluant qui, en raison de ses propriétés amylacées, est particulièrement propre à la fabrication de l'alcool et de l'amidon.

Le tabac, cultivé sur les berges et dans les îles du Mékong, depuis Pak-Lay jusqu'au dessous de Pon Pissy. Ce tabac a un goût fin et agréable. Il est un peu fort, ce qui tient à la manière de le récolter et au mauvais triage des feuilles ; mais, si l'on enseignait aux indigènes de meilleurs modes de préparation, il prendrait probablement une place parmi les bonnes sortes du globe.

Le coton, qui pousse bien presque partout et n'est cultivé que pour les besoins des indigènes.

Le thé, que l'on rencontre surtout au nord et qui pourrait si la culture en était perfectionnée, atteindre la même valeur que celui des Sip Song Pannas et des Etats Shans.

Le pavot à opium, cultivé aussi dans le nord, par les Méos et qui donne un produit dont le goût n'est pas mauvais, mais d'une âcreté prononcée, décelant la présence d'une quantité anormale de matières résineuses. De l'avis des connaisseurs, il pourrait, si l'on parvenait à le débarrasser de ses principes gommeux, rivaliser avec celui du Yunnan.

Le ricin, le maïs, le piment, la raisine, la canne et les palmiers à sucre, les arèquiers et les mûriers.

Enfin, les légumes d'Europe, qui réussissent dans quelques provinces et surtout au Tranninh, sur ce magnifique plateau situé entre mille et quinze cents mètres d'altitude et où la température se rapproche sensiblement de celle de la France.

Il y a beaucoup de bétail. Les bœufs et les buffles y sont l'objet d'un grand élevage, ainsi que les porcs, qui contituent avec le poisson, très abondant dans le Mékong et dans toutes les rivières, le principal élément de nourriture des indigènes. La race chevaline est vigoureuse ; les éléphants, dont le nombre diminue malheureusement par suite des achats répétés qu'on font les Siamois pour le compte des Compagnies anglaises concessionnaires de forêts de teck, sont à juste titre renommés pour leur taille et leur endurance.

Les forêts sont très étendues et on y trouve quantité d'essences précieuses dont une dizaine d'arbres à résine et plus de vingt sortes de bois de construction et d'ébénisterie parmi lesquelles l'ébénier, le bois de fer, le cormier, le bois de rose et le teck sont les plus renommées. On y rencontre aussi le benjoin, la laque carminée et la laque noire, le chardamome, le rotin, le bambou aux multiples emplois, de nombreuses lianes à caoutchouc, la cannelle, l'indigo, le cachou, le gingembre et une foule de plantes médicinales, dont les unes sont employées en Europe et les autres en Chine.

Au point de vue minier, le Laos est la partie de l'Indo-Chine la plus favorisée, et l'on peut sans hésiter lui prédire sous ce rapport un grand avenir.

Quoiqu'il n'ait pas été encore, à beaucoup près, entièrement prospecté, on a constaté que, depuis Xieng-Khong jusqu'à Pak hin Boun, c'est-à-dire sur un parcours de plus de mille kilomètres, le Mékong et la plupart de ses affluents de gauche contenaient des alluvions aurifères d'une bonne teneur ; en outre, plus de cinquante mines d'or ont été reconnues dans le Luang Prabang, les hua Panh, dans les provinces de Xien-Khouang, de Vien-Tiane, de Cammon et d'Attopeu.

Il y a de l'étain auprès de Muong Sou et dans les environs de Pak Hin Boun, où une Société concessionnaire de 1.650 hectares a déjà fait des travaux qui ont permis de mettre à jour un gisement considérab,e. On trouve du fer d'excellente qualité dans les Hua-Panhs, le Luang Prabang, le Cammon et surtout au Tranninh, où il git à proximité de mines de charbon que M. Monod, du service géologique de l'Indo-Chine, a récemment prospectées.

Il y a du cuivre et du plomb un peu partout, du soufre et du salpêtre dans les Hua-Panhgs et le Cammon, de l'argent et de l'alun au Tranninh. Au nord du Luang Prabang on trouve des saphirs et quelques rubis. Dans diverses régions, des efflorescences salines ou des puits d'eau salée indiquant la présence d'une couche de sel gemme que l'on découvrira un jour ; enfin des sources d'eaux chaudes ou sulfureuses ont été signalées.

Les principales raisons pour lesquelles la plus grande parti de ces richesses ne sont pas exploitées, sont la rareté et l'insuffisance des moyens de communication avec la mer.

Le Mékong, qui longe le Laos dans toute sa longueur, est coupé de Luang Prabang à Vien Tiane et de Pak Hin à Pak Moun par deux séries de rapides réputés infranchissables pour toute autre embarcation que les pirogues. Plus bas, les chûtes de Khone et les rapides de Préa-Patang forment d'autres obstacles. Il est vrai que le Résident supérieur du Laos, M. Mahé, a prouvé, l'an dernier, par une douzaine de voyages au cours desquels il a montré un courage et une ténacité remarquables, que l'on pouvait aller pendant deux mois par an en chaloupe à vapeur de Vien-Tiane à Luang Prabang et franchir de la même manière pendant cinq mois les rapides de Kemmarat. Mais cette navigation, qui rendra de grands services pour les transports de la poste et des passagers, ne pourra jamais être considérée comme une navigation commerciale, et restera intermittente, malgré le balisage des rapides ; il faudra toujours plusieurs semaines pour se rendre de Saïgon dans le Haut-Laos pendant une bonne partie de l'année.

Entre le Laos et le Tonkin, il n'existe que des pistes muletières ; entre le Laos et l'Annam que quatre routes. La première part de Vinh et se dirige vers Xien-Khouang ; construite en neuf mois et carrossable dans toute sa longueur, soit sur 215 kilomètres, elle prouve les résultats merveilleux que l'on peut obtenir des Annamites quand on sait les diriger ; mais elle s'arrête un peu au delà de Cua-Rao, c'est à dire au pied de la montagne. On travaille à améliorer les deux suivantes, qui vont de Vinh à Pak-Hin-Boun et de Hué à Savannaket ; mais elles franchissent la chaîne annamitique par des passages plus ou moins escarpés qui ne permettent pas le transport des poids lourds. Quant à la dernière, qui part de Quinhou pour aboutir à Faï-Foo, c'est un mauvais sentier de 550 kilomètres

L'exploitation des mines du Laos n'est donc pas réalisable actuellement, puisqu'on ne peut y amener les machines nécessaires pour ce genre d'industrie.

Sur la rive droite du Mékong s'étend le Laos siamois, riche aussi, bien plus peuplé que le nôtre et dont les extrémités sont reliées au point terminus du chemin de fer par des routes qui sont loin d'être bonnes, mais qui ont le grand avantage de se dérouler en terrain plat et par la Monn, qui est navigable presque depuis son confluent avec le Mékong, jusqu'à 17 kilomètres de Korat.

Ces routes sont les suivantes : celle de Nongkhay à Korat, celles de Ralassim et de Sa-To-Son à Korat ; puis, au sud de la Moun, celle d'Oubone à Korat.

Qu'est-il résulté de cette situation ?

D'une part, la majorité des produits de notre Laos s'écoule sur Bangkok, et d'autre part, les marchandises étrangères expédiées de la capitale du Siam parvenant au Mékong plus vite et à moins de frais que les nôtres, souta chetées de préférence par les Laotiens.

Etablir une barrière de douane sur une frontière fluviale de 2.200 kilomètres n'était pas possible, et les Siamois n'y ont pas songé plus que nous. Nous avons tenté de percevoir des droits de sortie ; mais le faible rapport de ces taxes d'exportation, 55.000 à 50.000 piastres, prouve combien facilement elles sont éludées .

Aussi, ce Laos, qui pourrait être une des plus florissantes parties de l'Indo-Chine, n'a-t-il cessé, depuis son annexion, de coûter des sommes considérables et n'équilibre-t-il son budget à l'heure actuell que grâce à une subvention de 1.430.000 fr. fournie par le budget général.

Le seul moyen de remédier à cet état de choses est de relier le haut Mékong au golfe du Tonkin et à Saïgon par des voies ferrées. Nos gouverneurs généraux l'ont bien compris et , depuis quelques années, des ingénieurs et des officiers ont parcouru en tous sens la chaîne annamitique et les rives du fleuve pour chercher les tracés les meilleurs et les plus économiques.

Les travaux de plusieurs missions récentes, la connaissance peu à peu plus approfondie des ressouces du Laos, et certaines considérations, les unes militaires, les autres politiques, d'autres enfin commerciales, permettent aujourd'hui de déterminer ces tracés d'une façon précise.

Au point de vue militaire, il est reconnu que la grande ligne du ilttoral que l'on construit en ce moment entre Hanoï et Saïgon présentera un grave inconvénient. Longeant sur bien des points la côte d'assez près, la voie sera exposée à être détruite, soit par des navires de guerre, soit par des compagnies de débarquement. Il y aurait là, en cas d'attaque de nottre Colonie, un danger auquel il faut parer au plus tôt.

Au point de vue politique, nous devons assurer l'établissement de notre influence sur la zône qui, d'après nos dernières conventions avec l'Angleterre et le Siam, nous est réservée, c'est à dire sur la partie droite du bassin du Mékong.

Au point de vue commercial, nous venons de voir qu'il fallait placer nos produits dans une situation telle qu'ils puissent remplacer les articles étrangers vendus dans notre Laos ; en outre, nous devons essayer de drainer à notre profit ceux du Laos siamois.

Si nous voulons attirer le commerce de cette dernière région, il faut que nous puissions lui offrir des voies de transport plus rapides et meilleur marché que celles qu'il emploie actuellement.

Nous devons donc relier le Mékong à la mer par le tracé le plus court en reléguant au second plan les difficultés de construction de la voie et en débouchant sur le fleuve au point le plus favorable;

Ce point vient d'être choisi pour les raisons suivantes : en face de Lakhôn, à Ban-Thakek, par M. le Gouverneur général de l'Indo-Chine. La Rhône est située à l'extrémité de la pointe orientale du Laos siamois, qui s'avance le plus dans la direction de la mer, soit à moins de 200 kilomètres à vol d'oiseau. Il se trouve dans le bief de Vien-Tiane, où la navigation à vapeur fonctionne sans interruption, de plus, il est facile à relier avec Nongkay et avec Oubone.

De Ban Thakek, le tracé en ligne directe se terminerai à la baie de Cua-Nhuong, un peu au sud d'Hatinh. Mais il faut à une voie d'importance aussi capitale, un port comme point de départ. Le plus rapproché est celui de Vinh, qui est déjà comme commerce extérieur, le premier port de l'Annam. La profondeur de la rivière Song-Ca est suffisante à Vinh pour les grands navires ; quant à la barre de sable qui existe à son embouchure, c'est un obstacle que l'on peut surmonter, et les travaux publics étudient un projet qui consiste en la construction de deux dignes fromant un chenal à l'abri de l'ensablement.

Vinh est d'autant mieux indiqué comme port de transit qu'il est déjà relié à Hanoï par une voie ferrée, qu'il est placé au débouché de plusieurs provinces et qu'il va recevoir l'atelier de construction des chemins de fer de l'Indo-Chine.

De Vinh, la ligne se dirigera au sud par la vallée du Nang-San. A Than-Ap, elle obliquera vers l'ouest, traversera la chaîne annamitique aux cols de Traï-Naï et de Meugia, ce dernier à la cote 250, avec des rampes d'accès dont les plus fortes ne dépasseront pas 20 millimètre, et à partir de Ban-Na-Pao, va presque directement vers le Mékong, pour y aboutir un peu en amont de Ban Tha Kek. Elle aura 280 kilomètres de longueur et son coût est estimé à 36 millions.

Lorsqu'elle sera construite, le bief de Vien-Tiane sera à dix heures de la mer.

Ce résultat une fois atteint, notre principal objectif sera de joindre Ban Thakek à Saïgon,

Quand bien même les considérations politiques et économiques que j'ai énumérées n'existeraient pas, il en est une autre qui suffirait à déterminer le choix de la rive droite du Mékong pour le tracé de cette voie, C'est que, depuis Ban The-Pé jusqu'au dessous de Khong, les contreforts des massifs montagneurx situés à l'est du fleuve se prolongent jusqu'à la berge, et que, sur un parcours de plus de 350 kilomètres, la ligne ne serait qu'une succession de ponts, de tranchées et de tunnels, qui en rendraient le prix de revient excessif.

Sur la rive droite, au contraire, le tracé peut être fait sans s'éloigner du fleuve, à travers une immense plaine qui n'est coupée que par la Moun et par la chaîne peu élevée des monts Dangrek.

Il n'y a donc pas à hésiter.

Le Mékong franchi sur un pont de 1.500 mètres, la voie descendra de Lakhône sur Ban Mouk Dahan. De là, elle se dirigera sur Oubono, traversera la Moun, puis gagnera Muong Det et Muong Dom pour passer les Dangrek à un col récemment découvert, et dont l'altitude n'est que de 90 mètres. Elle suivra alors la vallée du Stung Sen pour aller aboutir sur un bras du Tonlé-Sap, un peu au-dessous de Kompong-Chuang, en un point que les bateaux à vapeur peuvent atteindre en toute saison.

Cette ligne, qui ne présentera aucune difficulté de construction et que nos accords avec le Siam nous autorisent à faire passer sur son teritoire, sera d'environ 600 kilomètres et coûtera une quarantaine de millions.

Lorsqu'elle sera terminée, la Cochinchine et le Cambodge se trouveront, vis-à-vis des deux Laos, aussi bien partagés au point de vue des transports que l'Annam et le Tonkin.

Mais le Luang Prabang et ce plateau du Tranninh, si riche à tous égards, ne seront pas encore reliés à la côte. Il sera donc nécessaire, pour tirer parti de leurs ressources, de créer une autre ligne dont le tracé sera le suivant :

Partant de Hong-Maï, station du chemin de fer de Than-Hoa à Vinh, il passera près de Qui-Chu, suivra le Song-Côn, puis la haute vallée du Song-Ca jusqu'à Cua-Rao. Là, il empruntera celle du Song-Mo jusqu'à Muong-Sen. Ces 200 premiers kilomètres, dont l'exécution sera facile, coûteront une quinzaine de millions.

De Muong-Sen, la ligne montera sur le plateau Méo, suivra la vallée de Ban-Ban et parviendra à Thuong-Phung, village situé à 33 kilomètres au nord de Xieng-Khouang ; puis elle gagnera Luang-Prabang par la vallée de Nam-Khan. L a déclivité maxima de cette voie, qui s'élèvera jusqu'à la cote 1280, ne dépassera qu'exceptionnellement 20 millimètres. Cette seconde section sera de 500 kilomètres et desservira les parties du Tranninh les plus fertiles et les plus riches en produits miniers et forestiers ; mais, comme elle parcourra une contrée très montagneuse, son coût atteindra 60 millions.

Le réseau tout entier aura une longueur de 16000 kilomètres et coûtera environ 160 millions.

Dès que ces travaux seront commencés, il faudra assurer leur complément indispensable, la repopulation du Laos.

Ce pays est, en effet, peu peuplé, puisqu'il ne compte guère plus de 600.000 habitants ; mais, si sa population a diminué de plus de moitié depuis un siècle, cela a tenu à des causes qui n'existent plus. Envahi et occupé à différentes reprises par les Siamois qui, notamment en 1817, de 1820 à 1830, en 1875 et en 1885, ont dépeuplé des régions entières au profit de la rive droite du Mékong, il a été en outre, surtout dans sa partie septentrionale, pillé pendant de longues années par des bandes chinoises qui l'ont décimé et ont réduit de nombreuses familles à chercher dans les forêts un refuge qui leur était souvent fatal. De plus, des épidémies de petite vérole très meurtrières ont causé de grands ravages dans cettte malheureuse contrée

Aujourd'hui, elle est à l'abri des incursions de tout genre et, grâce à l'organisation de plus en plus complète de nos services médicaux, les épidémies diminuent de fréquence et d'intensité. Aussi, la population tend-elle à augmenter. Cependant, pour donner rapidement au Laos les bras qui lui manquent, il faudra recourir à l'immigration.

Deux éléments peuvent concourir à cette œuvre : l'élément annamite et l'élément chinois.

L'Annamite est un excellent cultivateur et c'est à lui qu'il paraît logique de s'adresser tout d'abord pour augmenter la superficie des terrains cultivés ; mais il ne se déplace pas facilement et on devra pour l'y décider, lui offrir des avantages et certaines garanties.

Le meilleur moyen serait peut-être de chercher en Annam des mandarins intelligents et sûrs que l'on chargerait de grouper des familles de cultivateurs peu fortunées. On offrirait à ces groupes, s'ils consentaient à aller habiter le Laos, de leur faire une avance qui leur permette de se procurer les buffles et les semailles nécessaires pour préparer une première récolte, et on leur promettrait de les exempter d'impôts pendant deux ou trois ans.

Une fois conduits par leurs mandarins dans des régions connues pour leur fertilité, ils seraient organisés en communes qui garderaient les usages annamites. Ils seraient ainsi moins dépaysés et n'auraient pas à redouter des coutumes qui leur sont étrangères.

On pourrait, par ce moyen, constituer un certain nombre de villages et, si l'expérience réussissait, la continuer ensuite sur de plus larges bases.

Quant à la main-d'œuvre chinoise, il faudrait, en utilisant les plus dévoués parmi nos chefs de congrégation, la recruter, non pas parmi les coolies des ports de la Chine, qui ne sont souvent que le rebut de la population, mais parmi les paysans de l'intérieur, qui joignent à une plus grande endurance des qualités de sobriété et de docilité toutes spéciales.

En opérant de cette façon, on pourrait amener en quelques années au Laos un grnd nombre de travailleurs.

Le programme que je viens d'exposer devant vous représente un puissant effort, tant au point de vue administratif qu'au point de vue financier ; mais cet effort n'est que la suite et la conséquence de tous ceux réalisés jusqu'ici.

Les travaux exécutés sur le Mékong, les routes tracées au travers de la chaîne annamitique, les chemins de fer déjà créés et ceux en voie de construction ne sont que les premiers jalons de notre œuvre de pénétration.

Certes, il y a encore beaucoup à faire en Cochinchine, au Cambodge, en Annam et au Tonkin ; mais ces diverses parties de notre Colonie équilibrent leur budget et ont même pu se constituer une caisse de réserve.

Le Laos, tout au contraire, grève le budget général des

sommes considérables et ne prendra son essor que lorsque l'on pourra y pénétrer par plusieurs portes.

Chargé par M. le Gouverneur général de l'Indo-Chine d'étudier la situation économique de ce beau pays, je viens d'y passer plusieurs mois et j'en suis revenu sincèrement convaincu de toute la valeur que présentera, aussi bien pour la métropole que pour la colonie, l'exploitation des ressources qu'il renferme.

A ces considérations s'en ajoute une autre non moins sérieuse, la nécessité d'établir d'une manière indélébile notre influence dans le Laos siamois, riche aussi et peuplé aux dépens du nôtre.

Enfin, Messieurs, il a été beaucoup parlé, depuis quelque temps, du péril jaune. Ce n'est pas moi qui en nierai l'existence ; mais je crois fermement que si nous ne perdons pas de temps, nous pourrons y parer, et cette conviction s'est profondément accrue en moi depuis que j'ai entendu les déclarations si réconfortantes qu'a faites devant nous il y a deux jours M. l'amiral Fournier.

Or, la construction des voies ferrées reliant Saïgon à Hanoï et qui soient à l'abri d'un coup de main est l'une des conditions essentielles de la défense de l'Indo-Chine.

Il ne m'appartient pas de vous dire où et comment peuvent se trouver les capitaux que demande une pareille entreprise; mais nous pouvons avoir pleine confiance dans l'énergie de M. le Ministre des Colonies et j'espère que malgré l'importance des sommes à engager, il saura bientôt obtenir des Chambres les votes qui lui permettront d'autoriser des défenses qui seront amplement justifiées par la grandeur du but à atteindre.

M. MARCHAL. — Je me fais un devoir de remercier en votre nom notre aimable conférencier, M. Dauphinot, sur le sujet qu'il vient de traiter d'une manière si nette ; je crois que tous nous garderons le souvenir des indications si précises et si complexes cependant qu'il vient de nous donner. C'est un sujet des plus considérables qu'il vient de traiter devant nous.

Je le remercie donc encore une fois en votre nom, Mesdames et Messieurs, et je vous remercie, M. Dauphinot,
d'avoir honoré de votre présence notre Congrès, auquel
vous avez apporté tant de zèle, de dévouement et votre
science si élevée.

LA POLITIQUE INDIGÈNE AUX INDES ANGLAISES

Par M. J. Chailley

M. le Président DELONCLE. — Je n'ai pas besoin de vous présenter notre éminent orateur. Je le remercie de la conférence qu'il va nous donner et qui, j'en suis sûr, va être un véritable régal.

M. J. CHAILLEY. — Un régal, a dit M. Deloncle, c'est un mot qui a, certes, toutes chances d'être exagéré et dont je suis indigne. Cette grande question, pour être expliquée, avec quelque ampleur et netteté, demanderait plus d'une semaine et je n'ai que trois quarts d'heure à ma disposition. Vous voyez donc l'impossibilité de la chose, et aussi, je vous demande toute votre indulgence, vu les difficultés que présente la tâche.

La manière de faire de la politique indigène est une des questions les plus pressantes à l'heure actuelle ; elle l'est pour les Allemands, les Anglais, les Hollandais. Nous sommes, dans les colonies, quelques milliers d'hommes isolés en face de quelques centaines de milliers d'indigènes, et nous devons être assez forts pour les maintenir, assez habiles pour les diriger et pour faire leur bonheur.

Je dois dire cependant que dans l'Inde il y a une facilité de caractère qui n'existe pas dans notre Indo-Chine, parce que nous sommes imbus du succès, nous Français, et que nous avons la prétention de coloniser l'Indo-Chine en envoyant des fonctionnaires pour faire le bonheur des colons et des indigènes.

Ils ont des intérêts en apparence contradictoires, et il

faut beaucoup de perspicacité pour s'en rendre compte et pour comprendre que ces intérêts ne sont pas conformes aux nôtres, et qu'il faut renoncer à l'espoir de leur donner mieux qu'une satisfaction moyenne et complexe.

Pour me faire comprendre et pour pouvoir parler devant vous d'une manière claire, je vous demande la permission de vous dire ce que c'est que l'Inde.

C'est un pays composé d'un grand nombre de peuples et d'un grand nombre de races différentes par leur origine, leurs aptitudes, leur langue. Prenez l'Europe et tracez une ligne diagonale de Gibraltar à Moscou, et toute l'étendue de territoire qui se trouvera au sud de cette ligne représente la superficie de l'Inde britannique, qui est peuplée de 250.000.000 d'habitants soumis au gouvernement des princes Indiens, qui ont au-dessus d'eux l'administration britannique, laquelle donne l'impulsion et le contrôle. Tel est le pays dont nous allons examiner la politique indigène.

L'Angleterre ne fait, en premier, aucune intervention dans leur politique, laissant tout ce qui a rapport à la famille, à la religion, aux préjugés ; et elle n'intervient que dans des cas extrêmement rares, que quand, par exemple, certaines manières de faire sont trop froissantes pous nous, Européens. Pour tout le reste, elle n'intervient pas et elle laisse la politique indigène s'occuper de l'ordre politique et de l'administration. Il serait impossible de vous préciser la politique indigène, car elle se traduit de cent façons. Au point de vue de l'économie, tâche ingrate, elle se traduit à l'égard des princes indigènes, en les conservant ; elle ne les détruit plus depuis quarante ans. Elle ne se mêle de l'administration de leur Etat que pour leur donner des conseils, et en ce qu'ils doivent lui rendre des comptes.

Il est impossible que, sous le patronage du gouvernement britannique, ils soient despotes ou irresponsables, sous peine d'être déposés.

Les Anglais ont conservé les princes et même, quand il n'y a pas de raison d'ordre social, ils en augmentent le nombre, et pour cela, ils ont été quelque fois les chercher jusque dans les membres les plus éloignés des anciennes familles ; et, de cette sorte, ils sont arrivés à leur donner l'impression de la puissance, et la sécurité pour la continuation de leur dynastie.

Les grands propriétaires fonciers et les classes agricoles ne sont pas riches, quoique possédant de grands domaines, car ils sont prodigues.

Seuls, les usuriers gagnent beaucoup d'argent, ainsi que les avocats et les hommes d'affaires.

On exploite les gens qui ont besoin d'argent ; mais le gouvernement britannique s'y oppose et soutient les classes agricoles. Il ne permet pas que les classes agricoles soient dépossédées par les usuriers.

Pour les petits tenanciers il en est de même ; ils doivent rester en possession de leurs terres. On leur interdit le crédit, la vente de leurs biens à d'autres que des agriculteurs, et le gouvernement prend à son tour la charge de leur faire le crédit direct.

Il s'agit de faire tout le nécessaire pour que les populations soient heureuses et qu'elles ne soient pas toujours à déplorer la venue des Européens.

Les Anglais ont commis toutes les fautes dans leur domination aux Indes , et depuis trois cents ans qu'ils y sont, ils ne font qu'en commettre ; et ces fautes, à côté des nôtres, sont énormes ; mais ils ont l'avantage sur nous de revenir sur leurs erreurs, ce qui n'est pas notre cas.

Ils ont commencé depuis 1601 aux Indes, et avouons après cela qu'ils ont, après trois cents ans d'erreurs, acquis l'art d'administrer les races indigènes, ce qui est énorme par rapport à nous qui n'avons que vingt ans de domination. Ils sont donc passés par tous les procédés.

Première erreur : Application des lois de l'Angleterre. Ils firent alors des lois conformes à leurs préjugés et à leur civilisation et qui, toutes, prédominaient les lois faites par les Indiens, et ce n'est qu'il y a huit ou dix ans que l'on arriva à trouver une loi qui fut appliquée avec l'assentiment de la métropole et du Ministre de l'Inde, à Londres'

Le résultat fut que l'on donna à chaque population la loi dont elle a besoin. On a introduit une politique expérimentale composée de lois devant durer un certain temps et spécialement pour une province. Jamais les Anglais n'ont songé à faire ni fait une loi applicable pour toute l'Inde, et même chaque grand centre a ses lois particulières. Ainsi, Bombay n'a point les mêmes lois que Madras, ni Madras que Calcutta. Chacune a sa loi bien distincte.

De même pour la Birmanie, dont la conquête ne remonte qu'à 1885. Il y a pour elles pécialement six législations différentes et qui sont chacune pour l'usage de ces six provinces.

En ce qui concerne les lois qui sont relatives à l'impôt foncier, c'est à dire, en somme, à la manière dont on frappe les indigènes agriculteurs, et que l'on appelle fermage de la propriété des terres, terme plus clair et plus précis, cette loi de fermage de la propriété des terres est un chef-d'œuvre d'organisation et de pratique.

Quand on pense que sur 300.000.000 d'hommes, il y en a 270.000.000 qui vivent de l'agriculture et qui possèdent de 12 à 15 cent mille parcelles de terres, on voit l'urgence de cette organisation.

Pour cela on a établi un cadastre ou livre terrien; il y a une carte refaite chaque année par chaque résident de province et par chef de village, et qui est rectifiée, selon les besoins, pour représenter exactement l'ensemencement annuel des terres.

Le résident passe, constate les récoltes, et d'après chacune, on établit l'impôt qui est donc demandé proportionnellement à la récolte.

Dire que l'on demande pour cela un impôt léger, je ne le dis pas ; c'est tout autre chose ; mais ce qu'il y a de bien certain, c'est que cet impôt est appliqué d'une manière juste et équitable.

Cette population, qui était auparavant de 140.000.000 d'agriculteurs, est à l'heure actuelle augmentée et atteint jusqu'à 200.000.000. Et elle s'accroît toujours, quoique décimée par la misère et la famine.

Pour cela, on lui a procuré de nouvelles terres, par un système d'irrigation absolument parfait, et l'on peut dire que les Anglais sont les maîtres au point de vue de la pratique de l'irrigation.

Il existe deux sortes d'irrigations qui sont bien distinctes, car chacune a un but bien différent.

En premier, etant donné que les habitants sont fixés sur une terre qui, à un moment déterminé, est sujette aux fluctuations des saisons et aux inondations dont elle est toujours menacée, on a su ménager les eaux de façon à la mettre à l'abri de ces fluctuations. En second lieu, on a irrigué le désert pour pouvoir donner plus de superficie de terres aux agriculteurs. Pour citer un exemple, j'ai voyagé dans le désert de Pendjab avec ma voiture et mon cheval, qui se frayaient avec beaucoup de peine un passage dans le sable. Eh bien, ce désert de Pendjab où, il y a quatre ans, il n'y avait rien, quatre ans après, il y avait tout !

Quant aux chemins de fer, on en a construit spécialement pour transporter les moissons et pour soulager les districts trop éloignés des districts très populeux. Du capital engagé pour la construction, on est arrivé à tirer 5 % d'intérêt et même 7,50 % du capital.

Enfin, il y a une autre forme de la politique indigène, c'est la participation de l'élément indigène à l'administration du pays.

Je vous ai déjà dit que l'Inde a une superficie égale à la partie sud de l'Europe, partagée par une diagonale allant de Gibraltar à Moscou. Nous avons toujours cru que ce vaste pays, qui a une population de 300.000.000 d'habitants, était administré par des milliers d'Européens Eh bien, non ! L'Inde est divisée en 87 provinces, où il y a 5.000 fonctionnaires. Tout le mouvement de cette administration est donné par un millier de personnes dont 750 seulement sont Européens, et ceux-ci sont recrutés par des moyens très ingénieux, avec promesse d'une belle solde, et surtout d'une magnifique retraite. Mais leur travail est si dur, si pénible que, règle générale, avant d'arriver au bout de leur carrière, ils sont morts, et on peut dire que, pour les trois quarts, la retraite n'existe pas.

Dans ces 5.000 fonctionnaires, j'entends tous les fonctionnaires, du plus grand au plus petit ; quant à leurs appointements, ils atteignent une moyenne de 15 roupies par mois. Il y en a cependant qui gagnent plus ; il y en a qui gagnent 1.000, 2.000, 3.000, 5.000 et même 7.000 roupies par mois ; ce sont tous des indigènes. Parmi eux, il y en a qui sont juges à Bombay, à Calcutta, et qui sont tout aussi capables que les Européens, tout aussi intelligents, et qui jugent les Européens. J'ajouterai que personne, même parmi ces derniers, ne se révolte à l'idée d'être jugé devant eux.

C'est une des causes pour laquelle la politique indigène réussit d'une façon si parfaite.

Pour la réforme de l'éducation, les Anglais se sont trompés à fond, mais encore là ils se sont relevés après s'être trompés. La grosse faute de l'Angleterre a été de croire qu'elle s'adressait à des hommes d'élite, aussi, appliqua-t-elle l'instruction secondaire, et peu ou point l'instruction primaire. Il y a une grande différence entre l'instruction de l'Inde et celle de la Birmanie : ceci peut paraître bizarre, mais la chose est toute simple quand vous saurez qu'en Birmanie l'instruction est faite et provient du clergé ; et l'on peut même dire que tout le monde y sait lire et écrire.

Dans les Indes, l'éducation qui conduit à des diplômes est une éducation à bon marché et faite dans des conditions très médiocres. Les professeurs sont mauvais ; bien qu'ils fassent tout ce qu'ils peuvent pour perfectionner les études, le résultat est encore bien douteux.

A l'heure actuelle, on travaille d'une façon opiniâtre pour confectionner des lois relatives à l'éducation.

Quels sont maintenant les caractères philosophiques de la question qui nous occupe ?

La domination est toute aristocratique. On préfère la domination de l'Anglais à celle de tout autre, à celle des indigènes, car ces derniers ne pardonnent jamais et condamnent toujours d'une façon sévère.

Les Anglais s'occupent particulièrement des dépenses concernant la défense en cas de guerre, la construction des retranchements pour résister à une invasion.

Ils préfèrent l'industrie anglaise à l'industrie indigène. Autrefois, il y avait parmi les indigènes des tisseurs, des corroyeurs, etc., et à l'heure actuelle, ces petites industries indigènes ne font plus rien, car on a frappé leur industrie de taxes énormes pour faciliter et soulager l'industrie anglaise.

Les Anglais n'ont aucune confiance dans la moralité des indigènes, car l'indigène ment toujours.

Nous sommes très haut cotés, grâce à la fondation Kahn qui envoie chaque année cinq élèves ; ces élèves, qui deviendront des hommes très capables et très habiles, quoi qu'on ait cherché à les circonvenir, ont très bien vu et très bien compris le régime des Indes. Le Congrès national qui se réunit tous les ans en vue de l'organisation coloniale, trouve en ces jeunes hommes des défenseurs du pays et des idées nationales. Ils y occupent une place ; mais, malheureusement, ils forment encore un élément insuffisant, car ils sont une infime minorité.

L'aristocratie est dominante et conservatrice. Elle est conservatrice, car est elle fondée sur des princes qui ont tout intérêt à être bien avec l'Angleterre.

Ils manquent de sympathie pour l'indigène à un point extrême. Nous avons une façon d'administrer qui est très curieuse. Nous admirons les indigènes, mais dès que nous sommes en contact avec eux, nous les détestons. Les Anglais se considèrent comme les tuteurs de leur gouvernement, mais ils ne leur imposent que leur régime.

Ils ont très peu d'estime pour leur désintéressement, et c'est pour cela que, notamment, ils ne veulent pas leur donner les hautes places politiques et gouvernementales, car ils ne croient pas on plus au désintéressement national.

Je ne crois pas que l'on puisse rencontrer un seul Anglais qui vous dira : « J'aime les indigènes » ; et de même, vous ne rencontrerez que très peu d'indigènes qui vous diront : « J'aime les Anglais. » Il y a une antipathie entre eux, mais aussi une estime réciproque.

La politique des Anglais repose sur une politique d'égoïsme et de respect d'eux-mêmes, sur un sentiment de justice, sur une idée de pitié et de protection.

On peut se demander ceci: quels sont les résultats de cette politique au point de vue de la sympathie et sa solidité ?

Au point de vue de la sympathie, ils n'en ont aucune. Les Anglais sont peu intelligents ; la masse anglaise n'est pas intelligente ; mais ils sont zélés, actifs, travailleurs, tenaces. Les indigènes ont pour les Anglais l'admiration de leur justice, de leur froideur, de leur impassibilité.

Les Anglais ne comprennent personne en dehors d'eux-mêmes ; ils ignorent tout des qualités et de la valeur intellectuelle et morale des autres peuples ; leurs efforts pour saisir les qualités de leurs amis demeurent infructueux. Vous savez s'ils nous aiment, à l'heure présente ; eh bien ! ils ne nous comprennent pas.

Au point de vue de la solidité, j'affirme qu'il n'y aura jamais d'insurrection aux Indes et que les Anglais n'ont à craindre aucun danger.

Cependant, il y a un danger, un seul.

Les Anglais ont peur des Russes et ils ne désirent qu'une seule chose, la perte des Russes par les Japonais, car, sur la frontière des Indes les Russes ont massé 500.000 hommes et, s'ils les mettaient en mouvement, je ne sais ce qu'il adviendrait.

Supposons l'invasion russe (on y viendra), car il ne faut pas oublier que, malgré la guerre présente, ils ont trouvé le moyen de ne même pas retirer un seul homme sur la frontière, des 500.000 qui y sont massés. Chassés de Sébastopol par la France et l'Angleterre, ils ont été à Vladivostok, et, à l'heure actuelle, chassés de Port-Arthur, ils iront au Golfe Persique. Et alors, un jour, on verra l'armée russe se mettre en mouvement et aborder l'Inde. Qu'arrivera-t-il ?

Pour aborder les Indes, il n'y a qu'un seul passage, c'est le Bélouchistan. Et alors, les Russes auront devant eux 400.000 fusils sur la frontière. Pour qui seront-ils ?

Ces 400.000 hommes forment 700 à 800 tribus différentes, vivant continuellement en révolte et ne demandant que batailles et pillage.

Quand ils verront les Russes venir, qu'arrivera-t-il ? Ils iront avec eux et c'est d'eux que dépend la tranquillité des Anglais, et je puis affirmer que c'est d'eux seuls que dépendent le sort des Indes et la sécurité des Anglais.

Si les Anglais sont battus, les princes indigènes sont perdus. Il est donc de leur intérêt de rester bien avec les Anglais ; aussi, les Anglais n'ont-ils rien à craindre d'eux.

Ils sont en train de créer une armée impériale où ils auront des grades. Les Japonais jouent à l'heure actuelle un très grand rôle dans les Indes, et on ne parle rien moins au Conseil d'Etat de l'Inde que d'envoyer les meilleurs élèves à l'Université de Tokio. Je doute cependant que ce projet s'accomplisse, car il serait dur pour l'Angleterre d'envoyer ses sujets apprendre à Tokio plutôt qu'à Londres.

L'armée indoue n'a aucune valeur. Elle se compose de 230.000 hommes. La majeure partie des enrôlements se fait dans le nord.

A ce sujet, je me permettrai de vous rappeler qu'un grand chef musulman du Nord, après un dîner plutôt copieux, laissa échapper : « Que les Anglais s'en aillent, et le Bengale est à nous. »

Les Anglais n'ont donc rien à craindre, sauf la menace des Russes.

En 1857, il y eut la révolte des cipayes qui fut étouffée, et je vous dirai à ce sujet ce que l'Angleterre a dit à ce moment : « Quand nous aurons fait les Hindous capables de se gouverner, nous les laisserons à eux-mêmes. » Il y a de cela déjà cinquante ans. Si la domination anglaise dure encore un siècle, il se trouvera à ce moment là, non plus une Inde formée de petites populations, mais une Inde entière formant une unité. Ils seront obligés de parler tous anglais ; car, à l'heure actuelle, ils ne se comprennent pas entre eux. Ce nouveau lien, la langue anglaise, deviendra une force qu'en ce moment ils ne comprennent pas, mais qui avec les connaissances acquises, fera qu'ils seront unis, qu'ils auront acquis la sagesse, et leurs magistrats seront aussi capables que les nôtres et raisonneront aussi parfaitement que tous. Ils ne sont que cinquante à l'heure actuelle, mais il est bien certain qu'à ce moment-là ils seront très nombreux. Toute cette évolution aménera une révolution.

Les Anglais quitteront le pays quand ils penseront que le pays est mûr ; car il n'y a que 155.000 Anglais aux Indes, en face de 300.000.000 indigènes, et il leur sera impossible de lutter.

Alors, il y aura une nation indienne qui rejettera le joug de l'étranger.

En quoi tout ce que je viens de vous dire nous est-il utile ?

Je ne suis pas un homme allant de pays en pays pour me distraire. J'étudie le pays où je me trouve, je l'étudie dans l'intérêt de la France, je l'étudie pour savoir quel profit nous pouvons en tirer et ce que nous pouvons en appliquer dans nos propres possessions.

Nous avons beaucoup à apprendre. Si on avait su suffisamment en 1830, un seul homme aurait pu conquérir l'Algérie, diriger les Arabes ; et la chose était facile, car avec des méthodes pratiques, on serait certainement arrivé à conserver ce pays sans guerroyer.

Il faut donc assurer la direction de nos affaires coloniales en cherchant ce que l'on pourrait prendre sur le régime de l'Inde.

Mon ami de Pouvourville, dans sa magnifique conférence sur la défense de l'Indo-Chine, nous a montré bien des points utiles à connaître ; et là encore, nous avons à apprendre.

Nous devons surtout faire mieux que les Anglais quant à la sympathie, car nous n'avons aucun préjugé à combattre, car nous aimons les indigènes pour eux-mêmes, et sentons qu'ils ont droit à notre sympathie. Rien ne nous sépare d'eux. Nous avons la possibilité et le devoir de les aimer et nous devons faire marcher les intérêts des Européens avec ceux des indigènes, sinon, notre domination sera de peu de durée. Soyez persuadés que toute politique sombrera si elle n'écrit dans son programme la grande maxime républicaine et ce grand mot : Fraternité.

M. le Président DELONCLE. — J'avais bien raison de vous dire que M. Chailley était un habile conférencier. Le meilleur remercîment que nous puissions lui faire c'est le souhait que bientôt le suffrage universel l'amène à la députation.

MÉDECINE ET COLONISATION

Par le Professeur R. Blanchard

M. Debove. — Lorsque mon ami, M. Blanchard, m'a demandé de présider cette réunion, j'ai accepté immédiatement avec le plus grand empressement.

J'ai accepté, car je considère cela comme un devoir social, parce qu'il est du devoir de tout médecin de soigner tous les malades, quelles que soient les régions du globe, les maladies, les opinions politiques et la couleur de leur peau ; car, dans toutes les races humaines, le sang a la même couleur.

Les maladies sont différentes chez les indigènes de ces pays et les blancs, qui consentent à s'y expatrier.

L'enseignement de la pathologie coloniale est une œuvre nécessaire, et elle devient une œuvre patriotique, car il faut aider à l'expansion de la France.

Si étrangers que nous soyons à toute spéculation, nous devons en toutes raisons pratiques, et en toutes raisons sociales, favoriser l'enseignement de la médecine coloniale, car il s'agit d'une œuvre qui nous intéresse à bien des points de vue. Je suis convaincu que lorsque vous y aurez goûté, vous y trouverez un certain plaisir, et c'est le plus vite possible que je laisse la parole à mon très excellent ami, M. le docteur Blanchard.

M. R. Blanchard (1). — Il est indispensable à tout colon

(1) La conférence de M. le Professeur Blanchard a paru *in extenso* dans les *Archives de parasitologie* (n° IX, 1905).

d'avoir des notions précises sur les ressources du pays où il vient s'établir ; sur le climat, la constitution du sol ; de savoir quels animaux y vivent, de manière à les utiliser ; de savoir quels végétaux y poussent, de manière à en tirer profit ; mais aussi de savoir lutter contre les intempéries, contre les maladies qui peuvent l'assaillir dans ces pays nouveaux, enfin d'avoir sur l'habitabilité de ce pays et sur l'hygiène des données absolument exactes.

Or, aucun de ceux qui sont au courant de l'enseignement médical, tel qu'il se donne dans les Facultés de médecine de l'Europe ou de l'Amérique du Nord, c'est-à-dire des pays tempérés, ne me contredira, si je prétends ici que ce que nous enseignons à nos étudiants, c'est la médecine de France ou d'Allemagne, ou d'Italie, mais nullement la médecine des pays chauds. Le médecin qui, ayant fait de bonnes études en Europe, s'en va sous les tropiques, se trouve aussi dépaysé que tout à l'heure l'était notre voyageur, lorsqu'il se trouve en présence de cette nature nouvelle. Pour lui, l'humanité est un champ nouveau, un microcosme particulièrement intéressant, mais tout à fait inconnu, qu'il a le plus grand intérêt à connaître et à pénétrer. Pour cette raison, la nécessité s'est donc imposée, dans ces dernières années, de créer dans nos Facultés de médecine un enseignement portant exclusivement sur les maladies des pays chauds.

Je dois dire, en toute justice, qu'un tel enseignement existe depuis longtemps en France : c'est dans nos Ecoles de médecine navale de Brest, de Toulon et de Rochefort que, pour la première fois dans le Vieux Monde, on a systématiquement enseigné la médecine exotique. Il existe également au Val-de-Grâce.

J'eus l'idée de créer à Paris un Institut de médecine coloniale. Cela n'alla pas sans peine ; je dus lutter pendant deux ans contre des difficultés sans cesse renaissantes : la gestation fut plutôt pénible, mais enfin on aboutit. Maintenant l'Institut de médecine coloniale vit ; il a déjà eu deux sessions d'enseignement.

... A mesure que nous pénétrons mieux la cause des maladies, que nous remontons à leur étiologie et que nous en établissons les sources d'une façon plus certaine, nous arrivons à reconnaître que les maladies parasitaires sont de beaucoup les plus nombreuses : telle maladie qu'on croyait être une pure inflammation ou qu'on croyait causée par une influence climatérique, est uniquement sous la dépendance d'un parasite. Or, il est intéressant de voir que, tandis que dans les pays tempérés, les maladies parasitaires sont pour la plupart d'origine microbienne, dans les pays chauds, elles sont d'origine animale. Les plus graves endémies et les maladies les plus meurtrières qui frappent les Européens établis sous les tropiques sont causées par des animaux.

Pendant très longtemps, on n'a pas su comment se propageait la fièvre intermittente. On disait : cela vient des marécages, d'où le nom de *paludisme* donné à la maladie. On disait encore : cela vient de l'air, et on recommandait, par exemple, aux voyageurs qui traversaient les marais Pontins ou la campagne romaine, en chemin de fer ou en carriole, de ne respirer que par le nez, car un miasme subtil s'échappait du terrain et se répandait dans l'air, d'où le nom de *malaria* (mauvais air) donné à la fièvre. On disait aussi : cela vient du sol, et le miasme dangereux se dégage quand on fait des travaux de terrassement, d'où le nom de *tellurisme* également donné à la maladie.

Toutes ces conceptions étiologiques sont inexactes ; pendant vingt siècles, l'humanité a vécu sur ces idées fausses, dont, à l'heure présente, il ne reste plus rien. C'est par l'intermédiaire d'un moustique que se fait la transmission du parasite.

Donc, on sait d'une façon certaine que la fièvre jaune est une maladie parasitaire, on a même de sérieuses raisons de croire qu'elle est causée par un parasite animal, mais on ne sait encore rien de positif sur la nature de ce parasite. En revanche, on connaît très exactement comment il se transmet, ce qui permet heureusement de dompter ce fléau redoutable.

Les Américains constatèrent qu'effectivement la fiévre jaune était bel et bien transmise par un moustique, le *Stego- myia calopus*.

On sait, depuis les voyages célèbres de Livingstone, que certaines régions de l'Afrique orientale et australe sont absolument inhabitables pour les animaux domestiques, à cause d'une mouche redoutable, la Tsé tsé (*Glossina morsitans* Westwood),qui inocule une maladie toujours mortelle et dont le germe est resté très longtemps inconnu. En fait, la Glossine rend absolument inhabitables au bétail, et par conséquent, rend impropres à la colonisation de vastes territoires d'ailleurs fertiles, bien irrigués, d'un climat doux et bienfaisant.

On a longtemps ignoré la nature de la maladie inoculée par la Tsé tsé. On sait maintenant, grâce à Bruce, qu'il s'agit d'une tryponosomose. Le sang des animaux malades renferme des Trypanosomes, sortes de petites anguilles qui s'agitent avec une très grande rapidité. en prenant toutes les formes possibles ; c'est un spectacle vraiment curieux que de les voir se démener dans le sang, au milieu des globules, Ces animalcules, d'organisation très inférieure, appartiennent au groupe des Flagellés ; ils se multiplient activement dans le sang et finissent par devenir excessivement nombreux, au point d'être en aussi grande abondance que les globules. On comprend donc maintenant comment agit la Tsé tsé : grâce à la forte et longue trompe dont elle est armée, elle inocule à un animal sain les Trypanosomes qu'elle a puisés précédemment dans le sang d'un animal malade.

On connaît dans l'Afrique sus-équatoriale, au Congo, au Gabon, exactement depuis un siècle, une singulière endémie que l'on désigne sous le nom de *maladie du sommeil* ; elle a fait quelque bruit dans ces temps derniers. On pensait que cette maladie atteignait exclusivement les noirs ; mais on sait maintenant qu'elle frappe aussi les blancs elle en devient donc d'autant plus intéressante. Elle tient, elle aussi, à la présence d'un Trypanosome (*Tr. gambiense*

Dutton) dans le sang et même dans le liquide céphalo-rachidien. D'abord localisée au bas Congo, cette maladie s'est répandue, depuis deux ou trois ans, à travers l'Afrique centrale et jusque dans l'Ouganda, avec une rapidité inouïe exerçant partout sur son passage les ravages les plus considérables, dépeuplant des territoires excessivement étendus.

Il est donc tout à fait nécessaire d'étudier en Europe les maladies particulières aux pays chauds et d'en faire l'objet d'un enseignement systématique ; il est indispensable de doter l'Institut de médecine coloniale avec plus de générosité qu'on ne le fait. Il n'a pu fonctionner jusqu'à présent que grâce à la décision intelligente et patriotique d'un homme qui avait déjà donné sa mesure dans le gouvernement de l'Indo-Chine. M. Doumer, qui seul a compris l'importance de cette création. Il a inscrit l'Institut au budget de l'Indo-Chine pour une somme annuelle de 30.000 fr. mais, depuis deux ans que nous existons, nous n'avons pas reçu un sou de plus, alors que les Écoles anglaises avaient leurs missionnaires, tels que Sir Francis Lovell, ou recevaient des générosités fabuleuses, comme celles de M. W. Johnston.

La constatation est navrante, mais j'aurai le courage de la faire tout haut : nous sommes débordés par nos voisins. Il faut que nous sortions de notre torpeur et que nous gardions le rang auquel nous donne droit un passé scientifique glorieux entre tous. Pour cela et à ne considérer que la médecine, j'estime qu'il est indispensable de créer dans chacune de nos colonies un laboratoire médical, muni de toute l'instrumentation moderne.

M. DEBOVE. — Je suis convaincu que cette conférence nous laissera des souvenirs durables. Combien y a-t-il sur la surface du globe de régions riches et inhabitables ? Vous vous rappelez peut-être des incidents si amers et si tristes, vous-vous rappelez des défaillances de nos projets : vous vous rappelez qu'il a été fait une expédition à Madagascar, dans laquelle un grand nombre de nos compatriotes ont succombé sous le coup de la fièvre plus que sous les coups des ennemis. Et pourquoi ? Parce qu'ils n'avaient pas de voiles pour les préserver des moustiques.

Voilà pourquoi la conférence de M. le professeur Blanchard était utile ; je suis convaincu que vous en emporterez tous un souvenir durable.

III

Compte-Rendu

des

Séances de Section

Iʳᵉ SECTION

Organisation civile des colonies

La première section s'est réunie sous la présidence de
M. Pardon, assisté de MM. Saintenoy et Maurice Renard.

Domination ou Association ? par M. *Alfred Durand*,
ancien administrateur colonial.

M. Durand, en ce rapport, pose la question dont l'étude
et les solutions possibles ont dominé tout le Congrès de 1905,
et retenu l'attention des congressistes et de tout le
public colonial (1). Il dessine à grands traits la figure de
la Domination, puis celle de l'Association, et il indique,
avec beaucoup de perspicacité que, si la domination, qui
fut très utile, paraît avoir fait son temps, il faut se garder
d'aller à l'extrême contraire, l'*assimilation*, qu'il faut
au contraire, condamner sans appel. L'assimilation est un
conséquence de la *fusion* intellectuelle et morale, et M. Durand, après avoir cité M. Doumergue et d'autres auteurs,
insiste sur les arguments vécus, grâce auxquels on peut prétendre que la *fusion* ne se fera jamais. Donc, l'assimilation
sera toujours illogique et néfaste.

M. Durand pense que le penchant à l'Association provient
de la difficulté qu'il y aura à conserver nos lointaines colonies d'Extrême-Orient, sous la poussée vigoureuse d'une
nation voisine, jeune, triomphante et ambitieuse. Aussi,

(1) Le même sujet se retrouve étudié dans les quatre conférences de
MM. Chailley (La Politique indigène aux Indes Anglaises) ; de
Lamothe (l'Action américaine aux Philippines) ; de Pouvourville
(Avec qui nous défendrons l'Indo-Chine), et Gerville-Réache (Prin-
cipes de Colonisation).

toutes précautions étant prises pour éviter tout excès, il penche vers l'application d'une sage Association, tempérée, et à petites doses, et il démontre comment nos fonctionnaires, très méritants et pleins de bonne volonté, ont commencé *proprio motu* à appliquer la chose, avant d'avoir connu le mot.

La Section a entendu ensuite M. le Docteur Pichevin ; avant d'aborder la question sur laquelle il a déposé un rapport, le docteur Pichevin a bien voulu communiquer à la Section les impressions que lui a laissées le voyage officiel fait par lui à la Martinique, le lendemain même de la catastrophe.

Réforme de l'Office colonial, par *M. F. Mury*, ancien commissaire des colonies.

Dans cette étude M. Mury indique que trois erreurs ont, selon lui, présidé à l'institution de l'Office colonial (1) :

Le service de l'Emigration et de la Colonisation s'est vu attribuer une importance exagérée au grand détriment de la Section commerciale, qui devrait occuper la première place et dont on ne parlait même pas tout au début.

Il a été doté d'une organisation par trop administrative, entraînant des lenteurs, des dépenses, des complications, et funeste par suite à son bon fonctionnement

Le fait d'embrasser toutes nos colonies empêche l'Office Colonial de se rendre vraiment utile à aucune d'entre elles.

C'est ainsi que les fonds du service de l'émigration seraient absorbés par d'autres voyageurs que des émigrants ; que les collections d'importation et d'exportation sont très incomplètes ; que les indications commerciales de toutes sorte sont très insuffisantes; que la moitié des ressources

___

(1) Cette étude a paru *in extenso* dans les *Questions diplomatiques et coloniales* du 1er juin 1903.

de l'Office est consacrée à son loyer; ; que les fonctionnaires y sont trop nombreux et à titre provisoire ; enfin que l'Office s'est perdu dans une sorte de centralisation excessive et qu'il n'a pas l'indépendance qui peut assurer sa vitalité. M. Mury estime que ces inconvénients sont d'autant plus éclatants qu'ils n'existent pas à l'Office particulier de l'Algérie.

M. Mury demande la création d'Offices Coloniaux particuliers, sinon pour toutes les colonies, du moins pour chaque Gouvernement général; chacun d'eux réunirait les attributions suivantes :

1° Concentration de tous les documents statistiques, économiques, fiscaux et douaniers concernant la colonie ;

2° Diffusion dans la métropole de tout ce qui intéresse la colonie par divers moyens de propagande, tels que : conférences, mise à la disposition du public des documents envoyés par la colonie, publication d'un bulletin périodique consacré aux choses commerciales, industrielles et agricoles de la colonie, etc. ;

3° Installation, auprès de l'Office et auprès des Chambres de commerce les plus importantes, de collections composées : 1° des produits de la colonie ; 2° des produits de la métropole demandés dans la colonie ; 3° des produits de l'étranger importés dans la colonie, que l'industrie métropolitaine pourrait fournir elle-même ;

4° Réunion de toutes les informations susceptibles de favoriser la vente, dans la colonie, des produits de la métropole et de ceux de la colonie en France et à l'étranger ;

5° Recherche des moyens, conditions et tarifs de transport des produits de la colonie en Europe et de ceux de la métropole dans la colonie ;

6° Participation de la colonie aux expositions métropolitaines et internationales ;

7° Concentration de tous les documents législatifs et autres concernant les territoires d'outre-mer des puissances européennes, et en particulier, de ceux qui pourraient s'appliquer à la colonie ;

8° Instruction des demandes de concessions formées par des Français de la métropole ;

9° Initiation des colons déjà établis aux recherches et aux expériences qui auraient pour effet d'améliorer les cultures existantes et d'introduire des cultures nouvelles dans le pays.

L'action de l'Office colonial devra s'étendre en France, par des agents du personnel des préfectures, par des con-férences aux chambres de commerce, et hors de France, par l'Office National du Commerce extérieur, par les chambres de commerce françaises à l'étranger, par les agents consulaires, par des missions économiques. L'Office pourrait faire paraître un Bulletin, créer des dépôts d'échantillons, des collections cartographiques, des bibliothèques. Et M. Mury termine en disant :

Si l'Office Colonial actuel n'est pas transformé comme nous le demandons, il se verra promptement réduit à néant par les comités que nos commerçants et nos industriels d'outre-mer ont déjà commencé à créer. Il en est qui ont acquis en peu de temps une importance très grande précisément à cause de l'insuffisance de l'Office Colonial. Je suis loin d'être hostile à ces comités et je rends volontiers hommage aux efforts des hommes intelligents, actifs et pleins d'initiative qui ont eu l'énergie de les fonder. Mais il serait peut-être préférable, pour l'avenir de nos possessions, que les gouverneurs aient quelque action sur ces organismes.

****

M. Guillaume d'Estrées, attaché à l'Office Colonial, a présenté une réplique aux différentes critiques de M. Mury. Il ne voit pas qu'une comparaison puisse s'établir entre l'Office Colonial et l'Office spécial de l'Algérie, qui n'est pas une colonie à proprement parler, et qui d'ailleurs dépense beaucoup pour son Office particulier. En ce qui concerne le service d'émigration, il ne comporte à l'Office colonial qu'un seul employé à 1.300 fr. ; d'ailleurs le fonds d'émigration (75.000 fr.) est à la disposition du Pavillon de Flore et non de l'Office Colonial, qui ne fait que présenter des candidats d'après leurs dossiers. Enfin, le rapport sur le fonctionnement de l'Office Colonial en 1904 prouve que la part la plus importante est faite aux préoccupations commerciales. L'Office Colonial est autonome ; une loi du 18 février 1904 lui a donné la personnalité civile.

M. d'Estrées s'élève contre le projet de création d'Offices spéciaux à chaque colonie ; cette création coûterait environ un demi-million par an aux budgets coloniaux locaux. Qui donc s'occuperait des colonies trop pauvres pour établir leur Office à Paris ? — M. d'Estrées demande que chaque colonie soit officiellement représentée à l'Office Colonial par son délégué élu au Conseil supérieur des Colonies; que les fonctions de l'Office soient rendues stables et qu'un grand développement économique soit donné à ses opérations.

**

Sous le titre : Cahiers d'un Ancêtre Colonial, *M. Nielly* fait remarquer qu'il fut en Algérie l'un des premiers à réclamer la substitution de la politique d'association à celle de la domination, et il demande que le maintien de cette substitution soit une rapide élaboration d'une constitution coloniale.

*

Les fonctionnaires coloniaux et le Pavillon de Flore. par *M. Mury.*

Ce rapport est une comparaison entre les fonctionnaires coloniaux anglais et hollandais et les fonctionnaires coloniaux français. M. Mury s'élève vivement contre les nominations dues uniquement à la faveur qui sont si fâcheuses pour nos possessions d'outre-mer. Il demande qu'on ne puisse être nommé administrateur colonial sans avoir subi un examen, et voudrait voir attribuer un plus grand nombre de places aux élèves brevetés de l'Ecole coloniale. Il exprime le désir que les places vacantes au Ministère des Colonies soient réservées à des agents ayant servi dans nos possessions. Il réclame aussi des garanties en faveur des fonctionnaires dont la santé s'est altérée aux colonies, démontre l'avantage qu'il y aurait à maintenir les agents coloniaux dans la même possession pendant toute leur carrière. Il exprime enfin l'idée que l'on pourrait exiger des innombrables postulants aux fonctions administratives métropolitaines, quelques années de service dans les postes subalternes des administrations coloniales.

IIe SECTION

Législation et Jurisprudence Coloniales

La IIe section du congrès colonial de 1905, s'est réunie le 7 juin, à dix heures du matin.

M. Penant, ancien délégué élu des colonies françaises, directeur du Recueil général de Jurisprudence et de législation coloniales, président de la IIe section, s'étant chargé du rapport qui doit être communiqué dans cette séance, M. Maurice Raynaud, avoué près le tribunal civil de la Seine, vice-président de la section prend place au fauteuil.

M. Raynaud, déclare la séance ouverte, et, en présence de nombreux assistants, gouvernants, fonctionnaires et magistrats coloniaux, il donne la parole à M. *Penant* pour la lecture de son rapport sur la *condition juridique des indigènes* en matière civile et commerciale dans les colonies françaises et de l'organisation judiciaire qui leur est appliquée.

Dans un savant préambule, le rapporteur fait l'histotorique de la politique qu'adoptèrent à l'égard des indigènes des pays conquis les divers peuples colonisateurs.

Presque tous commirent la même faute ; des Romains à nos jours, on visa à l'assimilation de l'indigène en lui imposant sans ménagement l'organisation du conquérant ; l'infériorité de la société indigène doit aux yeux du vainqueur, céder le pas à la civilisation supposée supérieure de celui-ci.

De là des froissements, atteinte à la liberté, suppression des coutumes des indigènes engendrant des mécontentements, des haines, entravant le progrès et la colonisation, faisant encourir, même au conquérant, des dangers de soulèvement ou de révolte, compromettant au moins l'œuvre par lui poursuivie.

Le rapporteur établit que ces fautes ort été surtout encourues par les Français et qu'elles sont d'autant plus dangereuses pour eux qu'en pratiquant cette politique funeste ils ont contrevenu aux engagements formels pris à toute époque envers les indigènes des diverses colonies dont ils ont pris possession, de respecter leurs us et coutumes ; qu'ils les ont violés non seulement sur des points de détail, mais trop souvent aussi sur des questions capitales, de l'essence même de l'état social des indigènes, notamment en substituaut à ses lois ou coutumes notre propre législation ou, quand on les maintient, en les faisant appliquer par nos fonctionnaires, ignorants de ces mêmes lois, substitués aux juges naturels de l'indigène.

Poursuivant son étude, le rapporteur va démontrer que ces fautes ont été réellement commises, en exposant successivement les procédés que nous avons employés à l'égard des indigènes et en apportant la preuve de la négligence mise par nous à nous pénétrer des législations et coutumes indigènes. Et c'est ainsi que, passant en revue toutes nos colonies de l'Afrique, de l'Asie et de l'Océanie, il décrit l'organisation judiciaire que nous avons donnée à chacune d'elles et les rares travaux accomplis pour coordonner les législations et coutumes et en faciliter l'intelligence et l'application, travaux dus à quelques hommes de mérite, animés de l'amour de leur pays, instruits aux leçons de l'expérience, convaincus que le seul moyen de nous attacher l'indigène était de respecter ses institutions, quand elles ne sont pas contraires à la morale empreinte de libéralisme et à la civilisation, et de ne pas leur imposer une brutale assimilation.

De l'exposé présenté, le rapporteur tire cette conclusion

qu'ayant, comme il l'a démontré, supprimé par la plupart des dispositions prises à son égard la liberté de l'indigène, porté atteinte â sa dignité et à son amour-propre national, les Français ont compromis gravement l'avenir des pays dont ils avaient l'intention de faire des colonies prospères et commis une faute faisant encourir, à un moment donné, les plus graves dangers à leurs conquêtes, dangers qui se déterminent d'eux-mêmes.

Néanmoins le rapporteur ne néglige pas de les énoncer et d'en préciser la cause ; notamment à l'égard de l'Inde, de Madagascar et spécialement de l'Indo-Chine.

Y a-t-il un remède à cet état de choses ? et s'il n'est pas trop tard il faut l'employer sans plus tarder.

Ce remède, c'est l'adoption d'une politique qui sera l'antipode de celle suivie jusqu'ici ; la guerre Russo-Japonaise doit servir d'enseignement. L'inévitable nécessité commande de prouver aux indigènes par des actes formels que nous voulons réellement pour tous la liberté et l'égalité, en respectant à l'avenir, là où elles n'ont pas été détruites, leurs coutumes séculaires sous la seule exception de celles réprouvées par le droit naturel.

Respectons notamment leur statut personnel et leur législation locale. Attachons-nous les indigènes par l'intérêt matériel, mais aussi par les intérêts moraux, par la satisfaction de leurs ambitions historiques, si puissantes et si vivaces encore. Appelons-les à des relations économiques plus actives avec nous. Réformons au besoin, mais jamais sans l'aveu et le concours des natifs, seulement quand les réformes peuvent s'adapter à leurs conditions sociales, considérons-les enfin comme de réels collaborateurs d'une œuvre commune et associons à nos travaux et à nos administrations ceux d'entre eux qui justifient de capacités nécessaires en leur en facilitant l'acquisition.

Puis alors attendons des indigènes, de la marche du temps et de la sympathie que leur imposera notre nouvelle attitude, la fixation de l'heure où ils prendront nos usages au contact de notre civilisation.

C'est dans cet ordre d'idées que, dans le domaine juridique, notamment les pouvoirs publics doivent prendre toutes les mesures utiles pour donner satisfaction à cette nécessité démontrée : respecter les coutumes privées des indigènes.

Tel est le vœu par lequel le rapporteur termine son travail, en exposant les moyens à employer.

M. le Président remercie le rapporteur de son considérable et lumineux travail et le félicite chaleureusement.

Sur l'invitation du président, quelques personnes prennent part à la discussion qui s'engage, et, après un échange de vues, les conclusions du rapport de M. Penant sont adoptées à l'unanimité.

IIIᵉ SECTION

Intérêts Economiques

Les séances sont présidées par MM. Bel et Faucher, assistés de M. Ch. Genet.

L'Exploration minérale systématique de nos colonies par *M. J.-M. Bel*, ingénieur civil des Mines.

M. Bel a été frappé que l'étude du sous-sol des colonies n'ait pas été entreprise d'une manière méthodique, et que le hasard soit encore le plus souvent maître et dispensateur des richesses qui y sont enfermées. Sauf en Algérie et Tunisie, l'administration coloniale des mines n'est pas confiée au service des ingénieurs métropolitains ; le sous-sol n'est étudié que par des missions rares et temporaires ; il serait à désirer qu'il fût créé un cadre spécial auxiliaire et permanent d'ingénieurs des mines *coloniaux*.

Dans les colonies étrangères, ces services permanents existent : même dans les colonies anglaises il y a un Indian, ur Australian et un Canadian-service. Chaque Etat de l'Union Américaine a un service minéralogique distinct, surtout dans les Etats de colonisation.

M. Bel demande aussi, outre la création du service d'exploration minier, un service de contrôle d'exploitation des concessions minérales et la publication de cartes géologiques et de rapports mensuels détaillés.

Sur la proposition de M. Laurert (Léon) administrateur en Indo-Chine, et après une discussion à laquelle prennent part MM. Passerat de la Chapelle, Poindrcn, Eloir, Séville, le vœu suivant sera présenté au Congrès :

Que dans l'hypothèse d'une mise en exploitation d'un gisement minéralogique quelconque, les droits d'inventeur ou découvreur constitueront un droit de priorité à la concessibilité du gîte.

M. Séville signale que le Conseil général de la Guyane a émis le vœu de faire connaître rapidement la carte géographique de cette colonie et a voté une somme de 800.000 fr. à cet effet.

La Section est d'avis que cet exemple serait à suivre dans toutes nos colonies.

M. Bonnard signale une omission qui s'est produite dans le rapport général de 1904 et demande au bureau d'insérer sa rectification dans le procès-verbal de la séance de ce jour ; le vœu suivant avait été adopté en 1904 :

Que les pouvoirs publics examinent s'il ne serait pas possible et désirable au point de vue de la défense nationale de diriger sur Bizerte les minerais du Djebel-Ouenza.

Amélioration de nos relations commerciales en Extrême-Orient, par *M. René Dubuffet*, exportateur.

L'importation japonaise en France est passée, depuis 1884, de 6 millions à 34 millions de yens. L'importation chinoise est peu sensible ; et cependant la Chine est un réservoir minier d'une incalculable valeur, qui est à notre portée, et pour l'exploitation duquel il faudrait seulement, à nos capitalistes, des renseignements valables et sûrs.

L'exportation française en Extrême-Orient est minime : 5 millions de yens, soit le cinquième de l'exportation allemande, le huitième de l'américaine, le dixième de l'anglaise.

Les moyens employés par nos concurrents heureux (en dix ans, nous avons quintuplé notre chiffre d'échange : dans le même laps, l'Allemagne multipliait le sien par 13, et les États-Unis par 23) sont : un accroissement constant de la rapidité de leur fabrication et une diminution progres-

sive du prix de revient. Nous cherchons trop vite de trop
gros bénéfices, et surtout, n'ayant pas d'agents sur place,
ou négligeant leurs avis, nous ne tenons pas compte du
goût du consommateur, et nous fabriquons selon notre
goût de fabricants, avec la prétention d'imposer nos marchandises telles quelles. Nos écoles de commerce doivent
réagir contre une telle tendance.

D'autre part, nous ne trouvons pas chez nos consuls et
agents diplomatiques le concours technique et pratique
que les autres nations trouvent chez les leurs, au point de
vue des relations commerciales, des renseignements de
toute sorte, de l'aide apportée pour toutes les transactions
et affaires. M. Dubuffet cite en modèle, le consul du Japon
à Lyon.

M. Dubuffet demande qu'il soit adjoint, à nos consulats
et à nos résidences coloniales, un Conseiller commercial
agent informateur ; et qu'une plus grande stabilité soit
donnée à nos représentants, avec la facilité de gagner leurs
grades sur place. Il propose, comme moyens secondaires,
l'envoi des échantillons de nos produits dans les musées
commerciaux du Japon et de la Chine, la publicité dans les
journaux indigènes, l'emploi des moyens de transport les
plus réduits ; l'indication des prix en monnaie courante du
pays ; la recherche de la clientèle.

*Moyens pratiques d'exploitation et de conservation des
forêts de l'Algérie*, par *M. C. Cétran* à Bône.

M. Cétran, qui est un des colons algériens les plus anciens
et les plus expérimentés dans l'exploitation du chêne-
liège, prend prétexte de l'arrêté du gouvernement général
de l'Algérie, en date du 4 mai 1904, pour attirer l'attention
publique sur la conservation des forêts algériennes, et leur
meilleur mode d'exploitation. La Commission d'études,
réunie à ce sujet à Alger, comprenait onze fonctionnaires,
six délégués financiers, un médecin et *un* seul propriétaire

forestier. M. Cétran constate que le gouverneur général de l'Algérie rend, en partie responsables des dommages causés à la colonie, les méthodes trop rigoureuses de l'administration, ses habitudes intransigeantes de répression, sa méconnaissance des coutumes indigènes, ses complications formalistes. Il y aurait de nombreux tempéraments à apporter à l'application du Code forestier : le régime des procès-verbaux et des amendes porte l'indigène à un ressentiment profond, qui se traduit par l'incendie des forêts dont les auteurs ne peuvent presque jamais être découverts.

Pour éviter les autres causes d'incendie, M. Cétran préconise la méthode des *nettoiements*, la disparition des brousses et arborescences par le *petit feu*, mis convenablement et avec certaines précautions. M. Cétran, contrairement aux opinions professées souvent, déclare que les nettoiements permettent d'avoir un liège homogène et élastique, sans exubérance, augmentent d'un quart la fréquence des récoltes, n'influent pas sur l'hydrologie du sol, et aident à la pousse et à la reconstitution des forêts.

M. Cétran donne une méthode de mise en valeur de ces forêts, de suite, après l'opération du *petit feu ;* il s'étend sur le *démasclage*, les précautions à prendre pour le couronnement de l'arbre, l'enlèvement de l'écorce, le nettoyage du talon, les incisions longitudinales. Au sujet de ces incisions, il réfute l'avis de MM. Charlemagne et Paris, du service des Forêts, et affirme qu'elles ont le résultat excellent de supprimer les petites crevasses, qui occasionnent tant de déchets dans l'utilisation du liège, et de faciliter la levée de liège de reproduction.

Les conclusions de la Commission, plus haut signalées ne semblent pas suffisamment énergiques et bienfaisantes, et ne constituer qu'un encouragement pour l'avenir. M. Cétran proposerait, à cause de la répulsion traditionnelle de l'administration forestière pour les *nettoiements*, de livrer à la colonisation toutes les forêts sous les conditions suivantes : création de centres industriels au milieu de chaque massif de 10 à 15 mille hectares, suivant le peuplement du pays ; attributions de lots nouveaux aux colons sous charge de délimitation ; division des lots par des tranchées isolatrices du feu;obligation de manufacturer la récolte dans les centres industriels créés : obligation de réserver aux indigènes leurs droits d'usage.

Enfin, et comme culture commerciale, M. Cétran demande la protection de notre industrie du liège avec les nations non productrices, qui frappent nos lièges ouvragés d'un droit d'entrée moyen de 35 % de leur valeur.

**

Les transports en Indo-Chine (rôle du port de Camranh), par *M. le marquis de Barthélemy.*

Cette dernière étude complète et couronne les travaux de l'auteur sur les transports maritimes et par voies ferrées, dans notre Extrême-Orient. Après avoir indiqué comment nous pouvons compter sur le concours colonisateur de l'Annamite, et comment le plan de M. Doumer correspondait à la vérité et à la réalité, M. de Barthélemy préconise l'union étroite des communications terrestres avec les *points commerciaux stratégiques* dont il a vulgarisé désormais l'appellation.

Les chemins de fer du Yunnan et de Langson augmenteront l'importance de Haïphong. sans pouvoir en faire un second Shanghaï ou un second Canton, car Haïphong est un centre de mouvement commercial côtier et local, mais non un centre d'exportation. Haïphong sera une tête de ligne pour les bateaux de 4.000 à 5.000 tonnes, mais non des gros cargos.

Vinh, à cause de sa barre de sable, est un port sans avenir ; le débouché du Laos nord sera aussi Haïphong.

Tourane, quand la ligne Tourane-Hué-Ailao-Savannaket sera faite, détournera de Bangkok le commerce du bief de Vien-Chan, et mettra fin à l'entreprise des caravanes siamoises. Mais c'est là un trafic restreint (un million environ à l'heure actuelle), et les régions traversées sont parmi les moins peuplées et les moins salubres. Cette voie a surtout une importance stratégique et *antisiamoise*.

La ligne de Saïgon-Bienhoa-Langbiang, outre d'autres avantages, faciliterait la reconstitution des riches plaines, artificiellement irriguées, du Ciampa.

Quant aux chemins de fer de pénétration au Laos, outre celui qui traversera la chaîne annamitique (et M. de Barthélemy n'est pas enthousiaste de la voie par Ailao), ils pourraient être tracés du Langbiang à Stungtreng, au débouché des régions minières de la Sekhong — et, surtout, de Quinhon à Attopeu et Bassac, par le facile col d'Anké, qui annihilerait toute la valeur des futurs chemins de fer siamois.

La question de la création des ports se rattache à cette question des voies ferrées ; car il ne s'agit pas de créer des ports pour un trafic local, mais d'après l'outillage terrestre et maritime ; aux chemins de fer, les ports doivent s'accoler.

Les ports doivent être propres, soit aux opérations de plein chargement et d'affrètement, soit aux opérations d'escales.

Saïgon est un port d'affrètement de riz, d'importance toujours croissante. Camranh, amorcé par un dépôt de charbon, sera le port de transit nécessaire pour les gros cargos affrétés sur Chine, se complétant en fret sur l'Indo-Chine.

Ainsi Saïgon, Camranh et Haïphong, plus Tourane et Quinhon comme ports de cabotage, tels sont les ports dont la création ou l'amélioration doivent seules nous occuper Ils correspondent parfaitement aux voies ferrées de l'intérieur. Il faut en étudier et en perfectionner les fonds et les hâvres.

Les longs courriers : Saïgon, Haïphong, escale à Camranh.

Lignes de grand cabotage : Saïgon, Camranh, Tourane, Haïphong.

Lignes de grand cabotage : Saïgon, Camranh, Manille.

Ligne de petit cabotage : Camranh, Quinhon, Tourane,

Le rapport de M. de Barthélemy se termine par un rapide résumé, démontrant que ces projets de voies ferrées, de port et de messageries rentrent tout à fait, au point de vue stratégique, dans les projets de défense de l'Indo-Chine aujourd'hui en voie d'exécution.

****

Projet de création d'une chambre syndicale coloniale, par M. Eloir.

Dans le but de favoriser le développement du commerce français dans les colonies, et de renseigner nos industriels sur la direction à donner à leurs efforts du côté colonial, M. Eloir propose la création d'une Chambre syndicale coloniale française, dans le but de renseigner les industriels et adhérents à ce groupement sur les produits vendus dans nos colonies, leur fabrication, les goûts des populations indigènes, les essais à tenter, les efforts à faire pour le développement commercial et industriel de la Métropole. L'action de la Chambre syndicale pourrait s'étendre aux pays étrangers et aux colonies étrangères, mais accessoirement.

Des Agents de nationalité française, appartenant autant que possible ou ayant appartenu à des établissements installés aux colonies et en plein fonctionnement, seraient choisis comme Agents commerciaux d'exportation et d'importation.

Ils seraient rétribués par les fonds de la Chambre syndicale. Leur nombre serait fixé par le Conseil d'administration et variera suivant les circonstances et les localités.

L'installation et le choix de ces Agents nécessiteraient des voyages aux colonies, d'où la constitution obligatoire d'un capital social.

Le capital, sauf modification, pourrait être fixé à... francs fractionné en actions de 500 fr.

Le premier versement ne comporterait qu'un appel de la moitié du capital souscrit et serait considéré comme une mise de fond destinée à payer les voyages aux colonies, frais d'installation, de correspondances, etc.

****

La crise commerciale à Madagascar, par *M. Alfred Durand*, ancien administrateur colonial.

M. Durand établit une ingénieuse comparaison entre la situation à Madagascar en 1885, et la situation actuelle. En 1885, on arrivait à Tamatave par trois transbordements ; et on arrivait peu ou point à Tananarive. Le commerce est nul, à cause des exigences de la douane hova, de la cherté des porteurs de l'insécurité des convois, du vol et de la fraude, de la scandaleuse multiplication de *l'impôt de la piastre*, du manque total de voies de communications. Tout le monde se plaignait.

Aujourd'hui il y a des routes, des chemins de fer, le téléphone, l'impôt fixé, le régime douanier honnête ; et le chiffre des affaires a sauté de 200.000 fr. à 57 millions. Tout le monde se plaint encore.

La cause vraie de la crise, c'est le manque des connaissances coloniales.

****

Le thé en Annam, par *M. Robert Vallin.*

M. Vallin expose que la consommation du thé augmente de jour en jour en France ; elle est actuellement d'un million de kilog. ; les thés de provenance indo-chinoise sont entrés sur le marché en 1895 et figurent aujourd'hui pour 150.000 kilog.; leur consommation est en croissance continue.

Après avoir indiqué les qualités de robustesse du théier chinois, M. Vallin indique d'après les modes de récolte, les valeurs des thés connus dans le commerce sous le nom de : orange, pekao, souchong (thés noirs), thé impérial, hyson (thés verts), l'auteur décrit les préparations subies par la feuille de thé après la récolte, en vue des exportations: flétrissage, roulage, fermentation, séchage, triage, empaquetage.

Le Tonkin et l'Annam, par leur température et leur hygrométrie, sont des pays à thé. La culture en est rémunératrice. L'analyse dernière des thés souchong de l'Annam les assimile aux meilleurs thés consommés en Europe. La culture, encore précoce du thé, fait de grands progrès en Annam ; elle deviendrait tout à fait prospère si l' « *Union des planteurs de thé* » appelait la clientèle par une publicité appropriée.

* * *

Colonisation agricole du sud de l'Indo-Chine, par M. Passerat de la Chapelle.

L'auteur, qui a passé plus de vingt années en Cochinchine, impute le peu de développement de la colonisation agricole dans les friches immenses du sud de l'Indo-Chine, à l'imperfection de la législation spéciale, aux conditions de l'aliénation des terres domaniales, et au régime de l'immigration asiatique étrangère.

Le colon qui veut en concession une terre libre est obligé de la trouver lui-même, et de la prouver disponible ; quand il l'a trouvée et demandée, il passe un an ou deux ans en formalités ; puis. il entre en possession conditionnelle ; il ne devient propriétaire qu'au bout d'un fort laps de temps après avoir satisfait à des obligations multiples, défrichement total, exploitation générale, enquêtes et ingérence de l'Etat ; défense d'aliéner et d'hypothéquer, etc. Toutes ces mesures impatientent, découragent et même ruinent le colon avant même qu'il soit mis en possession de son sol. Ainsi, il n'y a pas de colons agricoles, et les terres demeurent en friche. — L'Etat croit avoir fait œuvre de préservation et de contrôle : il n'a fait qu'une œuvre détestable ; car son seul droit vis-à-vis de l'agricole doit être de percevoir l'impôt foncier.

Ce peu de sécurité des concessionnaires arrête l'immigra-

tion du colon chinois, qui est le meilleur agricole de l'Orient.
A ces vexations, l'administration en ajoute d'autres : le
Chinois qui débarque est mensuré et *bertillonné* comme un
apache, et soumis à des taxes spéciales, à des impôts particuliers, à des formalités policières, etc. — Toutes ces précautions arbitraires sont cependant inutiles, et les colonies
anglaises s'en sont bien rendu compte.

Les Straits Settlements, en dix ans, grâce à l'immigration chinoise, ont vu leur population augmenter d'un tiers,
leur budget global quadrupler, etleur mouvement commercial tripler. Mais aussi, le gouvernement anglais a
organisé à Singapore un service de recrutement d'émigrants,
qui fait de l'*émigration assistée*, dans les vice-royautés de
Canton et de Phuc-Kien ; à chaque poussée d'émigration
assistée correspond une augmentation de l'émigration libre.
Et le Chinois est reçu librement à son arrivée dans les
Straits Settlements.

Il est faux de dire que l'on a besoin de contrôle et de préservation vis-à-vis de l'agricole chinois. Non seulement
l'élément commerçant chinois est celui où l'on constate
le plus petit nombre de faillites, mais c'est celui, de l'aveu
même des Européens, où les transactions sont les plus sûres
et les plus honnêtes : de même, si le Chinois, par solidarité
et traditionnalisme, tend à finir sa vie en Chine, le nombre
des Chinois que les circonstances engagent à vivre et à per-
pétuer leur famille dans la colonie est plus considérable
que celui de n'importe quelle autre nationalité.

Sachons profiter de l'affinité du Chinois et de l'Annamite,
laquelle a beaucoup attiré le Chinois en Indo-Chine, puisque
malgré toutes les entraves apportées à leur émigration,
les Chinois ou métissés de Chinois forment la moitié de
la population de la Cochinchine.

Le Chinois s'est créé lui-même un organe social sous les
espèces de la Congrégation : la congrégation chinoise est
une discipline morale, une garantie d'honnêteté, un rouage
financier et économique, une association cultuelle, un syndicat de coopération et de solidarité ; c'est l'élément où

l'âme chinoise, éminemment sociable, se manifeste, se plaît, se régularise et se perpétue. Les chefs élus des congrégations sont de vrais conducteurs d'âmes. Ils nous offrent, pour notre influence générale et politique, l'instrument le mieux disposé, le plus uni, et répondant le mieux à une direction logique et continue de notre part.

Or, les syndics de ces associations merveilleuses ont offert leur appui à notre gouvernement local pour constituer l'œuvre de la colonisation chinoise ; ils proposent de veiller au lotissement des concessions et à l'installation des familles, de faire les avances nécessaires, et de substituer, à la responsabilité de chaque colon, la responsabilité collective de la congrégation.

Il importe de mettre à profit ce précieux concours ; pour cela, il faudrait concéder les terres libres ou domaniales, en propriété inconditionnelle, et créer un service — non pas tant administratif que social — de l'émigration asiatique, fonctionnant sans formalités et avec rapidité, respectant les coutumes des congrégations, et faisant tomber les barrières qui s'élèvent devant l'immigrant chinois.

* * *

Industrie des chaux et ciments dans l'Indo-Chine française, par M. *Dupouy*, chef du laboratoire d'essais des Travaux publics de l'Indo-Chine.

Les matériaux d'agrégation ne sont employés en Indo-Chine que depuis l'installation française ; cependant, le Tonkin et l'Annam sont riches en calcaires. Deux établissements ont été créés, l'un à Haïphong, par la Société des Ciments artificiels de l'Indo-Chine, l'autre à Langtho (Annam), sur la rivière de Hué, par M. Bogaert. L'écoulement des produits se fait facilement, car, dans les régions tropicales et les deltas vaseux, les fondations doivent être excellentes, et les ciments et chaux *d'exportation* que la France expédiait en Extrême-Orient étaient de qualité médiocre. Le dosage des produits tonkinois se fait au poids et non au volume : la cuisson est faite dans les meilleures conditions ; la production annuelle atteint 25,000 tonnes.

La main-d'œuvre annamite, vu la faiblesse physique de l'indigène, qui donne un rendement de travail effectif trois fois moindre que l'Européen, est à peu près aussi chère que la main-d'œuvre blanche ; et le prix du ciment revient à 75 fr. la tonne. Ce prix est plus élevé que celui des meilleurs ciments français ; mais comme ceux-ci subissent une plus-value de 40 fr. la tonne pour frais de transport, il y a encore avantage à user du ciment fait sur place.

Avec les roches dont la cuisson a été insuffisante, on fait une chaux hydraulique, dont le prix est de 65 fr. la tonne. La composition chimique du ciment de Haïphong est sensiblement la même que celle du ciment de Boulogne. La chaux hydraulique fabriquée en Annam vaut environ 40 fr. la tonne ; elle sert aux petits ouvrages d'art et à la superstructure des voies ferrées.

Les indigènes fabriquent une sorte de chaux grasse assez médiocre, où il se rencontre une forte quantité d'incuits.

***

Projet de mise en valeur des colonies, par *M. Roman*, capitaine en retraite.

M. Roman expose succinctement le moyen de recueillir des capitaux, de les transformer aux colonies, sous une direction habile, sans avoir aucunement recours à l'Etat, sauf pour des avis et conseils. Les colons intéressés formeraient un vaste syndicat dont les directeurs assumeraient la charge de l'emploi des fonds, de la surveillance de la construction des centres et des voies de communication, la création de banques coloniales, etc.

V⁰ SECTION

Transports et communications (1)

Les séances sont présidées par M. Chaumier, assisté de M. Max Foy.

Un court rapport préliminaire de M. Gamard indique les résultats obtenus par la Section, et les suites que les pouvoirs publics ont données aux vœux de la section, depuis le Congrès de 1904.Cette récapitulation est très intéressante; il serait à désirer que l'exemple ainsi donné par M. Gamard fût suivi par les secrétaires des autres Sections.

****

Mode d'exploitation des chemins de fer en Indo-Chine, par *M. Laffitte de Canson*, contrôleur des chemins de fer de l'Indo-Chine.

Les chemins de fer indo-chinois sont venus remplacer, pour le plus grand avantage du commerce,les voies fluviales,, dans les plaines et les deltas de l'Indo-Chine ; ces dernières ne sont plus utilisées que dans les hautes régions. L'essort le plus continu a été donné depuis 1900, grâce à l'heureuse impulsion de M. Paul Doumer. 1901, transformation de la voie Gia-Lang Langson.1902, Inauguration du pont Doumer (1.700 mètres), ouverture de la ligne de Hanoï à Haïphong, ouverture de la ligne de Hanoï à Namdinh. 1904, Ouverture de la ligne Saïgon-Bienhoa. 1905, ouverture de la ligne de Namdinh à Vinh. Aujourd'hui, les bois des forêts

---

(1) La IVᵉ Section,Douanes et Régies, n'a pas présenté de rapports au Congrès de 1905.

de Cochinchine arrivent à Saïgon en cinq heures, à raison de douze wagons de dix tonnes par jour ; les riz de l'intérieur descendent à Hanoï en sept heures.

L'exploitation de ces voies a résolu ce problème : établir des tarifs assez bas pour ne pas grever les marchandises, mais suffisants pour permettre au transporteur de couvrir ses frais et d'amortir peu à peu son capital.

Les tarifs ont été établis régionalement, en favorisant, dans chaque région, les transports des produits qui lui sont spéciaux ; ainsi, il y a un tarif minimum pour les bois sur les lignes de Cochinchine, pour le riz sur les lignes du delta tonkinois, pour les bestiaux sur la ligne de Langson.

Les indigènes donnent, en voyageant, un sérieux appoint aux bénéfices, grâce à la création d'une 4° classe, à tarif réduit, où les voyageurs sont reçus *avec* leurs bagages et voyagent sans les perdre de vue. Les tarifs sont fixés à la moitié des tarifs applicables aux Européens.

Pour que ces bas tarifs puissent être rémunérateurs, il fallait réduire au minimum les frais généraux. On y est arrivé en assurant le service complet (traction, voie, comptabilité, contrôle), par un personnel indigène, sous la surveillance de quelques Européens ; or, le chef de gare annamite touche 500 fr. là où l'Européen touche 3.500 fr. Les mécaniciens indigènes ont une solde annuelle de 500 fr. ; les piqueurs et cantonniers, une solde de 400 fr. Et le personnel indigène se déclare satisfait; de plus, il rend d'excellents services et donne des preuves continuelles, non seulement d'intelligence et de ponctualité, mais. dans les cas délicats, d'initiative et de décision.

Les deux compagnies des *Tramways à vapeur de Cochinchine* et des *Chemins de fer du Yunnan* conduisent leur exploitation d'une manière analogue. Ces entreprises sont en pleine prospérité. En 1902, la gare de Hanoï faisait partir 20 trains par jour ; en 1905, elle en fait partir 56, avec des trains de marchandises réguliers et suppression des trains mixtes.

***

Les canots automobiles aux colonies, par *M. le comte Ré-copé.*

Le canot automobile présente, *a priori,* sur le canot à vapeur de mêmes éléments, ces deux avantages d'avoir des appareils moins lourds et moins encombrants.

Le moteur à explosion est d'une corduite commode et d'un entretien facile. Il laisse plus de place aux passagers et marchandises ; il constitue, si l'on veut renoncer aux excès de vitesse, un moyen de transport *utilitaire.*

Le moteur d'un canot doit être surtout fruste et robuste, afin d'éviter toute panne, qui, sur eau, serait dangereuse, et de pouvoir résister à l'effort continu qu'il fait contre la lame. Aux colonies, on doit chercher surtout le maximum d'utilisation, et se restreindre à une vitesse de 12 à 14 nœuds.

L'alcool lampant (le moins dangereux), tient infiniment moins de place que le charbon ou le bois; il coûte infiniment moins cher (25 centimes le litre à Luang-Prabang, contre 50 centimes en France) ; il donne une économie des deux cinquièmes sur le charbon.

Le canot automobile, surtout dans les colonies très arrosées, doit remplacer, pour les administrations, et inspections, tout autre mode de traction ; les frais d'achat sont moindres que ceux d'un déplacement sur terre avec porteurs: c'est, de plus, un transport *hygiénique,* et qui finira par supprimer le *portage.*

Enfin, le canot automobile peut, comme vedette porte-torpilles, rendre les plus éminents services pour la défense côtière des colonies, sur un rayon d'action moyen de 50 kilomètres ; leur bord, du niveau des eaux, est d'un mètre ; ils n'ont ni fumée ni organes extérieurs visibles. Actuellement, des vedettes lance-torpilles du système Récopé sont en exercices d'expériences à Saïgon.

Il serait désirable que d'après la configuration hydrographique et la tenue des fonds des rivières, chaque colonie indiquât le mode de propulsion le plus favorable pour les canots automobiles de défense.

Le chemin de fer transsaharien, par M. le capitaine *Tournier*.

, M le capitaine Tournier, qui a commandé des cercles et postes militaires dans la région .d'Igli, a présenté au Congrès une étude critique et d'ensemble sur les divers projets d'un transsaharien; mais, en discutant les données générales, il se défend de vouloir entrer dans des détails formels et dans des devis de construction, pour l'établissement desquels on ne possède que des renseignements insuffisants et aléatoires. Il met en garde également contre l'optimisme et l'exagération des ressources attribuées à tels pays mal connus encore.

Le Transsaharien, par où qu'il passe, devra être le plus court et le moins chargé possible, réaliser le maximum d'économie dans l'établissement, et parcourir les régions où le sol est le moins défavorable, et la nature la moins indigente ; il fera, non seulement le transit transsaharien, mais aussi le transit saharien et l'intra-saharien. Il faudra donc que le tracé évite l'Erg (sables mouvants et profonds) pour s'installer sur le fonds rocheux, dans les régions à surfaces cultivées ou cultivables.

Le Transsaharien est nécessaire au point de vue stratégique, pour faire la jonction *européenne* entre le Nord-Africain et le Soudan, et porter rapidement au cœur de l'Afrique la force française. Mais il sera toujours une très mauvaise affaire commerciale ; il faut donc, dans le tracé, obéir aux considérations stratégiques d'abord, aux économiques ensuite. (L'auteur fait remarquer qu'il n'envisage pas les relations ferrées avec le Congo, qui nécessitent la création d'une autre ligne, ou de forts embranchements sur cette ligne.)

En effet, le commerce transsaharien, d'après le colonel Pain et le commandant Bissuel, des affaires indigènes, se composait surtout du trafic des esclaves, qui a été supprimé, et n'est remplacé par rien. En fait d'importation ou d'exportation transsahariennes de toute sorte, il faut compter au plus sur 6.000 tonnes (soit un mouvement annuel de

35.000 chameaux). Le commerce saharien est un peu plus important, si l'on prend comme base d'évaluation le Tidikelt et le Gourara. Quant au commerce intra-saharien, il est presque nul. Y a-t-il des chances pour un relèvement économiquedu Sahara ? Les richesses minérales de ces régions sont inconnues : on ne peut donc tabler dessus; l'élevage des bestiaux sera stationnaire, faute de pâturages ; une extension agricole ne peut se faire que par une surproduction d'eau, qui n'est pas probable (on a creusé à sec dans le M'zab jusqu'à une profondeur de 300 mètres), et ne serait pas de longue durée (car le dessèchement du Sahara est continuel, progressif, et inévitable, suivant le général Niox, d'après les traditions locales et la configuration même des Oued et des Sebkha ; dans les oasis mêmes, le sable gagne du terrain). Il faut donc n'espérer que dans le maintien de l'état commercial actuel..., sauf la découverte d'un Eldorado.

Ce commerce, même restreint, n'utilisera pas le transsaharien d'une façon exclusive ; les tarifs seront très élevés, s'ils arrivent seulement fournir l'intérêt du capital dépensé ; ils sont évalués (prix moyen d'Europe) à 750 fr. la tonne, entre l'Algérie et le Soudan ; ils rebuteront la moitié des producteurs et expéditeurs, qui continueront à employer les caravanes, où la tonne se transporte à 325 fr. — Il faut, de plus, envisager que la suppression des caravanes sera la ruine des nomades du Sahara.

Tout bien considéré, le tracé et le terminus du Transsaharien devront donc être surtout stratégiques ; c'est dire que le point terminus ne devra pas se trouver aux extrémités de notre Afrique Occidentale, et qu'il faut écarter les solutions excentriques de l'aboutissement au Sénégal, au Kanem ou à Zinder. On a établi les projets suivants : Bizerte; Gabès-Tchad — Biskra, Ouargla-Zinder — Béchar-Mauritanie-Sénégal — Béchar-Touat-Tombouctou ou Gao.

Le projet de Gabès au Tchad ne nous permet pas l'accès des centres tripolitains de Ghadamès et de Rhât ; il s'infléchit sur Yat (route de Tripoli au Tchad) où il emprunte l'itinéraire décrit par le colonel Monteil : rochers. plaines sablonneuses, dunes mobiles, pendant 1200 kilomètres en passant par les oasis du Kaouar et de l'Aïr. Total 2.200 kil. de voie (1). Cette route est suivie annuellement par des caravanes d'environ 3.500 chameaux.

Le projet de Biskra à Zinder dessert Touggourt et Ouargla et suit de là l'itinéraire de la mission Foureau-Lamy c'est-à-dire la région la plus désolée du Sahara (1.500 kilomètres de désert entre Ouargla et Iférouane). La région de Zinder est elle-même très pauvre. Total 2.320 kil. de voie, dont 1.800 dans le désert absolu.

Le projet Béchar-Sénégal traverse le Tidikelt et l'Oued-Draà, régions d'une certaine fertilité : de même pour la Mauritanie. Mais nous ne sommes pas encore les maîtres du sud marocain.

Enfin, le projet Béchar - Niger descend l'Oued-Guir jusqu'à Igli (eau, exportation d'orge, élevage de bestiaux) et l'Oued Saoura jusqu'à Beni-Abbès, puis suit la région des palmeraies, l'oasis de Tsabit, du groupe du Gourara, puis traverse tout le Touat ; il y a environ 50.000 Arabes installés le long de cette ligne et répartis en onze oasis, et cent vingt-sept agglomérations, avec des cultures sur 15.000 hectares environ. Du Touat, le projet gagne Akabli, dans le Tidikelt (900 habitants, 20.000 palmiers), puis suit jusqu'à l'Oued Telemsi, les itinéraires du commandant Laperrine ; l'oued Telemsi se jette dans le Niger, au point de Gao, le long du plateau d'Adrar (6.000 habitants se livrant à l'élevage). La longueur de ce tracé est entre 1900 et 2.000 kilomètres ; il atteint le point central de nos colonies soudanaises ; il emprunte les parties les plus fertiles du Sahara. Plus tard, des embranchements importants pourraient se greffer sur cette ligne principale.

***

(1) Toutes ces évaluations sont faites en ligne droite.

La question coloniale dans les grèves maritimes, par *M. Parker.*

M. Parker évalue le dommage causé à nos diverses colonies par les grèves maritimes, et spécialement par les grèves de Marseille. Les revendications des syndicats maritimes, non seulement affectent le droit des patrons de recruter leurs équipages, mais vont jusqu'à compromettre l'inscription maritime indigène dont nos colonies lointaines ont si grand besoin.

Ainsi, l'arrêt des communications avec l'Algérie a une répercussion sur le commerce algérien, fait diminuer le nombre des ouvriers, et est désastreux pour le prolétariat du Nord-Afrique ; et comme une loi contraint toute la navigation algérienne à se faire sous pavillon français, les Français algériens, quand ils sont privés de Marseille, sont séparés du reste du monde.

Pour la Tunisie, la situation n'est pas meilleure ; on se rappelle la question des phosphates de Gafsa ; au Maroc, notre commerce, en ce cas, s'effondre sous une victorieuse concurrence autrichienne et belge.

En Indo-Chine, le cabotage est fait par des équipages indigènes, comme cela se passe dans les colonies de toutes les puissances européennes ; la prétention des syndicats maritimes, de remplacer les indigènes par les Européens, y est particulièrement désastreuse, parfois matériellement impossible.

Cette situation est aussi parfois dangereuse au point de vue des communications officielles et de la défense nationale, ainsi que le constate M. Brunet pour la Réunion.

La solution est d'autant plus délicate qu'il faut respecter les intérêts légitimes des syndicats maritimes français, et qu'il faut aussi envisager nos intérêts coloniaux, qui sont distincts pour chaque colonie.

** * **

La télégraphie sans fil et la marine marchande, par *M. Henry Malo.*

Le créateur de la télégraphie sans fil est un Français, M. Branly ; le constructeur est un Italien, M. Marconi; la première société d'exploitation est anglaise. Voilà ce que constate et déplore M. Malo. Le service de la télégraphie sans fil s'est internationalisé : 15 postes en Angleterre, 1 n en Belgique, 2 en Hollande, 17 en Italie. 5 aux Etats-Unis. 7 au Canada 3 à Terre-neuve, zéro en France. Seuls, cinq navires français appartenant à la C. G. T. sont munis d'appareils. Ces navires français, envoyant en France des dépêches françaises n'ont à leur disposition que le réseau anglais. Or l'administration française est hostile aux appareils Marconi ; elle veut avoir ses appareils spéciaux, confondant ainsi la sécurité nécessaire aux communications de la flotte de guerre avec la facilité des communications de la marine marchande : la France a essayé de s'allier, *ici*, à l'Allemagne contre l'Angleterre : une conférence tentée à Berlin, a misérablement échoué par deux fois ; l'Allemagne, avisée, a adopté le système.général ; l'administration française a donc, comme elle le désirait, un système spécial, mais personne ne s'en sert ; les postes terriens qu'elle a ouverts n'ont pas encore reçu une seule communication.

Notre marine marchande hors de France, est donc isolée du reste du monde, et elle est seule en cette situation ; elle n'est pas en état de supporter cette nouvelle infériorité ; il serait donc urgent de supprimer, au moins momentanément, le monopole d'Etat, et de s'entendre avec les autres nations d'Europe pour utiliser leur système international, en attendant que nous puissions leur imposer le nôtre.

** **

Les câbles sous-marins, par *M. P. Marcillac.*

M. Marcillac ajoute une contribution nouvelle à son travail de l'an dernier sur les câbles sous-marins français, ou utilisés par la France. M. Marcillac dénonce la façon dont notre câble Hué-Amoy est négligé, malgré les conventions, et préconise l'établissement d'une nouvelle ligne qui, vers Formose (Tamsui), l'île Quelpaert et Mokpo (Corée), irait se raccorder aux lignes sibériennes. M. Marcillac demande aussi le raccordement télégraphique des Marquises et des îles de la Société à l'île Fanning, station du Transpacifique sous-marin. Ce raccordement, que l'ouverture future du canal de Panama rend urgent, ne coûterait guère que quatre millions.

****

Les services maritimes postaux, par *M. P. Marcillac.*

M. Marcillac demande, pour les services maritimes postaux, *l'homme qu'il faut à la place qu'il faut.* Il prend acte de ce proverbe pour démontrer que les agents des postes embarqués à bord des longs courriers ne sont pas à la hauteur de leur tâche, attendu qu'ils n'ont aucun examen à subir, et qu'ils sont nommés au choix, c'est-à-dire à la faveur, parmi le personnel entier des postes. Ce personnel est très dévoué à sa besogne, mais il ne sait que sa besogne, et la besogne postale comprend beaucoup de branches d'activité, dans chacune desquelles il est avantageux pour l'avancement que le titulaire se spécialise, au détriment des autres branches. Donc un agent postier métropolitain ne fera qu'un médiocre agent embarqué, s'il se contente de transporter à bord les services de son bureau terrestre. En effet, l'agent embarqué, ou contrôleur des services maritimes, doit fournir tous les renseignements concernant les services postaux des pays où il passe, veiller à l'application des clauses du cahier des charges des Compagnies subventionnées, à la régularité des itinéraires, au bon état du matériel naval, au traitement des passagers. Il tient un journal de bord; il doit connaître les moyens de l'hygiène et la sécurité du bateau, et recueillir les plaintes des voyageurs.

M. Marcillac réclame, pour l'agent embarqué, de plus grandes prérogatives et un rôle encore plus important. Il veut faire de lui un agent commercial, intermédiaire entre les fabricants métropolitains et la clientèle coloniale ; il veut aussi faire de lui un agent d'informations industrielles et politiques, et enfin un médiateur diplomatique, et, à ce titre, il demande que les agents des postes fassent, avant l'embarquement, un stage au Ministère des Affaires Etrangères.

M. Marcillac énumère les conditions de savoir, naturellement très nombreuses, auxquelles devrait satisfaire un personnel chargé d'un service aussi complexe, et de tant d'envergure, et aussi peu en rapport avec les aptitudes nécessitées par la fonction initiale d'agent des postes.

****

L'Aérostation aux Colonies, par *M. Marcillac.*

Par des exemples pris dans les guerres et dans les entreprises coloniales les plus récentes, M. Marcillac montre combien l'ignorance des choses, hors de ce qui a été vu et relaté et cartographié, est redoutable pour le soldat comme pour l'explorateur. La science de l'aérostation est destinée à faire disparaître ou à reculer du moins indéfiniment les bornes de cette ignorance. M. Marcillac fait l'historique, en France, de la science aérostatique officielle, et indique sommairement les causes du long discrédit où elle est tombée, et dont elle commence à se relever.

En temps de guerre, l'aérostation demeure le dernier moyen utilisable de communication, et M. Marcillac rappelle les exemples illustres, quoique manquant de préparation, de la guerre de 1870. Que n'obtiendrait-on pas avec une section aéronautique et un personnel installés et instruits dès le temps de paix ?

Nos possessions du continent africain y gagneraient une liaison immédiate, que le Transsaharien ne leur promet que dans un avenir lointain. Et l'explorateur aéronaute, dispensé de toutes fatigues et privations, pourrait opérer des travaux géologiques, topographiques et économiques qui manquent encore et qui sont urgents.

Mais rien ne sera fait utilement d'un seul coup ; il faut que, petit à petit, les routes de l'air soient explorées ; et il faut dresser la carte atmosphérique du Sahara.

M. Marcillac, à qui on doit — comme on doit au capitaine Deburaux — des études sur la traversée en ballon de l'Algérie au Niger, étudie sommairement le problème au point de vue technique, pratique et financier. Il étudie la possibilité de l'installation de premier outillage dans quelques centres du Sud-Algérien, Biskra, Géryville, etc. Il indique les moyen de reconnaître, par la multiplication des anémomètres d'observation, la direction, la force, la hauteur et la durée des célèbres alizés, et des contre-courants sahariens. Il préconise le lancer de ballonnets d'essai pour contrôler des théories jusqu'à présent empiriques.

Ce moyen serait peu coûteux, et n'exposerait ni l'Etat ni les souscripteurs, comme firent les 600.000 fr. demandés pour l'exécution du projet Hourst. Le lancer d'un ballon-sonde ne coûte que 100 fr.

Mais des ballons libres n'apprennent rien, sinon l'endroit de leur chûte. M. Marcillac fait le plan financier pratique d'une campagne aéronautique au Sahara, puis discute les principales caractéristiques du ballon destiné à de longs parcours, et estime que 30.000 fr. sont suffisants pour une expédition conduite avec sagesse. Le vrai problème est de connaître les typiques des courants aériens du Sahara.

* * *

M. Hugues Le Roux a fait devant la Section une lumineuse conférence sur « *l'Ethiopie et le Chemin de fer* «. La séance était présidée par M. Chaumier, vice-président du Comité de l'Indo-Chine, assisté de M. Dugas, vice-président de la Section XV, et de M. Gamard.

Pendant plus d'une heure, M. Hugues Le Roux a tenu sous le charme son auditoire très nombreux et très bien composé. Après avoir présenté la carte de l'Ethiopie qu'il a établie à la demande de sa Majesté l'Empereur Ménélik et l'avoir commentée, notre éminent confrère a abordé la question du chemin de fer. Ce lui fut une occasion de renouveler les déclarations qu'il a faites devant les Chambres de commerce françaises au cours de sa patriotique campagne pour l'internationalisation de la ligne.

Un éloge vibrant de M. Chefneux, une critique justifiée dela façon dont les affaires d'Ethiopie ont été conduites par le Ministère des Affaires étrangères ont terminé cette brillante conférence.

*
, ,

Notre Marine Marchande aux Colonies, par *M. Paul Boutellier*.

Au moment où le nouveau projet de loi sur la marine marchande est présenté aux Chambres, M. Boutellier juge bon de faire un rapport statistique sur les résultats obtenus par notre marine marchande aux colonies, et sur les améliorations logiques qu'il conviendrait d'apporter à son fonctionnement. Passant en revue les diverses colonies françaises, M. Boutellier commence par l'Extrême-Orient où il constate les perturbations causées par l'ouverture de la Chine au commerce mondial.

Indo-Chine. — L'auteur, rendant un juste hommage à l'énergie et aux vues d'avenir de M. Paul Doumer, décrit l'état présent de nos trois grands ports : Saïgon, Tourane, Haïphong, et présage l'extension qui leur sera donnée par l'achèvement du réseau ferré indo-chinois et des voies de pénétration vers le Sud-Chinois.

Chine. — L'étude des statistiques démontre que la France a développé son commerce avec la Chine, mais d'une façon qui ne lui permet pas encore de quiter le rang inférieur — le septième — qu'elle occupe dans l'échelle commerciale des transactions. L'auteur, néanmoins, explique qu'une forte partie des exportations françaises arrive en Chine sous pavillon étranger, et grossit ainsi à tort les statistiques anglaises. En effet, le chiffre des importations a un rapport général constant avec celui des exportations ; et on cons-

tate que, si nous n'entrons pas dans la proportion de 4 %
dans l'exportation totale, nous sommes, au contraire, le
plus fort client de la Chine. Le chiffre des exportations
étant forcément véridique, celui des importations ne l'est
pas, et à notre désavantage. Néanmoins, il faut remédier
à la présente situation. L'auteur pense que le premier
moyen serait de supprimer toute concurrence entre Français, et de faire un *trust*, par une fusion logique, entre les
Compagnies de navigation françaises qui desservent l'Extrême-Orient.

Pacifique. — La situation au Pacifique, qui a toujours
paru d'un intérêt secondaire pour la France, passera au
premier rang des préoccupations générales avec l'ouverture
du canal de Panama. Or, la France a laissé péricliter ses
avantages, et elle est aujourd'hui supplantée par l'Australie,
et surtout par les Etats-Unis. Ceux-ci font une série d'escales de San-Francisco à Shanghaï par les Havaï. Ils possèdent
tout le marché de Tahiti : les efforts récents de la Compagnie
des Messageries Maritimes pour les Nouvelles-Hébrides
sont insignifiants. Notre état demeure délicat et médiocre.
La Nouvelle-Calédonie, si admirablement placée, souffre
d'une crise mortelle. A cause de l'éloignement de nos établissements océaniens, non seulement de la métropole, mais
entre eux, ils ne pourraient renaître que par l'établissement
d'un service de cabotage partant de Saïgon.

Antilles. — Ces possessions secondaires deviendront de
première importance après le percement de Panama, surtout la Martinique. Le rêve américain — dont une partie
s'est réalisée après la guerre avec l'Espagne — n'est ici pas
douteux. Tous les désastres réunis ont jeté ces colonies
dans une crise économique, que double parfois une crise
sociale. Il est temps de procéder à un relèvement général,
qui, selon l'auteur, peut donner d'agréables surprises.

Afrique Occidentale. — Le mouvement commercial a
doublé en douze ans ; et ce bel essor ne s'arrête pas ; mais
la situation maritime n'est pas aussi satisfaisante. Il n'y
a pas de marine locale, et les services métropolitains sont

si insuffisants que le fer et les matières premières filent vers Liverpool et Hambourg.Et pourtant, le développement de Dakar dépasse les plus optimistes prévisions.

Golfe Persique. — Le passage de lord Curzon à la vice-royauté des Indes a établi,dans le golfe Persique, l'influence définitive de l'Angleterre.Nous y avons perdu toute action, ainsi qu'en Perse.

Madagascar.— Le commerce importation, depuis 1896, a augmenté dans la proportion énorme de 248% ; les exportations ont quadruplé, mais ne sont pas arrivées à contre-balancer l'importation ; de là la crise que subit actuellement la Grande Ile ; elle tient à un excès de protectionnisme. Les services maritimes ont supprimé leurs escales et ont diminué la fréquence de leurs voyages.

Le trafic de Madagascar se reportera donc vers l'Afrique, et les ports de l'île se transforment et s'outillent en ce sens.

L'auteur étudie enfin la disposition des futurs projets de loi sur la marine marchande. « La République Française n'a pas dépensé, pour son œuvre coloniale tant d'existences et d'argent français, pour la vaine ostentation de traîner après elle, *emprisonnés dans des entraves douanières*, quelques milliers de faméliques ». Tout le secret du mal et du remède est en effet dans cette phrase de l'auteur.

VIᵉ SECTION

Peuplement. — Main-d'Œuvre

Les séances sont présidées par M. Francis Mury, assisté
de M. Delaporte. En l'absence de M. le sénateur Saint-
Germain, retenu par ses devoirs parlementaires, M. Francis Mury a ouvert la discussion par une intéressante conférence dont voici les grandes lignes :

L'expansion coloniale devient de plus en plus difficile
et périlleuse. Nous avions acquis en Extrême-Orient un
magnifique champ de colonisation qui menace de nous
échapper. On s'efforce par tous les moyens possibles de
retarder cette triste éventualité, et au Congrès colonial
de cette année, des hommes éminents, comme l'amiral
Fournier et M. de Pouvourville, ont indiqué les mesures
qui leur paraissaient le plus efficaces pour conserver au
moins provisoirement l'Indo-Chine .

Si le malheur voulait que nous fussions un jour contraints
de quitter l'Asie, il faudrait à la France d'autres territoires
de colonisation. Ces territoires, nous les avons, mais il
semble que tout n'a pas été fait pour leur mise en valeur.
Nous devons donc, sans négliger nos colonies d'Extrême-
Orient, rechercher les mesures qu'il est essentiel de prendre
pour donner à nos possessions du Nord-Africain l'essor dont
elles sont susceptibles.

Tout le monde est d'accord sur l'insuffisance de l'émigration française en Algérie-Tunisie. On est unanime à décla-
rer qu'il faut s'efforcer de l'augmenter par tous les moyens
possibles.

Notre natalité n'est pas suffisante, dit-on, pour que nous
puissions donner à l'Algérie tous les colons dont elle a

besoin. C'est possible ; mais cependant nous savons que plusieurs milliers d'émigrants quittent chaque année la France pour aller s'installer dans l'Amérique du Sud. Ne pourrions-nous pas canaliser cette émigracion au profit de notre empire Nord-Africain ? Il ne semble pas impossi- d'obtenir ce résultat. Il suffit pour y parvenir d'assurer des avantages suffisants à ces émigrants.

Le système actuel des concessions ne paraît pas donner complète satisfaction aux colons. Il y aurait donc lieu de remanier sur ce point la législation algérienne.

Nous appelons l'attention de l'administration sur ce point.

En Tunisie, le système de louage des terres dit à *enzel* donne des résultats satisfaisants. Avec ce système, l'émigrant n'achète pas de terres à son arrivée. Il les loue moyennant une rente perpétuelle dont il peut se libérer, le jour où il aura fait des économies, en versant une somme déterminée.

Actuellement, en Algérie, les concessions sont trop souvent accordées sans ordre et sur tous les points à la fois. Il est essentiel, au contraire, de renoncer à ces concessions dispersées, mais faire de la colonisation par zones, par cantons. L'émiettement est néfaste, car il rend impossible l'exécution de tous les travaux nécessaires de vicinalité, d'arrosage, et ne permet pas de défendre les émigrants contre les attaques possibles.

Les colons français viendraient en bien plus grand nombre s'ils savaient ne pas rester isolés. Il serait excellent de faire savoir aux émigrants éventuels que tous ceux provenant d'une même région de France obtiendront des concessions placées les unes à côté des autres.

Il faudrait aussi que les colons français soient informés qu'à leur arrivée en Algérie ils seront reçus, guidés, et ne resteront pas perdus plusieurs jours dans un pays nouveau pour eux.

Pour ce faire, les Français n'auraient qu'à s'inspirer de l'exemple des Espagnols installés dans la province d'Oran.

qui accueillent avec une extrême cordialité leurs compatriotes nouveaux venus dans le pays. Ils les reçoivent chez eux, les hébergent jusqu'à ce qu'ils aient trouvé du travail.

Aussi, ne saurions-nous trop encourager les efforts de Sociétés telles que l'Association coloniale française d'Algérie, qui est entrée dans cette voie et prête son appui à tous nos compatriotes qui débarquent à Alger.

Les encouragements à l'émigration française doivent surtout s'adresser aux paysans restés fidèles à la terre. Ce sont là de bons éléments de colonisation, à la différence des ouvriers de fabrique, des plumitifs et des déclassés, qui constituent plutôt une charge pour nos colonies.

Parmi les paysans français, il y a encore un choix à faire. La propagande algérienne doit viser les paysans du Midi de préférence à ceux du Nord et même du Centre. L'acclimatement, cela se comprend sans peine, est beaucoup plus rapide pour les premiers. D'autre part, ils entretiennent de meilleures relations avec les Italiens et les Espagnols, par suite d'affinités nombreuses. Les mariages sont fréquents entre nos colons du Midi et les émigrants italiens et espagnols. Enfin, nos paysans provençaux tirent mieux parti des ressources du pays.

La colonisation maritime et côtière doit également être faite avec des riverains de la Méditerranée bien plutôt qu'avec des Bretons, par exemple. Les essais faits avec ces derniers ont échoué jusqu'ici. L'administration, paraît-il, s'y serait mal prise, mais quoi qu'il en soit, il semble difficile d'obtenir des Bretons qu'ils se fixent définitivement dans le Nord-Africain. Ils sont très sujets à la nostalgie et constituent à ce point de vue notamment un médiocre élément de colonisation.

Il appartient à l'administration algéro-tunisienne de rechercher toutes les mesures propres à accroître l'émigration française. Nous n'avons donné là que quelques indications rapides qu'il lui appartient de compléter.

Toutefois, quelles que soient les mesures qui seront prises, il semble impossible que l'émigration française suffise à nos colonies du Nord-Africain. Il faut donc conserver et même encourager le mouvement d'émigration venant de l'Espagne, de l'Italie et de Malte. Sans ces émigrants, nos colons se trouveraient dans une situation difficile. Ce sont eux qui exécutent les travaux pénibles à un prix assez bas, pour que la main-d'œuvre ne soit pas dispendieuse pour nos colons installés de l'autre côté de la Méditerranée.

Certains s'élèvent contre cette main-d'œuvre qui ne permet pas à l'ouvrier français de prendre place dans le pays, et réclament des mesures de protection en faveur de ce dernier. S'ils avaient gain de cause, ce serait un grand malheur pour l'Algérie, et sa prospérité s'en ressentirait grandement.

Au lieu de chercher à écarter la main-d'œuvre étrangère, il faut au contraire l'attirer et prendre en même temps les mesures nécessaires pour qu'elle oublie son pays d'origine, pour qu'elle devienne complètement algérienne et Française.

Pas de régime administratif et judiciaire d'exception vis-à-vis d'elle. Ce serait désastreux. Il faut faire à ces émigrants le meilleur accueil possible. Il faut surtout que l'administration montre moins de défiance et d'arrogance vis-à-vis d'eux. Aujourd'hui encore elle n'est pas toujours impartiale et soutient souvent contre les étrangers l'élément indigène alors que ce dernier a manifestement tort. Cependant, l'émigration latine apporte à l'Algérie un concours autrement important que les indigènes. Ces derniers ne sont que très difficilement assimilables. Ils ne constituent pas l'élément d'avenir du Nord-Africain. La prospérité de ces colonies est liée, au contraire, au développement d'une race néo-latine, formée du mélange de nos émigrants et des colons italiens et espagnols. C'est là le but auquel nous devons tendre.

Il ne faut pas croire que ces éléments étrangers constitueront un danger pour l'avenir de notre domination en Afrique. Ce ne serait possible qu'au cas où des vexations de toute espèce leur rendrait pénible le séjour dans nos possessions.

Mais une pareille éventualité ne paraît pas à redouter. Nous avons à la tête de l'Algérie et de la Tunisie de hauts fonctionnaires trop soucieux de leurs devoirs pour ne pas obliger leurs subordonnés à accorder aux émigrants étrangers toute la sollicitude qu'ils méritent.

Le jour où on se préoccupera moins de créer des écoles pour les indigènes et où l'on en ouvrira un plus grand nombre pour les enfants italiens et espagnols, un grand pas sera fait. Il sera alors inutile de songer à créer plusieurs degrés de naturalisation pour les étrangers. Tout le monde parlera Français, et quand on parle la langue d'un pays, quand on s'y trouve heureux, quand la vie y est plus facile que dans son pays d'origine, on songe de moins en moins à ce dernier pour adopter définitivement sa nouvelle patrie.

Le peuplement français de l'Afrique du Nord, par M. le sénateur *Saint-Germain*.

M. Saint-Germain rend pleine justice aux efforts de la petite colonisation française, que l'éloquence des statistiques montre capable de résultats qu'aucune autre nation n'a encore donnés. En Algérie, de 46.000 Français en 1846, on est monté à 200,000 en 1882, et à 365.000 en 1901. Ce dernier taux de la progresion est magnifique. Il faut d'ailleurs y compter les étrangers devenus Français par le jeu mécanique de notre législation. En Tunisie, l'occupation française, nulle avant la conquête, est aujourd'hui de 30.000 nationaux. Ce résultat, toutes proportions gardées, est moindre qu'en Algérie ; cela tient à ce que, en Tunisie, on fait surtout de la grande colonisation, qui nécessite moins de main-d'œuvre.

Quant au Maroc, on ne peut, et on ne pourra de longtemps que faire des hypothèses. Le Maroc, fertile et bien arrosé, est un excellent pays de petite colonisation. Mais on se heurtera à une population indigène menteuse et fanatique.

***

Le peuplement de la Tunisie, par *M. E. Flandin*, député.
Le peuplement rationnel du Nord-Afrique, par *M. de Pouvourville*, membre de l'Institut Colonial International (1)·

Le peuplement français de l'Afrique du Nord, par M. le docteur *Giéure*, conseiller général d'Oran.

Les éléments métropolitains ne suffisent pas pour le peuplement normal. Et encore sont-ils détournés de l'émigration en Algérie pour diverses causes : l'achat d'une concession de 25 à 30 hectares coûte 5.000 fr. de capital ; les négociants et les commerçants ne peuvent se faire une place suffisante dans le commerce local, actif mais encombré. L'émigration ouvrière est plus active ; mais, que ce soit pour les travaux agricoles ou les industries, la main-d'œuvre espagnole, et surtout l'indigène, est infiniment moins chère et est employée de préférence. Enfin, en ce qui regarde la petite colonisation, elle n'a pas donné ce qu'on attendait d'elle, parce que les concessions sont souvent des terrains en friche ou désertiques, parce qu'on crée des villages loin de l'eau, sans communications, etc.

Les éléments étrangers auxquels on a recours comprennent : les *Maltais* (12.000), peuple agricole, sédentaire, de mœurs faciles, excellents colons; les *Italiens* (40.000) manœuvres, ouvriers ou commerçants, qui restent volontiers et s'allient aux familles françaises; les *Espagnols* (155.000), faisant tous les métiers, industriels ou agricoles, durs à la besogne, sans grands besoins, pionniers véritables des terres nouvelles : 90 % restent dans le pays et acceptent la nationalité française.

Cette émigration est suffisante pour n'avoir pas besoin d'être excitée ; il faut la contrôler et l'épurer, surtout l'émigration italienne qu'il importe de surveiller ; la maltaise ne donnera jamais de mécompte (voir les statistiques des arrêtés d'expulsion et mises sous surveillance).

Il importe que les prescriptions gouvernementales et

(1) Voir le Rapport Général du Congrès Colonial de 1904

que le service judiciaire soient les mêmes pour les émigrants
et les habitants du pays. Seuls, les droits politiques doivent
avantager les Algériens et les Français sur les étrangers
immigrés, Toute autre manière de faire serait une cause de
discorde et d'antipathie.

Il faut tenter de rendre l'émigration définitive et de fixer
l'émigrant dans notre Afrique. En ce qui concerne l'élément
français, il faut augmenter le budget de la colonisation,
simplifier les formes de l'achat des terres aux indigènes,
créer des centres bien situés, au point de vue des eaux, des
routes, de la santé publique et de la sécurité. — L'intensité du développement économique qui résultera de ces
mesures augmentera mécaniquement l'émigration étrangère.

Enfin, il faut prendre tous les moyens pour homogénéiser
les éléments étrangers avec les éléments d'origine française,
afin de former la race néo-latine.

Evidemment, elle se forme déjà par la force des choses ;
et, par le fait qu'elle se forme sous les lois, l'autorité et le
drapeau de la France, cette race est une race *néo-française*, parce que les éléments étrangers sont noyés dans un
courant intense de mentalité française. A la seconde ou
troisième génération, le Français ayant perdu ce qu'il a de
trop *septentrional* dans son type, et les éléments étrangers
ayant acquis tout le reste de ce type, il n'est plus que des
Algériens, qui seront des Français pour les neuf dixièmes.
Cet excellent résultat sera surtout obtenu par l'école, où
l'on diffusera non seulement l'instruction, mais *la manière
française de penser.* Or, on fait beaucoup pour les écoles ;
et pourtant on ne fait pas assez, puisque à Oran, où le tiers
du budget municipal passe à des œuvres scolaires, il y a
encore 2.000 enfants qui ne peuvent aller à l'école. Il faut
donc augmenter ces services, au lieu, pour une idée huma-
nitaire mais sans résultat possible, de consacrer des sommes
importantes à l'éducation des enfants indigènes, lesquels
sont et seront toujours *inassimilables.* L'auteur rentre ici
tout à fait dans la question actuelle de la politique d'asso-

ciation : il faut faire coopérer l'indigène à notre action et à nos bénéfices ; mais c'est une utopie — c'est même un danger — d'en vouloir faire un Français.

Enfin, il faut faire une naturalisation équitable, pleine et franche, et non pas une demi naturalisation, comme celle dont nous menace une modification proposée à la loi de 1889· La seule naturalisation à supprimer c'est celle qui est demandée par des étrangers qui ont passé l'âge du service militaire, et qui échappent ainsi à l'impôt du sang dans leur pays d'origine et dans leur pays d'adoption. Il faut faire une justice de protection et de sécurité.

L'auteur termine par son avis personnel sur notre installation au Maroc, dont il a parcouru récemment les parties les plus peuplées ; on ne conquerra pas le Maroc, dit-il, avec des médecins, des sages-femmes et des instituteurs ; et, si le fanatisme et la densité de la population marocaine doit retenir de penser à une conquête violente, du moins, il est sage de renoncer à cette spéculation d'idéologues, que l'on nomme *la pénétration pacifique*.

* * *

La question du peuplement en Algérie, par M. René Delaporte.

M. Delaporte étudie techniquement les quatre modes possibles du peuplement : le développement des souches algériennes, l'émigration française, l'émigration étrangère, la procréation indigène.

Le développement des souches algériennes (chaque famille a quatre enfants en moyenne), devrait être assuré par l'éducation gratuite, des primes, des concessions dans les familles les plus nombreuses.

L'émigration française sera favorisée en groupant, dans es centres de colonisation, les Français d'une même région, en faisant des villages alsaciens, bretons, etc. ; elle sera excitée par la publicité dans les écoles et les casernes de France.

L'émigrat on étrangère donne lieu, de la part de l'auteur,

aux mêmes vues que celles qui ont été exposées par les autres·rapporteurs.

Quant à l'assimilation indigène, M. Delaporte se montre justement sceptique à son endroit.

* * *

Dans une trop courte lettre, *M. Morinaud*, ancien député, maire de Constantine, déclare : 1° que l'émigration métropolitaine est insuffisante ; 2° qu'il faut accepter, sans l'exciter, l'émigration étrangère *latine* ; 3° qu'en général, l'émigration italienne n'est pas définitive ; 4° que l'émigration espagnole surtout agricole, présente un caractère définitif ; 5° qu'il faut maintenir la loi de 1889 et n'avoir qu'un seul système administratif et judiciaire ; 6° qu'il n'y a qu'à persévérer dans la manière adoptée pour la naturalisation ; 7° que la politique *d'autonomie*, récemment inaugurée, est la meilleure, et qu'il faut s'y tenir.

* * *

M. Jacob, ingénieur en chef des mines d'Algérie, traite sommairement la question au point de vue spécial du service minier. Ici, l'émigration étrangère suffit ; il serait aussi dangereux de l'enrayer que de la provoquer ; les ouvriers mineurs italiens viennent seuls et laissent leur famille en Italie ; les mineurs espagnols émigrent en Algérie avec leurs familles.

* * *

Enquête sur le peuplement de l'Afrique du Nord, par *M. F. Barbedette.*

M. Barbedette, constatant les qualités éminentes de colonisateur dont fait preuve le Français dans la *colonisation libre* (Algérie, Canada, Maurice), attribue les lenteurs et les difficultés de nos entreprises officielles à « *l'esprit latin* », formaliste et centralisateur, dont nos institutions sont imprégnées. L'*unité morale* que la France essaie d'imposer à ses colonies est la cause de tous les déboires et de l'abandon ou du dépeuplement des régions les plus riches ; la question du peuplement se trouve donc primée par celle du changement de nos méthodes d'administration coloniale. M. Barbedette fait l'historique de la colonisation libre en Algérie, entravée par le sénatus-consulte déclarant inaliénables les biens *archs,* lesquels n'en sont libérés qu'à la suite de la grande insurrection de 1871. La suppression des décrets de rattachement, l'institution des assemblées algériennes ont fait faire un grand pas à l'Algérie, dont l'avenir est dans la liberté de l'autonomie.

L'Algérie est un type intermédiaire entre la colonie de peuplement et la colonie d'exploitation ; au premier type appartiennent les hauts plateaux et les côtes ; au second appartient la *Kabylie* ; les méthodes de peuplement doivent varier suivant ces types.

La population musulmane a un excédent moyen annuel de 46.000 naissances, la population européenne, de 5.300 naissances, les israélites, de 1.400.

L'émigration européenne est presque nulle, et comporte surtout de petits agents, dont la présence est une charge pour la colonie plutôt qu'un gain. Vu les conditions spéciales, climatériques et autres, de l'Algérie, cette émigration est exclusivement latine. L'émigration italienne (Génois, Napolitains, Siciliens) se compose surtout de pêcheurs (élément instable), de maraîchers et d'ouvriers. Il y a une émigration définitive annuelle d'environ 250 nationaux italiens.

Le contingent espagnol (vignerons, agricoles, ouvriers) très sobre, patient, courageux, bien plus nombreux, donne annuellement 2.700 émigrants définitifs.

Quant à la création d'une race néo-française, elle se fera excellemment et d'elle-même, si on ne veut pas en faire un *corollaire* de la race française, mais une sorte de nouvelle *race provinciale* dépendant de la Française, sans y être identifiée par la force ou par les règlements.

Dans ces conditions, il faut augmenter les libertés algériennes dans le sens de la décentralisation et de la complète autonomie. Il faut détourner l'esprit algérien du fonctionnarisme et de la politique. Il faut donner la naturalisation complète à tous les étrangers qui font volontairement leur service militaire sous nos drapeaux, et soumettre les autres à une naturalisation à deux degrés (droits civils,puis,droits politiques). En réalité, le meilleur moyen d'attirer et de retenir l'élément étranger, et, par suite, de fonder la race néo-française, est de faciliter aux émigrants la recherche de l'aisance ; l'administration, si elle le veut,en a en mains le moyen.

***

L'Association coloniale d'Algérie, par *M. Mouchet.*

Frappé de la solidarité avec laquelle les latins installés en Algérie assistent leurs compatriotes nouveaux émigrants et favorisent ainsi l'émigration de leurs nationaux, *M. Gros*, président du Conseil général d'Alger, a fondé, en 1903, *l'Association Coloniale Française ;* celle-ci reçoit l'émigrant français, aide l'ouvrier à triompher de la concurrence indigène, syndique vingt-deux sociétés régionales de but similaire, procure des emplois aux Français nouveaux débarqués, étudie toutes les questions d'intérêt général, et notamment l'aliénation des terres domaniales. Elle sollicite l'appui, moral et matériel, de la Métropole et de la Colonie.

***

La question des étrangers, par *M. Paoli*, conservateur à l'Université d'Alger.

M. Paoli fait une étude très complète des divers recensements de la population de l'Algérie, depuis la conquête jusqu'en 1901. Il indique ensuite les moyens d'acquérir la qualité de citoyen français en Algérie, et il présente les opinions de MM. les gouverneurs généraux Laferrière et

Jonnart, en ce qui concerne les méthodes à suivre pour faire acquérir aux émigrants les droits politiques français et pour conserver au corps électoral algérien la composition qui convient, pour que ses consultations soient conformes à l'esprit de la loi française.

Les arguments et les opinions de M. Paoli ont déjà été fournis à la publicité de la discussion en Algérie et en France et ont paru *in extenso* dans le *Bulletin de la Société d'Etudes politiques et sociales*, avril-juin 1904.

Il était bon que le Congrès Colonial les rappelât dans la présente discussion.

* * *

La colonisation bretonne en Tunisie, par *M. Marc Parker*.

On se rappelle que M. Parker a déjà présenté une étude similaire au Congrès de 1904, et que, dès 1903, M. de Pouvourville avait défini le but et les moyens de la *Société Bretonne d'Emigration*. M. Parker apporte aujourd'hui les résultats des enquêtes et des opérations officielles. Il n'y a pas plus lieu de s'en féliciter en 1905 que ne le fit la *Société des Pêcheries de Tabarka* en 1891, quand elle transplanta des familles bretonnes dans ce Douarnenez méditerranéen. Les Bretons gaspillèrent les avances qui leur avaient été faites et se montrèrent pêcheurs médiocres ; la nostalgie les prenait ; ils se livraient à l'alcool, et ne pouvaient supporter le soleil. Aujourd'hui, on songe à utiliser les côtes très poissonneuses de Hammamet et de Mahédia ; on ne peut énumérer les encouragements et les sacrifices faits en ce but par le gouvernement métropolitain et par le Résident général de Tunis ; on n'a abouti absolument à rien.

Néanmoins, M. Parker préconise de nouveau la construction de villages de pêcheurs, et l'appel conviant les Bretons à une série de campagnes volantes ; d'autre part, M. Guilloteaux, député de Lorient, en proposant, sous le couvert du gouvernement tunisien, la construction d'usines et sardineries sur les côtes tunisiennes, propose aussi la suppression des droits de douane sur le poisson en boîtes et en conserves. Il démontre que, dans le métier où, chez lui, le Breton gagne 50 fr. par mois, il lui sera facile d'en gagner davantage en Tunisie ; et, par une série d'engagements et de syndicats organisés, la famille de pêcheurs recevrait des concessions agricoles, par quoi l'aisance arriverait rapidement à la famille. Mais le Breton côtier, d'un caractère imprévoyant, refuse tout autre travail que celui de la pêche ; et, de même que l'Italien considère la Tunisie comme un prolongement de l'Italie, le Breton persévère à considérer le Canada comme un prolongement de la Bretagne, et il va, inconsidérément, porter à l'étranger l'appoint de ses vertus particulières, dont la mère-patrie s'arrangerait bien mieux.

Il paraît désirable de ramener dans les colonies françaises cette émigration bretonne, par les moyens d'une série de campagnes volantes, forcément fructueuses à la suite de la construction d'usines sur le littoral tunisien.

En dehors de la question algériénne, la VI⁰ section a reçu de *M. Goblet* une courte étude sur *la coopération de la main-d'œuvre indigène aux travaux publics, au titre impôt.*

M. Goblet préconise la prestation des impôts en corvées de travaux publics par les indigènes, Il appuie cette préférence sur les coutumes locales de certains empires jadis autochtones, comme l'Annam, et même sur la coutume française des prestations en nature. Il estime que ce serait une manière juste et douce de créer, dans les colonies, une main-d'œuvre indigène, et d'obvier aux non-rentrées de l'impôt en deniers. Il ajoute qu'il faut éviter l'écueil des corvées éloignées, et surtout de corvées qui n'auraient pas un caractère absolu de travaux publics; Il allusionne le paquetage, le convoiement et le portage, et ainsi ce sujet semble amorcer *la question du portage* que, suivant sa louable et fructueuse habitude de dés'gner à l'avance une question fondamentale à la discussion de ses rapporteurs, la VI° Section a mis à l'ordre du jour du Congrès de 1906.

***

Une communication de M. Henri Lorin, professeur à l'Université de Bordeaux, touchant *l'Emigration basque à diriger vers l'Afrique du Nord*, fait adopter un vœu invitant les pouvoirs publics à étudier les points de la France susceptibles d'émigration, afin de diriger celle-ci vers l'Algérie-Tunisie. M. l'abbé Gros expose son œuvre de peuplement colonial par les orphelins ; après quelques observations de M. Marchal, M. Mury félicite l'abbé Gros, et la Section exprime le vœu que les œuvres de ce genre soient encouragées.

VIIe SECTION

Médecine et Hygiène Coloniales

Première séance. — Mardi 6 juin 1905

PRÉSIDENCE DE M. LE PROFESSEUR R. BLANCHARD

PUIS DE M. FONTOYNONT

M. Blanchard ouvre la séance en rappelant le succès du Congrès précédent et en souhaitant que les travaux de la section actuelle soient aussi nombreux et aussi important-tants. De plus, il y aura très certainement lieu de reprendre les vœux émis en 1904, pour les rajeunir et les compléter.

Un certain nombre des communications annoncées feront défaut : M. Best n'a pas encore envoyé sa monographie médicale de la colonie anglaise de Lagos ; M. Noc n'a pu achever à temps sont travail sur la lèpre en Nouvelle-Calédonie. Ses recherches ont pris beaucoup plus d'extension qu'il ne le supposait et il lui est impossible de les publier actuellement en totalité. M. Le Dantec, vice-président de la Section, s'est excusé de ne pouvoir assister aux séances ; la section décide d'inscrire au procès-verbal qu'elle exprime à M. Le Dantec tous ses regrets de ne pas le voir présider à cette session quelques-unes de ses séances.

Après avoir donné lecture du titre des communications inscrites à l'ordre du jour, M. Blanchard propose de nommer vice-président M. Fontoynont, directeur de l'école de médecine de Tananarive, présent à la séance.

Cette proposition est adoptée à l'unanimité.

Le bureau de la section est donc ainsi constitué :

Président : M. le professeur R. Blanchard.

Vice-présidents : MM. le Dantec, Fontoynont, Jeanselme.
Secrétaires : MM. Brumpt et Langeron.

M. Fontoynont prend ensuite la présidence de la séance.

Causes adjuvantes et aggravantes du paludisme, par le docteur *J. Crespin.*

Il faut envisager le paludisme en tant qu'épidémie et en tant que maladie..

A. — Paludisme épidémie. — 1° Causes adjuvantes. — Elles tirent leur action du terrain et du moustique. Le terrain, c'est celui de l'ensemble des personnes appartenant à un même groupe, à une même collectivité ; par exemple, le famélisme de certaines tribus contribuera à propager au milieu d'elles la maladie, à rendre celle-ci épidémique. De même, tout ce qui contribuera à favoriser l'anophélisme rentrera dans les causes dites adjuvantes. L'équation de Celli : Uomo malarico $+$ anopheles $=$ épidémia di malaria, semble insuffisante à son auteur, qui la remplace par celle-ci : Uomo malarico $+$ anopheles $+$ x y z $=$ epidemia di malaria. X y z représentent des causes adjuvantes. Elles sont souvent banales et en nombre infini.

2° Causes aggravantes. — Souvent les mêmes que les adjuvantes, et tout aussi banales. Le plus souvent, elles sont d'ordre climatérique. En Algérie, des pluies précoces aggravent l'épidémie régnante. L'état de santé de la collectivité considérée intervient aussi dans le même sens.

B. — Paludisme maladie. — 1° Causes adjuvantes. — Ce sont toutes celles qui, une fois l'hématozoaire introduit dans le sang par la piqûre d'anopheles, font passer la maladie de la phase d'incubation à celle d'invasion, avec les symptômes et les lésions caractéristiques. Ce sont aussi celles qui entravent la constitution de l'immunité. Elles ressortent surtout au terrain (alimentation défectueuse, inactivité, abus de la quinine), tandis que les premières relèvent aussi bien de l'agent pathogène que du terrain.

2° Causes aggravantes. — *a*) Agent pathogène. — Suivant l'espèce,, l'agent pathogène est plus ou moins virulent (tierce et quarte, d'un côté ; tierce maligne quotidienne, estivo-automnale, de l'autre) Les accès pernicieux sont dus à cette dernière espèce, et ils surviennent souvent chez des gens vigoureux, sans aucune tare organique. Le paludisme chronique et la cachexie sont imputables à la même espèce.

b). Terrain. — Les accidents pernicieux, par contre, surviennent chez des gens tarés, même quand le parasite appartient à une espèce bénigne, La symptômatologie est analogue sinon semblable à celle des accès; mais cette distinction entre les accès et les accidents pernicieux est justifiée au point de vue parasitologique, anatomique et clinique. Les insuffisances des émonctoires, du foie et du rein surtout, aggravent une attaque palustre qui, sans cette tare préexistante, demeurerait bénigne. Tout ce qui favorisera lesdites insuffisances pourra être classé dans les causes aggravantes.

L'importance du foie est considérable. On peut dire qu'en matière de paludisme, c'est le foie qui régle le pronostic. L'avenir d'un paludéen se déduira souvent de l'état de son foie.

En résumé, c'est un tableau, ou plutôt un cadre qu'on a voulu établir. Il reste à le remplir, ce que feront des études ultérieures, portant à la fois sur la biologie de l'hématozoaire et sur les réactions de l'organisme vis-à-vis de ce dernier.

Après un échange de remarques entre MM. Brumpt, Jeanselme et Fontoynont, sur l'influence du froid, de la fatigue, sur la qualité virulente du germe paludique, sur l'emploi de la quinine et sur le desséchement des marais, M. Blanchard propose de réunir toutes ces données dans un vœu qui sera discuté et voté à la prochaine séance. Cette proposition est adoptée à l'unanimité.

On décide de renvoyer à une section compétente le mémoire de M. *Joly* sur la *main-d'œuvre indigène aux Nouvelles-Hébrides.*

*_**

La fièvre hémyobinurique, par M. le docteur *Regnault*.

L'auteur étudie rapidement l'historique, la distribution géographique, les symptômes, le diagnostic et l'anatomie pathologique de l'affection et appuie plus longuement sur l'étiologie, la pathogénie et le traitement.

L'hémoglobinurique est l'ancienne bilieuse hématurique ; son nom actuel précise mieux ses caractéristiques; les quatre symptômes sont : la fièvre, les vomissements bilieux, l'ictère et la coloration des urines ; ils ne se présentent cependant pas toujours tous ensemble, et la forme apyrétique semble la plus dangereuse.

Le diagnostic repose surtout sur l'attentif examen de l'urine, l'examen microscopique et même spectroscopique ; des colorations analogues se remarquent en effet dans d'autres affections, comme la bilieuse intermittente, la distomatose hépatique, etc. ; l'hémoglobinurique bilieuse nécessite la présence d'hémoglobine dans les urines. Le pronostic est grave : la mortalité varie de 15 % à 28 %.

Cette affection frappe plutôt les sujets jeunes, de 30 ans environ ; l'arthritisme, tous les abus, les privations, l'alcoolisme, le surmenage, la syphilis en sont des causes prédisposantes. M. Le Dantec assure que l'hémoglobinurique ne se déclare qu'après plusieurs accès de paludisme. Quant à sa cause efficiente, elle est encore mal déterminée ; les uns la considèrent comme une des formes de la malaria ; d'autres en font une affection essentielle dépendant d'un trypanosome à déterminer. Enfin, d'autres déclarent que les troubles de l'hémoglobinurique sont dus à l'excès de quinine ingéré pour combattre le paludisme ; le docteur Regnault cite diverses observations à l'appui de cette thèse nouvelle.

Il faut conclure à l'existence d'une toxine paludéenne à cause de l'anémie excessive des sujets. Enfin, un médecin hollandais attribue l'affection à des troubles du foie et de la rate.

L'hémoglobinurie peut être d'origine urinaire, musculaire ou circulatoire. En tous cas, il faut, dans le traitement, éviter les médicaments hémolysants qui sont, entre autres, la *quinine*, la digitaline, le chlorate de potasse, etc.

L'auteur propose, après avoir cité les différentes médications en usage, un traitement analogue à celui que préconise M. Gouzien : irrigations au serum artificiel, boissons chaudes acidifiées, purgatives et sudorifiques (infusion de *cassia occidentalis*). Enfin, pour établir complètement la pathogénie de cette affection, l'auteur propose le questionnaire suivant :

A. — Pour éviter les erreurs de diagnostic, déterminer :

1° Si la coloration des urines n'est pas due seulement à des globules rouges, examen microscopique, à de l'urobiline, à des pigments biliaires, examen chimique et spectroscopique ;

2° Si l'urine contient bien de l'hémoglobine ou de la méthémoglobine — examen spectroscopique et chimique.

B. — Quels sont l'âge, la race, les antécédents morbides — alcoolisme, paludisme, etc. — les causes occasionnelles présumées — refroidissement, surmenage, coup de chaleur, absorption de quinine, etc. — Le malade avait-il pris de la quinine préventive ? Pendant combien de temps et à quelle dose ?

C. — Indiquer pour chaque région les localités où sévit la maladie. Ne tenir compte, pour cette indication, que des cas dans lesquels le diagnostic a été porté d'une façon rigoureuse, suivant les procédés établis plus haut.

D. — Y a-t-il des parasites dans le sang ou ailleurs — foie, rate, examinés par ponction ?

E. — Le sérum sanguin est-il franchement rouge ou rosé ? Le coagulum mis au frais, à une température se rapprochant autant que possible de 0, se redissout-il dans le sérum ? Si oui, au bout de combien de temps ?

Remarque. — Le sang doit-être recueilli dans un récipient parfaitement sec.

F. — Procéder à l'examen hématologique et pour ce faire :

a) Préciser la formule sanguine et la formule leucocytaire.

Vu l'action exercée sur la formule leucocytaire et particulièrement sur les éosinophiles par les parasites intestinaux, procéder à l'examen microscopique des matières fécales, en vue de déterminer les helminthes qui pourraient vivre dans le tube digestif et le foie du malade.

B. — Rechercher :

1° Si le sérum du malade est hypotonique.

2° S'il a une action hémolysante sur les globules rouges d'un homme sain.

3° Si la résistance des érythrocytes du malade est diminuée, si ces hématies subissent l'hémolyse dans le sérum du malade, dans le sérum d'un individu sain.

4° Quel est le titre de la solution saline la moins hypotonique dans laquelle se produit l'hémolyse.

G. — Quel a été le traitement et quels résultats a-t-il donné ?

M. BLANCHARD.—L'idée d'un questionnaire est excellente. La fièvre bilieuse hémoglobinurique se recommande tout particulièrement à l'attention des parasitologues. M. Regnault vient de nous faire connaître des faits nouveaux et très intéressants au sujet de la ténacité des sérums et de l'hémolyse. D'autre part la distibution géographique de cette maladie ne coïncide pas avec celle du paludisme; elle est beaucoup moins répandue ; quelquefois, elle lui est superposée ; mais, généralement, elle en est distincte. On sait qu'il existe sur le bétail des maladies analogues qui sont, sans aucun doute, de nature parasitaire ; il est donc permis de penser qu'il peut en être de même pour la fièvre bilieuse hémoglobinurique. Il me semble donc très utile de présenter un questionnaire à ce sujet pour compléter et contrôler les arguments nouveaux et très importants qui viennent de nous être présentés. Le désir que nous avons de voir fonder des laboratoires dans les colonies et l'instruction de plus en plus parfaite du corps médical colonial augmentent encore l'intérêt de ce questionnaire.

Mercredi 7 Juin

La VII⁰ section se réunit momentanément à la XVI⁰ section (pharmacie et matière médicale), sous la présidence de M. le Dr Beille.

M. *Lutz* donne lecture d'une communication sur les *accidents provoqués par la manipulation de la laque* du Tonkin.

M. Regnault. — J'ai observé au Tonkin, sur des tirailleurs, des cas d'éruption ou d'œdèmes produits par le suc délétère des arbres à vernis-laque, et j'ai publié, il y a trois ans, une note à ce sujet dans la *Revue de médecine*. Les éruptions semblent produites surtout par un arbre à petites feuilles, le *Rhus vernicifera*, que les Annamites appellent *cay son nang*, tandis que l'œdème de la face paraît provoqué par le suc d'un arbre à grandes feuilles, un *Melanorhea*, appelé au Tonkin *cây son gioi*.

Des lotions amido-alcalines ou à l'eau blanche amènent rapidement la guérison. Les principes nocifs diminuent ou disparaissent par la dessication. Les recherches que j'ai faites pour isoler les principes actifs, au moyen d'extraits éthérés, chloroformiques, alcooliques et aqueux ne m'ont donné aucun résultat, Dans les *Rhus* étudiés en Europe, en particulier par le Dr Verdelet, dans le *Rhus toxicodendron*, l'action irritante est produite par l'acide toxicodendrique ; c'est en me basant sur ces recherches que j'ai eu recours, pour le traitement des lésions, à des lotions alcalines.

Les médecins chinois connaissent ces éruptions ; ils les traitent avec des infusions de feuilles de Carambolier (*averrhoa carambola*) et par des lotions d'eau de riz.

M. Beille. — J'ai observé le cas d'un aide-jardinier du jardin botanique de Bordeaux, qui a subi un commencement d'empoisonnement par des feuilles sèches de *Rhus toxicodendron*.

M. Jeanselme prend la présidence.

Etude des eaux minérales du Yunnan, par M. le Dr *Jeanselme*.

M. le Dr Jeanselme présente la description et l'analyse des eaux minérales qu'il a rencontrées dans sa mission au Yunnan et dans les Sibsongchuthai ; il note la présence de dix-huit sources dans le district de Ssemao, deux sources aux environs de Yunnansen, la source de Che Tien, favorable aux lépreux, de nombreuses sources thermales entre Tengych et Bhamo, les thermes de Santa, les sources chaudes du Nam Ngua et de Dienbien, les sources sulfureuses de Laichau, découvertes déjà en 1889 par M. de Pouvourville, au cours de la mission Pavie, et les sources thermales, nombreuses et importantes, de la région de Talifu. Certaines de ces sources déposent un sel, que les Chinois appellent *Pisiao*, et qui est vendu comme médicament, à son poids d'argent. Le Pisiao liquide contient principalement des sulfates et des carbonates de soude ; le pisiao solide est composé presque exclusivement de sulfate de soude.

MM. Jeanselme et Lépinois ont examiné et analysé chimiquement les eaux naturelles suivantes : Langkong (sulfureuses), Lan Kongshien, Tapinsé (chaude et gazeuse 41°), Chayang. Ces eaux ne diffèrent pas beaucoup des eaux des sources froides d'Europe.

* *** *

M. *Beille* donne lecture d'une communication sur les *plantes urticantes*. Parmi les nombreuses plantes qui peuvent déterminer une irritation de la peau, il faut distinguer celles qui agissent d'une manière purement mécanique (*cuestis, malpighia ureus, mucuna*, etc.) et celles qui doivent leurs propriétés urticantes à la présence d'un principe chimique (*urtica, laportea*, loasias diverses). Ces plantes doivent leur action à la présence de poils différenciés, renfermant un principe qui présente les réactions microchimiques des aldéhydes.

M. Lutz. — Au moment de la floraison et de la fructification, les orties perdent leur pouvoir urticant. Il faudrait
voir s'il n'y a pas une atténuation analogue chez les *Laportea*. Les *Loasa* doivent être moins irritants au moment
de la floraison. Il faudrait rechercher aussi si ces substances
urticantes ne seraient pas des matériaux de réserve qui seraient repris au moment de la fructification pour être accu-
mulées dans les graines.

***

La situation des aliénés aux Colonies, par *M. le Dr Margain*.

Dans un rapport très serré, et pour lequel l'auteur s'est
documenté parmi toutes les nations colonisatrices, il est
exposé d'abord que, sauf la Guadeloupe et la Réunion, il
n'est rien fait pour les colons français ou indigènes aliénés,
dans l'intérieur des colonies, tandis que Java, l'Australie,
les Indes, Malte, l'Afrique du Sud, etc. ont leurs services
locaux autonomes. M. Margain fait l'historique détaillé
des tentatives faites en Algérie, et qui ont abouti à l'insuffisante installation de la Bouzaréah.

En ce qui concerne le nombre des aliénés d'Algérie, il
vient une moyenne annuelle de 160 aliénés dans les asiles
métropolitains. Dans l'Indo-Chine, on a porté à l'auteur
un tel chiffre d'aliénés (40.000 !) qu'il l'insère sans y croire.
Quant aux autres colonies, on n'a aucun moyen, même
approximatif d'appréciation.

Les causes de l'aliénation mentale dans les colonies ne
résident pas tant dans le paludisme et la chaleur que dans
les affres de la lutte pour l'existence, les prédispositions
personnelles, et surtout les intoxications, comme l'alcoolisme, l'absinthisme, le haschichisme, etc. En passant et
en constatant que le chanvre indien est une cause importante d'aliénation, l'auteur se rallie courageusement, malgré
une vieille croyance erronée, à l'opinoin que l'opium est
à peu près inoffensif sur l'état cérébral des fumeurs qui ne
s'autosuggestionnent pas.

L'internement des aliénés dans les colonies françaises n'existe qu'à la Guadeloupe, à la Réunion et dans un Institut particulier près d'Alger. Là, on hospitalise momentanément les aliénés dans de médiocres cabancns situés dans les quartiers des malades punis, et on dirige les Arabes sur France, où ils meurent de phtisie dans la proportion de 20 %. Ailleurs, ils courent sur les routes en vagabonds, jusqu'au premier crime ou jusqu'au gâtisme.

L'évacuation des aliénés par rapatriement est insuffisamment assuré; seule, la Compagnie Nationale de Navigation a créé des cadres isolés ; ailleurs, l'aliéné, abandonné à lui-même, est un danger pour les autres et pour lui ; parfois, les Compagnies de navigation le refusent à leur bord ; parfois, il est mis à bord d'un simple voilier, sans médecin et sans surveillant. Les navires-hôpitaux eux-mêmes n'ont pas d'isolement suffisant.

Il faut pouvoir hospitaliser les délirants occasionnels ou intermittents, de façon à ce que leur passsge à l'Asile ne leur soit pas comme une tare qui les empêche de gagner leur vie quand ils rentrent dans la société.

L'asile colonial doit être double : côté européen, côté indigène. C'est nécessaire au point de vue social, au point de vue médical (pour diviser le travail), et ce n'est pas plus coûteux que de créer un seul asile où les services du dortoir et de la cuisine seraient forcément distincts. Avec quelques améliorations secondaires, l'auteur propose l'asile de Saint-Claude (Guadeloupe) comme un modèle des asiles à créer. Il faut aussi développer l'étude des sciences psychologiques à ce point de vue spécial ; il y a urgence à établir un personnel de médecins qui soit à demeure dans la colonie, qui soient versés dans la langue indigène, et qui, en compensation, reçoivent un traitement sérieux. Plus tard, peut-être, pourra-t-on compter sur un cadre de médecins aliénistes et d'infirmiers indigènes.

Il y aurait lieu de modifier, aux colonies, la loi de 1838, en ne prononçant l'internement qu'après décision d'une Commission composée de trois médecins et du Procureur de la

République ; la même commission jugerait de la libération ou de l'admission dans un hospice de vieillards, ou du rapatriement de l'aliéné guéri ou amélioré. L'auteur donne ensuite quelques aperçus sur les cas d'aliénation dans les troupes coloniales et sur le « cafard » de la légion étrangère.

M. BLANCHARD. — Je suis aussi d'avis de donner de l'autonomie aux colonies. Il ne faudrait pas que la métropole eût à supporter les frais de traitement de leurs aliénés.

M. FONTOYNONT. — Il y a peu d'aliénés à Madagascar parce que les indigènes sont encore peu intoxiqués par l'opium, l'alcool, le haschich. Il ya là une question de préservation ; mais cette préservation est difficile à réaliser. Même si l'on met des droits considérables sur ces marchandises, qui ont une valeur intrinsèque très faible, on n'arrivera guère à empêcher leur vente. D'ailleurs, il est toujours facile à la fraude d'éluder les droits. Il serait bien préférable de limiter le nombre des débits, et surtout d'établir, dans la législation indigène, des peines très sévères contre l'alcoolisme.

**

Condition des aliénés dans les colonies d'Extrême-Orient, par le Dr *Jeanselme.*

Les aliénés en Extrême-Orient ne sont pas pourchassés ; ils errent librement sans rien craindre tant qu'ils sont inoffensifs ; quand ils deviennent dangereux, on les met hors d'état de nuire, sans leur nuire à eux-mêmes. A Bangkok, il y a un asile d'aliénés, sorte de prison sommaire, insuffisante et sans hygiène. A Rangoon, il y a un asile composé de pavillons, où vivent séparément les fous tranquilles, les agités, les criminels, les Européens. A Singapour, il y a un *Lunatic Asylum* également très bien compris. A Buitenzorg (Java), l'asile d'aliénés, qui contient 600 malades, est devenu une grande colonie agricole, dont tous les membres travaillent à la façon phalanstérienne, et d'où toute coërcition a disparu. Outre que l'établissement couvre ainsi tous ses frais, la santé générale des pensionnaires est bien meilleure. Il y a des aliénés en Extrême-Orient ; on ne peut dire s'il y en a, en proportion égale, comme en Europe ; mais les causes d'aliénation ne sont pas les mêmes : troubles nerveux — latah, murk, etc.—sont produits surtout par les intoxications volontaires (datura, haschich).

M. Regnault. — Je crois que l'une des principales causes d'intoxication et d'aliénation consécutive est l'emploi d'un tabac spécial très gras, très fin, que l'on fume par très petites portions avec la pipe à eau et qui produit très rapidement des phénomènes de congestion. Il paraît qu'il entre dans la composition de ce tabac des macérations de champignons.

*_**

Hypnose, hystérie et sorcellerie en Indo-Chine, par le Dr *Regnault* (1).

La magie et la sorcellerie sont fort en honneur en Extrême-Orient, dans les classes populaires, grâce à un bouddhisme à un taoisme dénaturés et mal compris. Les puissances occultes ou forces astrales se résument, pour le vulgaire, surtout dans les *Koei* ou *Mâ*, c'est-à-dire dans les esprits des morts (troisième âme, âme fluidique, âme astrale), et particulièrement des enfants mort-nés, des femmes mortes en couches et des gens morts d'une mort violente. Le sang humain répandu attire le *Koei* (cette croyance se retrouve d'ailleurs chez presque tous les peuples). Le *Koei* s'attaque principalement aux beaux enfants la nuit. Ce sont les *Koei* qui influent sur les rêves voluptueux nocturnes, et qui jouent les rôles successifs d'incubes et de vampires.

Diverses affections sont attribuées à l'action des *Koei*, et aussi à l'influence des sorciers, qui pratiqueraient ainsi une sorte d'envoûtement. Les poils de tigre et les figurines de cire jouent leur rôle dans ces sortilèges.

Les Extrêmes-Orientaux connaissent la loi du choc en

___

(1) Ce rapport a paru in extenso dans le numéro d'octobre 1905, de la Revue *La Voie* (5, rue du Pont de Lodi, Paris.)

retour ; celui qui opère par haine est soumis à la vengeance de la victime par lui choisie et exécutée : la *télépathie* est du reste inscrite au *Kaning* tauïste. On connaît aussi les incantations pour chasser les maladies, et les envoûtements d'amours, où certaines huiles et le sang menstruel jouent le rôle universel que leur a donné la crédulité populaire.

Il est enfin certains poisons secrets, comme le thuoc-bo-yo, dont la cendre, incolore et inodore, ingérée ou respirée, conduit à la mort.

Le *Foung-choei* est un livre aux allures classiques, destiné à prévenir l'action des mauvaises influences occultes et des maladies conséquentielles ; il fait une large part à la divination : songes, présages, chiromancie, nécromancie, cartomancie, chélonomancie, etc. On applique aussi la divination aux jeux de hasard. De vieilles sorcières jouent aussi le personnage de nos somnambules et spirites. La tortue est l'animal emblématique de la sorcellerie chinoise.

L'auteur donne quelques détails sommaires sur la consultation des sorts par le *chi*, ou herbe magique, et sur la façon dont les sorciers prétendent utiliser, dans leurs manœuvres, le pantagramme de Fohi (*Pakoua* et *In-yang*) qui est en réalité le résumé graphique le plus parfait de la tradition et de la métaphysique jaunes.

L'auteur rappelle l'influence à la croyance réciproque des actes de l'homme et des phénomènes de la nature les uns sur les autres ; cette théorie fait l'objet d'une partie du traité du Kan-ing. Il indique les moyens empiriques, préconisés par le Foung-choeï pour se garer des maladies et des accidents, occultes ou autres. Il rappelle le rôle du sang versé, l'action des pointes métalliques, etc.

On attribue aussi une grande influence à la disposition des tombeaux ; l'auteur en profite, avec raison, pour rappeler les difficultés politiques et économiques suscitées par les emplacements funéraires , quand il s'agit de créer des voies ferrées, et pour mentionner l'influence des trous creusés en terre sur les chances de bonheur, et la légende de l'œil du Dragon enfoui.

Le *Foung-choei* considère l'homme comme un microcosme, résumé de la vie universelle, et sensible aux phénomènes universels, et les répercutant en lui (c'est aussi une théorie occultiste médiévale). L'étude et l'expérience du *Foung-choei* peut être utile à l'Européen résidant en Extrême-Orient ; car le parti xénophobe utilise la sorcellerie pour ameuter le jaune contre la race blanche. Les *Boxers* avaient à leur tête une symbolique incarnation de Quang-am (Koan-yn), dieu androgyne de la théologie chinoise.

L'auteur présente quelques considérations historiques sur le rôle de l'empereur Hoang-ti contre les peuples primitifs idoines, Miao, Kiaoouli, etc., et sur la faveur et la défaveur successives des magies et sorcelleries à la cour de Péking. Et il remarque que les pratiques magiques de l'Orient, semblables aux théories des occultistes occidentaux modernes, donnent souvent des résultats réels. L'hypnotisme est connu sous le nom de *Œil du sorcier*. Il cause certaines appréhensions qui vont jusqu'à développer l'hystérie chez les sujets. Le Dr Regnault rappelle que l'on fait des *suggestions collectives*, préparées par des fumigations, et que, en Chine aussi, on connaît le « vol au chloroforme ». Les maladies nerveuses, contractures, etc., se guérissent par des visites à des pagodes réputées, qui sont le but de fréquents pèlerinages ; on y guérit aussi l'hystérie et la léthargie profonde.

Tout n'est pas à rejeter dans ces croyances, dans ces pratiques, ni dans le *Foung-choei* ; mais il y aurait intérêt à l'*aérer* de principes d'hygiène ; la substitution doit en tout cas s'opérer lentement et sans blesser le sentiment des masses.

Jeudi 8 Juin

Un facteur de la dissémination de la variole en Algérie, par *M. le Dr Crespin.*

La variole épidémique revêt souvent une grande violence en Algérie ; et il est un point sur lequel il faut appeler l'attention, qui est la propagation de cette affection par les émigrants espagnols. Elle commence toujours à Alger, par le quartier espagnol de Bab-el-Oued, et la dernière épidémie présenta une mortalité de 35 %. Cependant, la législation espagnole rend obligatoire la vaccination, la revaccination et la désinfection ; toutefois, la vaccination n'est obligatoire que depuis 1903 ; et cette mesure n'a donc pas encore d'effet salutaire sur l'émigration espagnole en général. En attendant, il faudrait appliquer les règlements de la police sanitaire internationale ; celle-ci s'applique, en des cas spéciaux, à la variole ; et quand les causes de variole son' permanentes, l'application de la loi peut être aussi permanente. Le meilleur moyen serait de n'accepter au débarquement en Algérie que des Espagnols munis d'un certificat de vaccination récente, et de s'entendre avec le gouvernement espagnol, si soucieux aujourd'hui des choses de l'hygiène, pour que ses nationaux émigrants fussent vaccinés avant l'embarquement.

**

***

Recherches sur les altérations des graines, par *MM. Brocq-Rousseau* et *Dassonville*.

Les causes d'avaries pouvant atteindre les grains sont : le développement des moisissures et la présence du charençon.

Les *grains moisis* sont dûs à la présence du *streptothrix*, champignon qui existe sur tous les grains avariés, comme on peut s'en rendre compte par des cultures ou par l'examen microscopique ; il s'attaque surtout aux substances albuminoïdes. Ce parasite meurt à la chaleur de 70°. Il s'attaque à l'avoine, au maïs, au blé, à l'orge.

Il faut affaiblir le parasite par la chaleur et enlever aux grains une certaine quantité d'eau. Les auteurs ont inventé et fait breveter un appareil obtenant mécaniquement ces résultats. Ils ont également trouvé un appareil pour détruire les charançons du blé, lesquels ne peuvent résister à une température de 50° pendant 10 minutes.

Observations analytiques sur les urines de coloniaux paludéens, par *M. Thézard.*

Huit observations de ce genre indiquent que la quinine ne suffit pas à prévoir le paludisme, et qu'il est utile de faire prendre aux sujets des phosphates et de la soude.

***

Le service médical aux colonies, par M. le Dr *Gros.*

Le rôle du médecin colonial, improprement appelé : médecin de colonisation, est de soigner gratuitement les indigènes nécessiteux ; pour être à la hauteur de ce rôle, M. Gros demande des garanties dans le recrutement, un stage avec de sérieuses études spéciales ; il propose un système d'avancement, de désignation aux postes vacants et de retraites.

***

M. Brumpt fait un rapport sur les travaux récents concernant la maladie du sommeil, sa distribution géographique son étiologie et sa prophylaxie.

A la suite de sa communication, M. Brumpt donne lecture des vœux qu'il a rédigés et ajoute :

Nous sommes heureux de pouvoir annoncer au Congrès que les vœux émis l'année dernière ont porté leurs fruits. La Société anti-esclavagiste de France s'est émue des progrès de la maladie du sommeil en Afrique. Ayant pour but de créer des villages de liberté, elle a bien voulu me charger d'étudier la question de la prophylaxie de la maladie du sommeil et a voté une somme de 5.000 fr. pour créer aux environs d'une mission, dans un endroit exempt de mouches tsé-tsé, un village où seraient transportés tous les individus d'un village fortement atteint par le fléau.

M. Jeanselme donne lecture d'un questionnaire sur la nature de la syphilis exotique.

M. Brumpt donne de nombreux détails sur la syphilis au Congo et en Abyssinie. Il en résulte que la syphilis africaine revêt le caractère de la syphilis maligne précoce avec accidents graves immédiatement après le chancre.

M. Jeanselme communique les résultats de son étude sur le *liquide céphalo-rachidien* de deux lépreux.

****

La syphilis à Madagascar, par M. le Dr *Fontoynont*.

Elle y est extrêmement répandue, et le Malgache la considère comme une affection à peu près inévitable. Le système cérébral de l'indigène n'est pas atteint, et la paralysie générale y est inconnue ; mais les affections oculaires sont fréquentes, ainsi que la tendance au phagédénisme. Les systèmes osseux et articulaires sont souvent atteints et causent souvent de violentes douleurs ; une des principales caractéristiques de la syphilis malgache est le rétrécissement du rectum. L'hérédo-syphilis est extrêmement répandue, et la syphilis infantile y fait de nombreuses victimes. M. Fontoynont a organisé un ensemble d'institutions qui portent aujourd'hui leurs fruits (dispensaire, consultations gratuites, distributions de médicaments, surveillance de médecins indigènes, leçons à l'école, visites sanitaires, etc.)

M. Jeanselme. — Chez les indigènes, je crois que l'on doit préférer, pour le traitement, les injections sous-cutanées de produits solubles. La voie buccale est défectueuse à cause de la diarrhée qui en résulte souvent. De même, les frictions ne sont pas à conseiller, à cause de la sudation continuelle qui se produit dans les climats tropicaux.

M. Fontoynont. — Le Malgache a une idiosyncrasie très curieuse pour le protoiodure de mercure ; par contre, il supporte bien le biodure.

****

M. Dyé fait une communication sur la prophylaxie de la fièvre jaune à l'étranger et dans nos colonies.

VIIIe SECTION

Enseignement et propagande

Les séances sont présidées par M. Halais, assisté de M. Durand.

Ce que pourrait être l'enseignement colonial pratique, au point de vue commercial, par M. A. Durand.

On sait que, en général, les industriels et négociants français sont, pour la plupart, insuffisamment instruits des goûts et des besoins des clientèles *exotiques ;* souvent, ils ignorent les habitudes commerciales en vigueur à l'étranger. Il leur est malaisé aussi de se renseigner sur la solvabilité d'acheteurs trop lointains, soit parce que, dans le cas de débiteurs solvables, mais peu scrupuleux, le recouvrement des créances consenties se heurte, hors de France, à des difficultés particulières de procédure ; il leur paraît, alors, téméraire d'accorder de longs crédits.

Notre politique économique est aussi un obstacle à l'extension de nos exportations; ces obstacles peuvent être levés par des cours pratiques de colonisation, où serait étudiée la capacité de consommation des pays exotiques. Grâce à l'expérience des anciens coloniaux, on pourrait créer des centres véritables d'instruction coloniale et des services de renseignements commerciaux.

L'auteur signale les produits métropolitains nécessaires aux colonies, mais insuffisamment connus, parce qu'ils y furent introduits sans méthode.

***

M. *Paul Anglès* ne croit pas qu'un enseignement colonial spécial ait sa place dans les écoles commerciales moyennes. Dans les Supérieures, on peut spécialiser les études, comme cela se fait à l'Ecole des Hautes Etudes Commerciales à Paris, et dans les Ecoles Supérieures de Commerce, en province. L'Ecole Commerciale de Paris (avenue Fontaine), sans inscrire de spécialités à son programme, s'efforce de développer des vocations coloniales.

∗∗

L'Enseignement colonial dans les Ecoles supérieures de Commerce, par *M. R. Delaporte*.

Le développement des Ecoles supérieures de Commerce date de 1871 ; en 1889, il y en a 15, plus l'Institut commercial et l'Ecole des Hautes Etudes Commerciales ; en 1892, il est procédé à la création des Ecoles pratiques de Commerce. Mais c'est seulement en 1900 que l'enseignement colonial y prend place: création d'Instituts coloniaux provinciaux doublant l'Ecole Coloniale de Paris ; création de sections coloniales à Bordeaux, Marseille, Nantes ; introduction de cours coloniaux dans les autres Ecoles, etc.

Dans les Ecoles à sections coloniales, il est donné l'enseignement colonial de l'histoire , du commerce, de la géographie, de la législation, de l'économie, de l'hygiène, des cultures et produits. A Marseille, on insiste spécialement sur toutes les branches de la minéralogie et de la géologie. A Bordeaux est ajouté un cours sur les armements maritimes, la topographie, la comptabilité agricole.

L'auteur décrit en détail les sections coloniales de Marseille (15 places réservées, plus, grâce au D. Heckel, l'accession aux fonctions d'administrateur stagiaire, de commis des services civils, etc.). A Bordeaux, il y a aux cours de l'Institut, les élèves de la section, des auditeurs inscrits, des auditeurs libres, susceptibles de recevoir des diplômes d'études et des certificats de capacité. A Nantes, la section coloniale a une importance capitale, par le don qui lui a été fait,du domaine agricole du Grand Blottereau. L'Ecole de Nantes mérite une mention spéciale, et vaut d'être donnée en exemple. A Nancy, la section périclite faute d'élèves. M. Gain y a créé récemment un Institut colonial. A. Paris, l'Ecole des Hautes Etudes Commerciales commencera, en 1905, quatre cours coloniaux, trois cours spéciaux de colonisation, un cours d'hygiène. A Alger, l'Ecole réussit, sur un programme pratique, qui consiste à former principalement des individualités coloniales dans toutes les branches, et *accessoirement* des candidats à quelques fonctions administratives ; l'enseignement de l'arabe y est obligatoire. A Lyon, il y a à l'Ecole supérieure de Commerce des cours coloniaux du commerce des soies, des produits chimiques et de la banque; il y a de plus des cours coloniaux fondés par la Chambre de commerce. A l'Ecole de Marseille, il y a des cours coloniaux de commerce, d'industrie, d'agriculture.

M. Durand insiste justement sur l'importance de la création de cours coloniaux à l'Ecole des Hautes Etudes Commerciales de Paris, avec des professeurs comme *MM. Doumergue, Kermorgant, A. Bernard. A. Métin.*

M. Herbert appuie sur *l'utilité de la propagande coloniale dans l'enseignement secondaire;* rendant hommage à ce que fait notre collègue, M. Dumoulin, pour l'enseignement primaire, il conseille de faire, de la propagande coloniale dans les lycées, un hors-d'œuvre alléchant (causeries géographiques, conférences avec projections par des conférenciers faisant des tournées en province, bibliothèques circulantes, etc.

**

L'enseignement colonial à l'école primaire, par *M. J. V. Chambeurlant.*

L'auteur fait un historique sommaire de la question ; il détermine ensuite les conditions de cet enseignement et la distinction des élèves primaires en catégories, d'après les divisons mêmes de l'enseignement primaire. Il étudie les moyens, par des bibliothèques appropriées, de documenter l'instituteur ; les principaux auxiliaires de ce dernier dans cette tâche sont : *a* les livres (livres de classe illustrés, livres de bibliothèquès, documentaires, livres de prix et de propagande vulgarisatrice à bon marché) ; *b* les musées scolaires coloniaux régionaux. Il faudrait aussi donner une sanction à l'enseignement colonial primaire, à la suite d'une épreuve spéciale. Enfin, les œuvres post-scolaires (conférences, propagande, projections, etc.)

M. Fauquet appuie sur *l'importance des œuvres post-scolaires pour l'éducation coloniale populaire*, et sur l'entente, nécessaire à ce sujet, entre les associations, patronages, syndicats et universités populaires, mais surtout les syndicats professionnels. Il serait utile de créer une salle permanente d'Exposition coloniale dans les Bourses de travail.

*****

Les langues coloniales : l'enseignement colonial aux Indes par *M. A. Durand.*

La connaissance de la langue indigène est la base de l'instruction coloniale. Un dixième à peine de nos fonctionnaires sait la langue du pays qu'il administre ; le reste se sert d'interprète. Il n'en est pas ainsi chez les autres nations : les officiers anglais ne sont admis dans les troupes indigènes que lorsqu'ils connaissent leur langue et même plusieurs de leurs dialectes. A sa sortie de Saint-Cyr, un officier français est envoyé dans une colonie dont il ne saura jamais la langue idoine... et pense que c'est à 'indigène d'apprendre le français. Il faudrait, dans un but analogue, doubler au moins la durée du temps de séjour actuel. Les Anglais ont créé dans les Indes des universités, dont les diplômes ne s'obtiennent qu'avec la connaissance de l'hindou, des collèges, etc., et ils répandent partout l'instruction, sauf dans l'élément féminin, pour lequel est de bon ton de ne savoir ni lire ni écrire.

Ce qu'on fait aux Indes, on pourrait le faire dans les

possessions françaises, et notamment à Madagascar. M. Durand indique, expertement et discrètement, comment le travail de l'Alliance Française — répandre le français chez les indigènes — n'obtient que des résultats limités, et comment il doit se doubler d'un travail parallèle et de sens inverse, chez les colons, les soldats et les administrateurs ; il donne tous les inconvénients de l'intermédiaire de l'interprète, et il cite les opinions de nombreux explorateurs, qui attribuent leurs succès à leur connaissance des idiomes des pays traversés.

Ce que M. Durand dit pour la langue malgache, M. *Goblet* le détaille pour *la langue arabe, enseignée au point de vue commercial.* Les programmes de nos études demeurent attachés à l'enseignement presque exclusif de l'anglais et de l'allemand, cette dernière langue occupant la place prépondérante, et d'un peu d'espagnol. Ces programmes sont insuffisants, et sauf ce qui concerne l'anglais, surannées. Il ne faut pas choisir les langues à enseigner d'après un souci littéraire ou traditionnel, mais d'après un souci économique. Or, l'axe économique mondial va au Pacifique. Donc, nous devrons apprendre le chinois, le japonais, et même encore le russe. Et, en ce qui nous concerne, comme première puissance musulmane, nous devons surtout apprendre l'arabe. On devrait donc, dans les écoles de commerce, enseigner, outre l'anglais et l'espagnol, la connaissance d'une langue étrangère suivant le pays de prédilection future du candidat : allemand, italien, portugais pour la section Amérique ; arabe, malgache pour la section Afrique ; chinois, japonais, annamite, russe, pour la section Asie. Il faut surtout pousser à l'étude de l'arabe, et nos étudiants, d'ailleurs, s'y prêtent volontiers.

**

D'un système d'écriture phonétique aux colonies, par *MM. Depois* et *Nicault.*

Les auteurs insistent sur la facilité qu'une écriture, et

surtout qu'une sténographie phonétique, apporterait à la compréhension des divers idiomes coloniaux ; ils citent tels exemples de missionnaires en Amérique, qui font paraître un *journal phonétique*, d'une tentative similaire dans le Haut Oubanghi, et enfin des cours de sténographie ouverts en Indo-Chine sous l'habile initiative de M. Fontaine. Les langues qui possèdent des sons analogues aux sons de la langue française pourraient ainsi être rapidement transcrites par les 28 signes de la sténographie. En tout cas, on peut ainsi *entendre* correctement, *sans la savoir*, une langue étrangère.

****

M. *Seymour* communique une monographie de *l'Enseignement primaire laïque à la Réunion*. L'Ecole centrale de Saint-Denis comprend 15 classes et 618 élèves ; les progrmmes sont analogues aux programmes métropolitains, augmentés d'un cours d'anglais. D'autres écoles existent dans les centres, à la charge de chaque commune (600.000 fr. pour toute la colonie). Il y a aussi une école manuelle d'apprentissage. L'Ecole centrale vient d'ouvrir des cours d'adultes, avec des causeries sur l'agriculture, l'hygiène. Les instituteurs débutent, comme stagiaires, à 1.200 fr. ; mais les instituteurs titularisés sont moins appointés que leurs collègues d'Europe ; il y aurait lieu d'améliorer leur situation ; et à ce sujet, le Conseil général a demandé la suppression du pourcentage, qui consiste à avoir dans chaque classe un nombre fixe de fonctionnaires ; cette fixité entrave l'avancement, et il a été supprimé en France.

****

M. *Savry* fait une monographie de l'*Enseignement à Madagascar*.

L'enseignement y était obligatoire, même avant notre conquête, sous peine d'amende infligée aux parents. L'apparition des missionnaires dans la grande île y développa des centres d'instruction. C'est surtout depuis 1898 que le gouvernement général de Madagascar créé partout des écoles : à l'heure actuelle, il convient de citer l'école de médecine malgache (120 médecins indigènes diplômés), et l'Ecole Le Myre de Vilers (pour les instituteurs). En 1900, on comptait 205 écoles primaires, 1.295 écoles des missions catholiques, 1.619 écoles des missions protestantes, 263 écoles des missions anglaises, 892 écoles des missions norvégiennes.

***

Importance et état actuel des études océanographiques, par *M. Thoulet.*

Le distingué professeur à la Faculté des Sciences de Nancy insiste sur l'importance de l'océanographie pour la navigation (spécialement pour les navigations sous-marines) pour la pose des câbles, pour la pêche. La plupart des nations maritimes ont des instituts et des chaires océanographiques. L'Allemagne a trois chaires (Berlin, Kiel, Hambourg) et un bureau spécial au ministère de la marine. L'Autriche a un institut océanographique à Vienne, une chaire à Fiume et une section à l'Académie des Sciences. La Belgique a une commission océanographique à Louvain. Le Danemark a un comité pour l'étude de la mer à Copenhague. Les Etats-Unis ont tout un service hydrographique de l'océan et des grands lacs. L'Angleterre entretient un personnel océanographique à bord de 35 bâtiments, un service océanographique à Oxford, et deux chaires à Edimbourg et à Cambridge, un bureau d'observations au Cap. L'Italie a un institut à Catane. La Norvège a un laboratoire à Christiania et une chaire à Herten. La Hollande a un laboratoire au Helder. La Russie a une commission d'études sur la mer Noire. La Suède a un laboratoire à Stockholm. La France n'a rien.

Cependant, l'océanographie est née en France (travaux de Marsigli, Chappe, Rochon, Marcet, Delesse, de Roujon).

M. Thoulet a fait cinq années de cours d'océanographie à Montsouris et a publié le seul ouvrage français sur l'océanographie, plus trois ans de conférences à l'Ecole supérieure de la Marine. Mais il n'y a pas d'enseignement régulier et public ; il serait à désirer qu'une chaire fût créée à Paris.

*
* *

M. Ray présente un plan d'*Enseignement colonial* dans la métropole et aux colonies.

M. Ratton présente un résumé de l'œuvre du *Groupe colonial post-scolaire de Bordeaux.*

M. F.-H. Schneider donne les détails les plus intéressants sur les caractères pâli-birmans qu'il vient de faire fondre en France, qui constituent une écriture sacrée, usitée par tous les peuples de l'Indo-Chine, et sur l'imprimerie qu'il est en train de fonder à Luang-Prabang, sous les auspices du jeune roi Sisawong.

IXe SECTION

Intérêts extérieurs de la colonisation française

———

Le sujet présenté à cette section (*Maroc*) a été traité par
M. Jean du Taillis, et se trouve au chapitre des Conférences.

XI° SECTION

Presse coloniale (1)

La séance est ouverte par M. Paul Trouillet, président‘ assisté de MM. Regelsperger, Fillion, et Franklin, vice-présidents ; de Belleville, secrétaire adjoint.

Le président fait un rappel des vœux votés par la Section au Congrès de 1905, savoir :

56° *Vœu*. — 1° Que tous les objets de correspondance circulant entre la France et les colonies, notamment les journaux et autres imprimés périodiques, soient soumis aux taxes, poids et dimensions en usage dans le service intérieur métropolitain ;

2° Qu'un service de recouvrements et d'envois contre remboursement soit établi entre la France et ses principales colonies, notamment avec l'Indo-Chine où le premier de ces services fonctionne déjà dans l'intérieur de nos possessions ;

3° Qu'il serait désirable de créer entre les colonies françaises une Union postale intercoloniale ;

4° Qu'il y a lieu d'étendre à nos colonies le service des mandats télégraphiques en usage avec l'étranger ;

5° Que l'échange des colis postaux doit se faire de préférence avec les bureaux français en Chine et les bureaux coréens en Corée ;

(1) La section X — question monétaire — n'a pas déposé de rapport en 1905.

6° Qu'il n'est pas désirable de grever les éditeurs de feuilles périodiques d'un droit de patente, et l'article 17 de la loi de 1880 ne saurait sans inconvénient être modifié.

57° *Vœu*. — Abaisser aux prix payés pour un mot l'adresse entière d'une communication télégraphique coloniale.

58° *Vœu*. — Qu'un service quotidien d'informations soit organisé par les soins du *Bureau de la Presse* du ministère des Colonies et qu'en dehors des publications officielles, bulletins, journaux, rapports. statistiques, etc., des extraits aussi nombreux et aussi étendus que possible des rapports économiques spéciaux adressés au ministère des Colonies et non publiés soient communiqués à la presse.

59° *Vœu*. — De voir voter, sans délai, par le Sénat, la loi si impatiemment attendue par la presse coloniale sur les tarifs postaux applicables aux journaux périodiques.

Il propose de maintenir le 56° vœu. Il il indique que depuis que ce vœu a été formulé, des démarches ont été faites par divers députés et diverses associations : c'est d'abord l'amendement présenté en février 1905 par 36 députés sur la proposition faite il y a trois ans par M. Henrique Duluc. Cette proposition, votée par la Chambre, repoussée par le Sénat était ainsi conçue :

Sont décidées, par assimilation avec les règlements postaux ayant cours dans la métropole :

1° L'application du tarif intérieur métropolitain au transport des journaux et imprimés de toute nature échangés avec les colonies françaises et pays de protectorat ;

2° La suppression du minimum d'affranchissement pour les papiers d'affaires et les échantillons et du minimum de perception pour les mandats ;

3° La réduction à dix 0 fr. 10 du droit fixe de recommandation applicable aux journaux, imprimés, échantillons et papiers d'affaires ;

4° La suppression de l'obligation de l'affranchissement au départ pour les objets autres que les lettres et les cartes postales, dans les échanges avec les colonies.

M. Brunet, sénateur de la Réunion, semble tout indiqué pour prendre en mains cette question, il a du reste à ce sujet écrit au sous-secrétaire d'Etat des postes et télégraphes, le 26 avril dernier.

Un commencement de satisfaction nous est accordé sur le deuxième paragraphe du 56e vœu.

Les troisième, quatrième, et cinquième paragraphes du 56e vœu doivent être renouvelés.

Le cinquième paragraphe n'a plus de raison d'être en ce qui concerne la Corée, d'où nos services ont été évincés le 23 mai. Mais ce paragraphe doit être maintenu pour les bureaux français de Chine.

En ce qui concerne l'Indo-Chine, le Comité parisien du commerce et de l'industrie de l'Indo-Chine a formulé ses desiderata sur le tarif des colis postaux.

La protestation que nous avons émise l'an dernier, et qui fait l'objet du sixième paragraphe du 56e vœu est à maintenir.

Le 57e vœu doit être supprimé ; un avis officiel nous a fait connaître que pour les commissions et conférences télégraphiques internationales, nous ne pouvions obtenir satisfaction. Mais, par contre, le 58e vœu est à maintenir énergiquement ; il se rattache à un vœu du Comité consultatif des Colonies, au sujet des documents à mettre à la disposition du public.

***

Le président annonce au Congrès que M. Ch. Lemire est éloigné de Paris par un deuil cruel. Il propose de lui envoyer, au nom de la XIe Section, l'assurance de ses sympathiques condoléances.

M. de Belleville donne lecture d'un rapport de M. Ch. *Lemire* sur la *Presse aux colonies et les indigènes.*

L'auteur y prend texte du discours prononcé par M. le Ministre des Colonies au banquet de la Presse Coloniale (29 mars 1905) pour caractériser le rôle de la presse en ce

qui concerne la politique d'association, pour dire comment
elle doit se garder de toute critique de race, et, pour
mentionner l'excellent effet du journal en caractère —
Daïnam Nhetbao — récemment créé en Indo-Chine.

***

M. Ch. Duffart présente une note sur *la taxe postale des
périodiques*. Plus de cent chambres de commerce françaises
demandent que leurs Bulletins annuels soient assimilés
à des périodiques ; cette mesure serait étendue avec avantage et justice à tous syndicats et associations — et même
aux Congrès Coloniaux Français. Ainsi, les publications de
propagande pourraient n'être plus réduites, comme elles
le sont aujourd'hui, à cause des tarifs élevés.

Quant aux nouvelles *taxes postales des imprimés*, elles
arrêtent certaines publicités commerciales par petits
imprimés, jadis reçus à 1 centime, et taxés aujourd'hui à
4 centimes ; il y aurait lieu de rétablir cette petite publicité
en rajeunissant la 4e page du quotidien, laquelle contien-
drait d'abord le répertoire à bas prix d'insertion, des commerçants, et ensuite la réclame, payée cher, telle qu'elle en-
combre aujourd'hui nos papiers.

***

En l'absence de M. J.-L. Brunet, retenu par la maladie
de Mme Brunet mère, M, Victor Taunay, vice-président du
Syndicat de la Presse coloniale, résume en quelques mots
le rapport établi par notre confrère sur *La Presse coloniale
dans les expositions*. Il rappelle quelles sympathies ont entouré le syndicat de la Presse coloniale à l'occasion de son
vingtième anniversaire et combien l'existence de ce syndicat fut intimement liée à celle de l'expansion coloniale
sous la République. M. Victor Taunay rappelle la participation du Syndicat aux Expositions de 1889 (Paris), Bruxelles 1897, à l'Exposition de 1900 où il eut son pavillon

établi au Trocadéro et synthétisa, en quelque sorte, l'histoire de l'expansion coloniale ; à l'Exposition de Hanoï, en 1902, où il fut officiellement chargé de constituer la délégation de la Presse française... enfin, aux Expositions de Liège où il a actuellement encore son pavillon et à celles qui vont s'ouvrir à Nogent-sur-Marne, à Marseille en 1906 et à Paris en 1906 également. Il conclut que le rôle du Syndicat de la Presse coloniale a une importance considérable dans l'histoire coloniale de ce temps, et notamment en ce qui concerne les Expositions.

M. Louis James présente un rapport sur la question de la publicité dans les Recueils officiels. Il appelle l'attention du Congrès sur le préjudice que porte à la presse coloniale la feuille de renseignemente de l'*Office Colonial*, organe officiel de l'administration, qui accepte gratuitement la publicité.

*
* *

Les Journalistes coloniaux et la loi sur la presse, par *M. Rotureau-Launay.*

L'article 58 de la loi de 1881 impose au journaliste prévenu d'injure ou de diffamation contre un fonctionnaire l'obligation de comparaître en personne au jour et au lieu fixés pour les débats. Ce lieu est ordinairement celui de la résidence du fonctionnaire qui se prétend diffamé, en n'importe quel point de France ou des colonies où le numéro du journal incriminé a été mis en vente. Un tel système, déjà vexatoire quand le fonctionnaire visé réside dans la métropole, aboutit à un véritable déni des droits de la défense pour les journalistes qui accomplissent leur devoir en dénonçant de bonne foi des faits exacts à la charge de tel ou tel agent des services publics aux colonies. L'obligation où se trouve, par exemple, un journaliste parisien, d'aller personnellement, ainsi que le gérant, en Océanie, fournir la preuve du bien fondé de ses accusations concernant un administrateur qui y réside, et ce à peine d'une condamnation définitive, est manifestement absurde et impraticable.

M. Henrique-Duluc, député de l'Inde, frappé d'une pareille anomalie, a déposé, il y a près de dix ans, au Parlement un projet d'amendement à la loi de 1881, ainsi conçu : « Dans le cas prévu par le § 2 de l'article 52 (cas où la preuve des faits diffamatoires est admise), le prévenu pourra se faire représenter par un mandataire, soit devant la cour d'assises en France, s'il réside sur le territoire colonial, soit devant la Cour d'assises ou le tribunal criminel aux colonies, s'il réside en France. »

Cet amendement n'est jamais venu en discussion devant les Chambres en raison de ce que, d'après les renseignements fournis au Congrès, la faculté pour les prévenus de se faire représenter par mandataire à l'audience figure dans un plan de revision d'ensemble des Codes pénal et d'instruction criminelle, soumis depuis longtemps à une commission parlementaire.

XIIe SECTION

Agronomie coloniale

Les séances de cette section, dont l'objet est si pratique
et immédiat, devaient attirer un grand nombre de coloniaux véritables et de planteurs, parmi lesquels il convient
de citer : MM . Vilbouchevitch, Labroy, Chalot, Miranda,
van Cassel, Weissberg, Courtet, R. de Préaudet, Fourneau-
Tissera, Mallèvre, Couturier, Esnault-Pelterie, Vergner,
de Saumery, Simon, G. de Préaudet, Jacquey, Vaucheret,
Beille, Dubarry, Francfort, Bon, Renard, Imbert, E. Vial,
Main, Pâris, Riffard, Thézard, Ausset, Lakhovski, Pellet,
marquis de Faymoreau, Légier, James, Colletas, etc., etc.

Lundi 5 juin

En l'absence de M. Dybowski, retenu par ses fonctions,
la séance est présidée par M. Vilbouchevitch, vice-président, assisté de M. Mallèvre, vice-président, et M. Chalot,
secrétaire.

M. Chalot rappelle les *vœux de l'année précédente* qui avaient
porté sur la détaxe des produits coloniaux, sur l'encouragement des cultures cotonnières, sur la création de services
zootechniques et sur l'étude des meilleurs plantes caout-
choutifères. Deux de ces questions ont fait l'objet, dans le
courant de l'année, de créations intéressantes de la part
du service agricole du ministère.

M. Chalot présente ensuite un résumé du mémoire très
complet et très consciencieux de M. Dumas, agent de cul-

ture au Soudan, *sur le sorgho (gros mil)*. Il lit en particulier les chapitres ayant trait au côté économique de la question et à la préparation de la bière de mil (Dolo). Après les observations de M. G. de Préaudet, la Section décide l'impression de l'étude, tout en faisant des réserves sur les avantages que la culture sur une grande échelle du sorgho pourrait présenter pour le colon européen.

***

La vigne en climat tropical, par *M. Labroy*.

D'une enquête poursuivie dans le *Journal d'agriculture tropicale*, il ressort que la culture de la vigne dans les pays tropicaux donne de beaux espoirs et des résultats médiocres en terrain bas ; les chances de succès augmentent avec l'altitude. La culture pour raisins de table a donné des résultats partiels au Tonkin, au Sénégal, et à Tamatave; des résultats meilleurs dans le centre de Madagascar, à la Réunion et en Calédonie ; elle est aléatoire dans les climats tropicaux.

Quant à la culture en vue de la vinification, elle a été partout infructeuse ; elle donne un vin médiocre et intransportable ; la vigne à vin ne supporte qu'une température moyenne de 20°. Mais a-t-on cultivé la vigne en adaptant les soins au climat ? Y a-t-il lieu de tenter la création d'espèces hybrides ? Tant qu'on n'aura pas institué d'expériences sérieuses, on ne peut rien affirmer au sujet de la vinification.

***

M. Couturier présente un rapport sur les *difficultés d'appréciation par l'analyse, de la fertilité des terres tropicales*.

Les conditions climatériques spéciales aux pays tropicaux et subtropicaux modifient profondément les propriétés physiques et chimiques des sols, par rapport à celles des terres des régions tempérées ; par suite, les méthodes employées dans les laboratoires de la métropole pour l'étude des terres arables ne s'appliquent qu'imparfaitement aux terres des régions chaudes.

Un échange de vues a lieu ensuite entre MM. Mallèvre, Miranda, Van Cassel, Vilbouchevitch et Chalot sur *les questions d'élevage* à mettre à l'ordre du jour du Congrès de 1906.

Des renseignements très intéressants sont donnés à cette occasion :

1° Sur les *aptitudes laitières des bufflesses* dont on obtient dans l'Indo jusqu'à 2.000 litres de lait par an.

Malheureusement dans l'Indo-Chine française les Annamites ne consomment pas de lait et les Européens n'aiment pas le lait des bufflesses.

2° Sur les excellents résultats obtenus par *les éleveurs dans certaines régions du Para* ayant un climat équatorial;

3° Sur les *troupeaux de bœufs sauvages du Cap-Lopez au Gabon*, région équatoriale ;

4° Sur les *buffles d'Afrique ;*

5° Sur le *mouton à laine du Soudan.*

Il est décidé que ces différentes questions, qui offrent une grande importance économique, seront reprises en détail au Congrès de 1906.

**
***

Mardi 6 juin

La séance débute par un débat approfondi sur la *question cotonnière*. M. Vilbouchevitch, vice-président de la Section, ayant cédé la présidence à M. A. Esnault-Pelterie, président de l'*Association Cotonnière Coloniale, M. Paul Bourdarie* fait une communication des plus intéressantes sur les résultats obtenus par l'*Association cotonnière coloniale.*

Il passe en revue successivement l'Algérie, dont on attend une première récolte de 100 tonnes ; la Tunisie, où la campagne cotonnière a trouvé un apôtre dans la personne .

du colonel Rebillet ; le Soudan, représenté dans l'assistance par M. Jacquey, l'un des délégués de l'Association ; le Dahomey, qui promet beaucoup ; Madagascar, l'Indo-Chine, Tahiti, Djibouti, etc.

De nombreuses personnalités coloniales prennent part à la discussion : M. Simon fait remarquer qu'il n'y a rien à faire avec le coton en Nouvelle-Calédonie. M. Dubarry, invité à dire où les choses en sont à Djibouti, se récuse. M. Esnault-Pelterie intervient longuement et très utilement en expliquant que l'industrie est désormais sûre de trouver le coton qu'il lui faut, que ce soit dans les colonies françaises ou dans les colonies étrangères ; que néanmoins les industriels français au nom desquels il parle, ne négligeront aucun effort pour arriver à ce que le profit de la résurrection de la culture cotonnière coloniale aille, pour la plus grande part possible, aux colonies françaises.

M. Bourdarie signale ce fait curieux, que le premier coton Dahomey importé en France par une maison particulière, l'aura été par une maison allemande, à laquelle M. Eugène Poisson, délégué de l'Association, qui eut à intervenir pour l'égrenage, sut imposer la destination du Havre.

M. Vergne indique les difficultés créées à la culture du Coton au Congo par l'insuffisance de la main-d'œuvre.

M. Courtet, l'impossibilité d'en exporter de la région du Tchad, trop éloignée.

Une discussion des plus instructives s'engage entre MM. de Saumery, Bourdarie, Esnault-Pelterie, Duffard, Beille, sur les raisons particulières de la participation relativement faible des maisons bordelaises à la campagne cotonnière africaine.

M. Vilbouchevitch signale enfin le danger que présentent les distributions copieuses de graines de coton exotiques, faites actuellement dans les différentes colonies, sous le rapport de l'introduction de maladies et d'ennemis nouveaux du cotonnier, dont quelques-uns pourraient devenir redoutables. Il est temps de commencer à se préoccuper de ce péril et de prendre des mesures en conséquence : désinfection obligatoire des semences à l'arrivée.

****

Note sur *l'exportation des bananes et de la farine de bananes*, par *M. de Saumery*.

Des régimes de la Guadeloupe, de 90 bananes en moyenne, ont été vendus à Paris, en avril, après dix-huit jours de traversée, de 11 à 14 fr., malgré leurs dimensions exiguës, prix excellent et qui a sa raison dansla qualité exquise du fruit.

La banane sèche ne se présente pas encore sous l'aspect commercial qu'il faudrait pour lui assurer de vastes débouchés, mais on a bon espoir d'y arriver, en substituant la dessication dans le vide au séchage actuel. La farine de bananes n'a pas non plus de débouchés assurés ; on en vend à Hambourg, venant du Venezuela, de 48 à 50 fr. les 100 kilos ; il y a en plus 4 marks de douane. Après des observations de MM. Vilbouchevitch, Esnault-Pelterie Duffart (l'exportation de la Guinée n'est pas favorisée), on tombe d'accord que les Antilles françaises seraient à même d'alimenter le marché, en remplaçant l'importation des Canaries et des Antilles anglaises, mais que ce trafic est entravé par le manque de transports appropriés.

****

Mercredi 7 juin

La séance de mercredi matin a été consacrée à l'étude de la *question rizicole*. Cette question a été brillamment exposée par M. Paris, vice-président du Conseil colonial et président de la Chambre d'agriculture de la Cochinchine, et M. F. Main, ingénieur agronome.

Après quelques observations de MM. Chalot et Vilbouchevitch, la Section constate l'inefficacité des moyens

employés jusqu'ici en Indo-Chine pour amener des progrès
dans les procédés de culture du riz ; constate d'autre part
les très grands progrès techniques réalisés dans cette même
culture, au cours de ces dernières années, aux Etats-Unis
et surtout en Italie.

***

L'hydraulique agricole en Annam, par M. l'ingénieur
Marquetty.

En Annam, l'irrigation et la protection des terres
basses constituent les points intéressants, tandis que
le desséchement ne présente qu'un champ d'action restreint. Il s'agit donc de construire des vannes et écluses
pour s'opposer à l'entrée des marées dans les fleuves. Il
y a ceci de particulier qu'il suffit d'opérer de travaux
insignifiants et très peu onéreux pour restituer à l'agriculture des surfaces importantes. La classification des terres
au point de vue impôt est faite par quatre catégories,
payant une redevance variant entre 1 piastre 50 et 0 piastre
60. (la piastre est à 2 fr. 50). On peut faire de l'irrigation
en même temps qu'on engage d'autres dépenses, car elle
apporte avec soi sa récompense. Les indigènes sont très
favorables à ces sortes de travaux.

En Annam, les observations donnent jusqu'à 1700 millimètres de pluies ; le sol argileux retient l'eau ; dans ces
conditions, la dose de 1 mètre 20 par seconde et par hectare
suffit à tous les besoins de l'agriculture.

L'auteur a eu l'occasion de présider à l'irrigation d'une
superficie de 50.000 hectares, dont 20.000 environ étaient
réellement irrigables ; l'augmentation de l'impôt, après
mise en valeur du sol irrigué, sera de 26.700 piastres. Il
faut y ajouter les droits d'exportation. En admettant qu'un
tiers de la récolte soit consommé dans le pays, et qu'un quart
du sol total soit mis en cultures diverses, les droits d'exportation seraient augmentés d'environ 50.000 piastres. De
plus, et au plus bas mot, la fortune publique sera augmentée
de 60.000 piastres (0 fr. 20 de gain par piastre pour le pro-

ducteur). On peut donc payer l'annuité d'un capital important.

L'exécution d'un tel programme ne saurait être confié
qu'au gouvernement local, à qui l'indigène paie très volontiers les impôts légaux, et non à des sociétés particulières
à qui l'indigène paierait impatiemment des redevances.

****

Des améliorations à apporter à la culture du riz, par
M. Main.

Les améliorations doivent porter sur la préparation du
sol (nivellement, aménagement, irrigations, drainages), où
les Etats-Unis et le Texas donnent de bons exemples, sur
l'ensemencement (étude de la graine, productivité, résistance, qualités nutritives, semailles, repiquage), où nous
avons à apprendre en Italie, sur la culture (engrais, destruction des parasites sur la récolte (coupage, etc.) sur
le battage (batteuse, dépiquage, peigne), sur la décorti-
cation et le triage.

La consommation intéresse le producteur ; outre le grain,
qui est consommé, l'industrie utilise aussi les balles et la
paille.

****

La culture du riz en Cochinchine, par *M. C. Pâris.*

M. Pâris constate que de bons soins sont donnés au terrain des semis, et voudrait qu'ils fussent étendus aux terrains des jeunes plants à repiquer. La récolte se fait à la
faucille ; mais du repiquage à la récolte, le laboureur semble se confier uniquement à la force de la plante, qui pousse
toute seule. Actuellement, la moitié des terres cultivables
de Cochinchine est en rendement. Avec des moyens de culture plus rapides, on augmenterait les surfaces cultivées.

****

Situation de la sucrerie coloniale, par *M. G. de Préaudet.*

Depuis quarante ans, la production mondiale du sucre a triplé, et notre production est restée stationnaire à 110.000 tonnes ; nous avons à lutter contre la fabrication scientifique du sucre de betterave ; nous manquons de main-d'œuvre, de capitaux nouveaux, de direction technique et d'outillage suffisant. Nos ouvriers agricoles de couleur chôment volontairement jusqu'à l'extrême misère. La station scientifique de la Réunion a été supprimée, celle de la Martinique, engloutie et non rétablie, et cependant l'étude de la sélection de la canne doit être permanente. Nos capitaux métropolitains s'effraient des dettes de nos usines sucrières coloniales ; les plantations n'ont pas de réserves financières ; les impôts dont est grevée l'industrie sont très lourds. Quant à l'outillage, depuis que la convention de Bruxelles a remplacé l'emballage en boucauts par l'emballage en sacs, les transports doivent se faire par vapeurs ; il faut donc créer des entrepôts pour y réunir un tonnage suffisant pour la charge des vapeurs. En ce qui concerne l'outillage des usines, pendant que Hawaï et Cuba multiplient les moyens mécaniques, nous conservons un outillage enfantin ; aussi, le déchet de sucre qui est de 15 % à Hawaï est de 35 % à la Réunion, ce qui représente une perte de 50.000 fr. par mille tonnes de fabrication.

Outre nos trois colonies sucrières, on fait encore de la canne en Annam et aux Comores.

*****

Relèvement de la sucrerie dans les colonies françaises, par *M. Pellet.*

Après avoir déploré l'absence des compétences, et surtout des chimistes dans nos usines sucrières, l'auteur déclare qu'on ne peut relever cette industrie que par une production à bon marché, et qu'elle ne peut être obtenue que par une amélioration dans le rendement de la canne et dans la qualité de la canne elle-même. Il faut aussi créer des stations expérimentales.

****

Les cultures coloniales, par *M. A. Thézard*.

M. Thézard donne ici le résultat de longues et nombreuses expériences de laboratoire. Après avoir étudié sommairement les différentes natures et les richesses diverses des terrains que l'on rencontre aux colonies, l'auteur indique la nécessité de la reconstitution de ces terrains par des engrais appropriés, au premier rang desquels il met les engrais chimiques.

Il fait ensuite l'analyse de chacun des principaux produits agricoles coloniaux, montre ce qu'une récolte moyenne enlève à la terre, et indique la composition de l'engrais adéquat, qui rendra mathématiquement au sol les qualités qu'il a perdues. Ce travail est fait pour la canne à sucre (avec les plus minutieux détails), le cacaoyer, le caféier le cotonnier, l'ananas, l'oranger, le citronnier, le riz (de plaine et de montagne), les patates, la noix de kola.

XIVᵉ SECTION

Assistance, Mutualité, Retraites [1]

Les séances sont présidées par M.Jean Hébrard assisté de M. Dugas.

M. Gamard présente l'historique de la *Mutualité coloniale*.

Algérie.— Les Sociétés mutualistes comprennent divers groupes : les sociétés de secours mutuels (10.000 membres, 165 millions de recettes, 800.000 fr. d'avoir total), qui sont syndiquées dans une *Fédération Générale* ; les sociétés d'assistance (sociétés maternelles) ; les sociétés mutuelles scolaires ; les sociétés indigènes de prévoyance et de mutualité, qui ont un fonctionnement particulier ; les caisses de crédit agricole mutuel.

Tunisie. — Sociétés multiples d'après l'origine provinciale des adhérents ; sociétés mutuelles de métiers : *La Mutuelle Tunisienne* (2.500 membres, presque tous français, avec comités locaux et groupements régionaux) ; sociétés de solidarité mulsulmane ; quatre sociétés israélites de mutualité.

Afrique occidentale française. — Une seule association, entre les membres de l'enseignement, est en formation au Sénégal.

Madagascar. — Une seule société d'assistance à Tananarive.

---

[1] La XIIIᵉ section (géographie, explorations) n'a pas déposé de rapports.

Inde française. — La mutualité y est très florissante : caisse commune des aldées (villages) entre les riziculteurs ; caisse des macouas (pêcheurs), société progressiste, plus des sociétés mutuelles de développement français.

Indo-Chine. — Quelques associations spéciales : sociétés de rapatriement, mutuelle agricole. Le mouvement mutualiste de se dessine pas en Indo-Chine, car la mutualité, sous la forme *solidarité*, faisant partie des institutions politiques et morales, n'a pas besoin de rouages distincts.

Nouvelle-Calédonie. — La *Fraternelle* y est constituée depuis 1853. Il y a aussi une *Union* militaire et *maritime*, et des filiales des grandes mutualités françaises.

Martinique. — Il y a 45 sociétés de secours mutuels, quelques-unes féminines, quatre syndicats professionnels.

Guadeloupe. — Six sociétés, : la Solidarité coloniale, la Mutuelle (Basse-Terre), les Travailleurs (Bouillante), le Sou du Pauvre, les Marins, l'Amicale des instituteurs (Pointe-à-Pitre).

Saint-Pierre et Miquelon. — Cinq sociétés, la Mutuelle, le Sou quotidien, le Secours aux marins (Saint-Pierre) et les sociétés de marins de Miquelon et de l'Ile aux chiens, qui ont un caractère religieux.

Réunion. — *La Société ouvrière*, les sociétés de Saint-Joseph, la Prévoyance, qui, dès 1899, contribuent à la création de nombreuses mutualités locales : (bourses scolaires, cours d'adultes, coopérative). *Union fédérale* de ces sociétés diverses.

Cette Union a créé, par la suite, des sociétés d'adolescents, une mutualité scolaire, une mutualité maternelle. M. Gamard conclut en ces termes ce remarquable exposé historique :

Comme on le voit par cette étude forcément incomplète, l'idée mutualiste, transplantée aux colonies, y a conservé toute sa sève et promet, comme en France, une riche moisson. Toutefois, les sociétés coloniales sont trop isolées, trop réduites à leurs propres forces ; elles auraient, à notre sens, le plus grand intérêt, tout en conservant leur autonomie, à se grouper d'abord en Unions locales comme l'ont fait la Réunion et l'Algérie. Ensuite, un Comité permanent de la mutualité coloniale, composé de délégués des différentes sociétés coloniales, devrait être créé à Paris. Ce Comité, dont le rôle serait, en premier lieu, d'obtenir la représentation de nos colonies au Conseil supérieur de la mutualité, pourrait, en outre, par ses conseils, par sa direction, assurer la marche des sociétés locales, discipliner leur action et par là, décupler leur effort utile.

****

M. Camille *Dugas* qui, au Congrès de 1904, avait donné un aperçu rapide des efforts tentés et des résultats obtenus en Algérie par la mutuelle la *Colonisation française*, dont il est le président fondateur, a développé au Congrès de 1905 le même exposé, et montre que l'œuvre, si utile à la fois au bien-être des individus et à la prospérité collective de la colonie, est en progressivité continue. Le compte rendu *in extenso* du rapport de M, Dugas : « *Notice sur la Colonisation Française* », a été imprimé dans les rapports du Congrès de la Mutualité, tenu à Alger en 1905.

XVe SECTION

Hygiène et prophylaxie internationale

La Section d'Hygiène générale et de prophylaxie internationale du Congrès colonial a commencé ses travaux sous la présidence de M. le professeur Charrin, assisté de MM. les docteurs Samné et Goupil.

Le professeur Charrin, dans un discours d'une sévère élégance et avec une parfaite netteté de style et d'élocution, a expliqué le rôle de plus en plus important qu'est appelée à jouer la médecine dans les pays coloniaux et l'utilité, on peut même dire l'urgence, d'y développer la médecine coloniale ; il a rappelé que, dans nos pays coloniaux, les maladies ont toujours fait plus de ravages que les actes de la guerre.

L'application des mesures d'hygiène et de prophylaxie a donné des résultats très appréciables, dont l'un des plus importants a été de préserver de la contagion les pays indemnes.

Le docteur *Samné*, secrétaire de la Section, a parlé de *l'état sanitaire de la ville de Fez* et des moyens qu'il sera utile d'employer dans l'avenir pour assainir la capitale chérifienne. Sa dernière et récente excursion dans la province de Fez, où il a étudié spécialement les questions sociales, et tout ce qui se rattache dans ce pays à l'hygiène et à la médecine, a donné à sa parole un caractère de précision et d'à-propos tout à fait intéressant.

***

Le docteur *Grosset*, de Marseille, s'est occupé du *service éanitaire à bord des paquebots*. Il a fait adopter par la XV⁰ Section le vœu qu'il y ait, à bord des paquebots, des médecins suffisamment autorisés pour supprimer absolument les longues formalités sanitaires de l'arrivée.

M. le docteur Grosset signale aux congressistes l'absence sur beaucoup de bateaux des Messageries Maritimes d'un local d'isolement, l'absence de chaises percées, crachoirs, l'absence d'infirmiers brevetés.

Les médicaments autres que ceux portés sur la liste de la Compagnie sont payés par le médecin du bord.

***

M. Samné lit une étude sur *la forme leucocytaire dans la lèpre*, par *MM. Brault* et *Dida*, ainsi qu'un second rapport relatif à *l'étude clinique du liquide céphalo-rachidien, dans la lèpre confirmée*, de *MM. Gillot et Dida* : ces deux dernières communications ont donné lieu à une intéressante discussion entre les congressistes présents. M. le professeur Charrin a fait remarquer à ce sujet qu'il y avait une grande réserve à faire au sujet du cyto-diagnostic, que la teneur en éléments figurés du liquide céphalo-rachidien par les ponctions lombaires est soumise à plusieurs facteurs qui en altèrent la valeur, tels que les infections secondaires, l'inflammation des membranes séreuses et méningées, du fait la piqûre, etc., etc.

***

Caractéristiques principales de la pathologie chez les indigènes d'Algérie, par M. le Dr *J. Brault*.

M. Brault qui, au Congrès de 1904, avait apporté la plus savante des contributions historiques et documentaires, précise que la pathologie indigène a son cachet à part et l'étudie dans ses principales manifestations. Après avoir passé en revue les maladies auxquelles sont sujets les indigènes et les caractéristiques locales qu'elles présentent, l'auteur déclare que l'Arabe, peu sujet à la douleur, résiste bien aux traumatismes chirurgicaux ; il est surtout sujet à la variole, au paludisme, à la tuberculose, à la dyssenterie, aux maladies vénériennes, aux affections parasitaires ; il a une immunité très marquée naturelle vis-à-vis de la typhoïde, de l'appendicite, du cancer ; les gales et teignes, l'éléphantiasis, la lèpre, la syphilis tertiaire ont, chez l'Arabe, une physionomie et une précocité spéciale.

****

D'un lazaret indo-chinois au Nhabé, par M. *J. Ferrière.*
Le gouvernement de l'Indo-Chine a l'intention de doter d'un lazaret Saïgon, qui est dépourvu jusqu'à présent de toute protection sanitaire; il n'y a là rien de convenablement disposé en cas d'épidémie ; on s'en aperçut bien quand la division navale de Cochinchine y fut exilée. Le Conseil Colonial a dès longtemps réclamé cette installation ; chacun le trouve indispensable ; mais nul ne s'entend sur le côté budgétaire de la question. Il y aurait lieu de hâter cette création.

****

Le Dr *Jean Poujol*, dans une note sur la *Prophylaxie de la syphilis*, indique combien il serait désirable que les indigènes fussent tenus au courant des moyens simples pour éviter la syphilis et des moyens rapides de lareconnaître. A l'appui de cette demande toute pratique, l'auteur communique un exemplaire d'un placard en langue arabe, qu'il a fait afficher dans les communes où il est médecin de colonisation, et indique les résultats déjà obtenus par cette claire, simple et utile propagande.

****

Assistance médicale en Algérie, par le Dr *Crespin*.

Ce rapport donne une vue d'ensemble impartiale et documentée de l'assistance en Algérie. L'assistance européenne est plus difficile en Algérie qu'en France, à cause du peu de ressources financières. Un des remèdes préconisés par l'auteur, c'est la décentralisation hospitalière, sous forme de petites infirmeries communales ou intercommunales. Lui-même a participé à cette œuvre en faisant édifier par la municipalité d'Alger une infirmerie-sanatorium, destinée à alléger les charges de la commune et à hospitaliser dans d'excellentes conditions d'aération les demi-malades, les convalescents, les prédisposés à la tuberculose.

Puis il passe en revue les hôpitaux destinés aux Européens et aux indigènes (au nombre de cinq, qui abritent seulement des indigènes.

Ces derniers hôpitaux sont dirigés par des Pères blancs ou des sœurs blanches, et n'ont pas donné de résultats satisfaisants, surtout parce que le médecin joue auprès des religieux un rôle tout à fait effacé, n'ayant le droit que de *contrôler* (sic) le traitement, et cela seulement depuis un an. Auparavant, le médecin n'avait aucun droit.

Les médecins de colonisation sont la cheville ouvrière de l'assistance en Algérie. Il faut augmenter leur prestige et leur situation matérielle.

L'assistance médicale indigène est une des plus grandes préoccupations de l'heure actuelle. Outre les hôpitaux indigènes, on a édifié depuis deux ans environ 50 infirmeries indigènes en plein milieu arabe. Ces infirmeries sont dirigées par les médecins de colonisation. Elles sont économiques et conviennent fort bien aux indigènes qui s'en montrent satisfaits. Des consultations gratuites sont données dans ces infirmeries. D'autres consultations sont données surtout aux femmes et aux enfants par des doctoresses en médecine dans certains centres. Le système de l'assistance médicale indigène a été complété par l'organisation d'un corps d'auxiliaires médicaux indigènes, jeunes gens qui, après deux ans d'études à l'Ecole d'Alger, pourront aider puissamment les médecins de colonisation, dont les circonscriptions médicales sont immenses.

Les vœux suivants, qui sont pour la plupart renouvelés du Congrès de 1904, paraissent devoir être légitimement proposés :

1° Favoriser l'édification d'infirmeries communales destinées à alléger le budget des communes et à à désencombrer les hôpitaux au grand profit des malades ;

2° Donner la plus grande extension possible au système de l'assistance à domicile et des consultations gratuites ;

3° Assurer l'indépendance des médecins de colonisation, augmenter leur nombre et les avantages que ces postes leur confèrent. Remanier dans ce sens le décret de 1883 ;

4° Augmenter le nombre des infirmières indigentes, à la tête desquelles seront placés des médecins de colonisation avec un ou plusieurs auxiliaires médicaux ;

5° Encourager le gouvernement général de l'Algérie à persévérer dans l'organisation d'un corps d'auxiliaires médicaux, qui n'exerceront jamais la médecine ou la pharmacie, mais aideront le médecin de colonisation, à l'autorité duquel ils seront directement soumis, dans sa tâche arduo.

****

La cure algérienne de la tuberculose, par **M. L. Dumont**.

Si certaines colonies sont un danger pour l'Européen, d'autres lui présentent toutes les qualités d'un véritable sanatorium. Ainsi l'Algérie et la Tunisie semblent le pays idéal pour la cure de la tuberculose. Une telle solution du problème de la tuberculose est à la fois médicale, par l'excellence de la situation, et sociale, par la modicité du prix d'établissement des sanatoria futurs. Le repos et la suralimentation se trouvent partout ; la suraération est plus délicate, à cause des sautes thermiques et barométriques de nos climats. Or, le climat du nord Afrique a comme traits typiques une température régulière et sans heurts, une absence totale d'humidité, très peu de pluies, une pression uniforme.

Le climat d'hiver du Sahara, le climat d'été de la Kabylie indiquent ces régions comme pays de cure. L'auteur étudie les variations thermiques mensuelles et journalières, et signale cette particularité que, quoique terrestre et sec, le climat saharien n'a point d'écarts de température ; il étudie aussi le régime des pluies, la pureté de l'air, la densité de la population. Ces études sont faites pour le Sahara moyen, et le point de Biskra, puis pour Fort National.

****

La tuberculose chez les indigènes de l'Algérie, par le docteur *Gros*.

La tuberculose fait des progrès inquiétants chez les indigènes algériens. La tuberculose osseuse, la méningite tuberculeuse n'existent pou ainsi dire pas. La tuberculose ganglionnaire est un peu plus fréquente. La tuberculose des voies digestives n'existe pas. C'est la tuberculose pulmonaire qui est la localisation générale, et elle présente une maladie chronique assez lente. La fièvre est très irrégulière. L'absence de toute hygiène est la cause principale de l'affection. Les maisons sont mal aérées, et les lieux de réunions indigènes sont des plus mal tenus. Les vêtements, achetés à bas prix et d'occasion par les indigènes, ne sont jamais désinfectés. L'alimentation est notoirement défectueuse et insuffisante.

La tuberculose bovine est extrêmement rare ; la tuberculose oviaire est, au contraire, extrêmement répandue.

Il est urgent de faire l'éducation des musulmans par une propagande active (affiches, écoles, etc.) contre la maladie.

****

Prophylaxie générale de la tuberculose, par le docteur *Cange*.

L'auteur examine la transmission :

1° Inter-zoo-humaine ; 2° inter-humaine du fléau.

Le danger réside pour la première dans : 1° la fréquence de la tuberculose bovine et porcine ; 2° l'insuffisance du contrôle des abattoirs ; 3° la consommation de la viande crue ; 4° l'usage du lait et de ses dérivés. — La théorie de Koch d'après laquelle la tuberculose animale n'est pas transmissible à l'homme, n'étant pas encore prouvée d'une façon absolue, il y a lieu de maintenir toutes les mesures préventives, et notamment en Algérie, d'instituer une inspection sanitaire des vacheries pour désinfecter les locaux et tuberculiner les animaux d'exportation. L'auteur précise ensuite les conditions de la contagion de la tuberculose humaine, d'après les travaux les plus récents, et il conclut à l'observation et même à l'isolement du phtisique. Le vrai remède est dans une éducation antituberculeuse très sévère, et donnée dès le jeune âge. Des sociétés de préservation ont déjà été créées dans ce but en Algérie. L'éducation antituberculeuse a plus de succès dans la classe moyenne que dans les classes plus élevées ; quant aux classes pauvres, il faut les soigner et les soutenir par le dispensaire antituberculeux. La création des infirmeries indigènes marque aussi une étape considérable dans la lutte organisée contre la tuberculose.

Mais l'auteur, très sagement, indique qu'il faut lutter aussi contre les causes secondes, qui créent la réceptivité morbide, et il les cite : l'alcoolisme, l'encombrement, l'habitation insalubre. Un bon moyen de les combattre serait de rendre applicable à l'Algérie la loi du 15 février 1902 sur l'hygiène publique.

*_**

Application à l'Algérie de la loi de protection de la santé publique, du 15 février 1902, par M. le docteur *Crespin*.

De multiples motifs militent pour cette application (1).

(1) Cf. La *Dépêche Coloniale*, 21 août 1902.

Le seul obstacle — et il est considérable — est la question d'argent. Les départements algériens ne sont pas assez riches pour assumer les charges que la loi impose aux départements de la métropole ; et la mesure est insuffisante, par laquelle le Conseil général d'Alger proposait une application de la loi, restreinte aux communes de plein exercice. Il faut obtenir, dans une très large mesure, la participation du budget de l'Etat.

L'auteur propose donc : que le gouvernement général de l'Algérie élabore un décret, s'inspirant des principes scientifiques fondamentaux de la loi du 15 février 1902, et réglant, sans se préoccuper de la lettre de la loi, les questions financières et administratives supérieures d'hygiène publique, analogue au Comité consultatif d'hygiène de France soit constitué près du gouvernement général de l'Algérie.

****

L'alcoolisme dans la colonisation, par le Dr *H. Renault.*

Le docteur Renault dégage les raisons médicales des déchéances et des intoxications que l'alcoolisme cause aux colonies ; action paralysante, impression déplorable sur le cœur et sur les centres nerveux : surexcitation des fonctions biliaires, etc. ; sans compter la démence alcoolique tropicale. — Outre les alcools importés d'Europe, le blanc s'adresse aussi aux boissons indigènes (exemple de la *bière des Cafres*). L'alcoolisation indigène est aussi désastreuse et très difficile à combattre. — L'abstinence de toutes boissons alcooliques doit être la règle dans tous les pays tropicaux ; aux colonies, elle prolonge la vie moyenne de 20 années. — L'européen doit imiter les habitudes des populations indigènes parmi lesquelles il habite (peu de liquides, boissons chaudes, etc.) L'eau, avec tous les artifices de stérilisation, doit suffire, avec addition de substances aromatiques inoffensives.

****

Prophylaxie de la lèpre, par le Dr *Jeanselme.*

La lèpre est transmissible d'homme à homme par contagion ; le mode héréditaire est exceptionnel, et conséquentiel du premier mode.La protection contre la lèpre revêt le caractère individuel et le caractère social ; et là, les intérêts de l'individu et de la société viennent en antagonisme. Le mode de transmission du bacille de Hansen est connu. (secrétions des tubercules ulcérés, épistaxis, salives). La question des enfants est des plus graves ; l'enfant d'un couple lépreux peut être considéré indemne à sa naissance. Les plus grandes précautions doivent être prises dans la période d'allaitement.

Où siège la localisation primaire ? Nul ne saurait le dire à l'heure actuelle. La lèpre peut se propager par la vaccination (îles Sandwich) par les moustiques (Japon),par les vêtements, etc.La contagiosité est variable;l'immunité est habituelle aux blancs qui résident en pays lépreux, grâce aux soins de leur hygiène ; à la même cause est due l'immunité des médecins dans les léproseries,et l'arrêt facile de la lèpre importée en pays européen-.

Mais il faut préserver de la contamination par des mesures législatives d'ordre général. Ces mesures tendent à l'isolement du malade. Il faut distinguer les pays à foyers exceptionnels et circonscrits (Amérique du Nord, Australie) où suffisent une bonne surveillance et l'hospitalisation, et la visite préventive, et le lazaret pour les émigrants des pays à lèpre fréquente et virulente (Norvège, Islande, Sibérie) où d'identiques moyens sont provoqués par la déclaration obligatoire — et les pays endémiques et mal policés (Chine, Indes anglaises, Amérique Sud). Dans chacun de ces derniers pays, la législation doit être spéciale. L'auteur étudie les dispositions particulières des lois du Natal (1890), des Straits-Settlements, de Hawaï (1865), l'internement dans les léproseries dites maritimes, dans des colonies agricoles, etc.

***

La XV° Section a reçu également une série de notes et observations :

Traitement des diarrhées par la médication acide, par le Dr *Jouaust*.

De l'écorce de Bourdaine dans le traitement de la constipation, par le Dr *de Bernard*.

Des protozaires parasites du sang de l'homme, par les docteurs *Et. et Ed. Sergent*.

Note sur deux cas de peste observés à Alger, par les docteurs *Crespin et Zanton*.

XVIᵉ SECTION

Matière médicale et Pharmacie

Séance du mardi 6 juin

Présidence de M. BEILLE, vice-président

La séance est ouverte à 9 heures ½, sous la présidence de M. Beille, vice-président. Etaient présents : MM. Dʳ Lutz, Spire, Weil, Odin. MM. Bretaudeau, Gonin, Boinot, Buisson, etc., etc.

Après une courte allocution de bienvenue, le Président donne la parole au secrétaire pour l'exposé de rapports reçus par la section. Le Secrétaire présente les excuses de M. le Professeur Schlagdenhaufen, Président d'honneur, que son état de santé n'a pu permettre d'assister à la séance. M. le Professeur Perrot, délégué au Congrès international de botanique, s'est également fait excuser.

Le Secrétaire résume le rapport très documenté de M. le Dʳ *Bonnet* sur les végétaux, dont les principes actifs chimiques peuvent être préparés au moins partiellement dans les pays producteurs et donner lieu à une rémunération suffisante. L'auteur montre par des exemples appropriés l'avantage qu'il y aurait à préparer dans les colonies, par des méthodes généralement très simples, des extraits bruts, qui contiendraient, sous un petit volume, toutes les matières actives de plantes. La caféine pourrait se préparer sur place au moyen des feuilles et brindilles provenant de la taille, résidus inutilisables et cependant frappés des droits d'entrée en France.

Il en serait de même des végétaux d'où l'on pourrait retirer la théobromine, la strophantine, l'éserine, la coumarine, la santonine, etc.

***

Le Secrétaire lit ensuite un rapport de M. *Beulaygue* sur le *dosage des matières protéiques* chez les végétaux. Ce travail, d'un intérêt scientifique très grand, met entre es mains des savants une méthode pratique rapide et d'une extrême sensibilité pour le dosage de ces matières.

***

Le Président donne la parole au Dr *Spire*, qui présente deux rapports d'un très grand intérêt pratique. Dans le premier, il expose avec une méthode parfaite et une concision remarquable la question relative à *l'approvisionnement pharmaceutique*, et aux formes médicamenteuses les plus simples, les moins encombrantes qui peuvent être employées aux colonies. Dans un second rapport, « *Conseils pour la récolte des plantes aux colonies* », l'auteur donne des conseils généraux et des instructions très simples, facilement applicables par des personnes étrangères aux questions de botanique, mais qu'intéressent cependant les ressources de la colonie.

***

M. Bretaudeau présente une forme pharmaceutique de capsules médicamenteuses très utiles aux colonies, de même *M. Manivet*, dont les comprimés au lait et cacao attirent l'attention des membres du Congrès.

M. Gonin présente un appareil permettant la désinfection rapide et instantanée des locaux contaminés, et cela au moyen d'un appareil d'une simplicité étonnante.

Le Président, *M. Beille*, expose ensuite en son nom et

au nom de *M. Dupouy*, les grandes lignes d'un travail sur le *Pausinystalia Trillesii*, nouvelle plante à Yohinstine.

On sait tout l'intérêt qui s'attache à cette question. Ce nouveau produit, à peine introduit dans l'arsenal thérapeutique, ayant pris une très grande importance.

La XVIIᵉ Section charge son bureau de remercier *MM. Guignard* et *Schlagdenhaufen* d'avoir accepté le titre de Président d'honneur. *M. Lutz* est spécialement chargé par l'assemblée de transmettre à M. le Professeur *Perrot*, l'hommage de sa vive reconnaissance et de lui demander de bien vouloir organiser les travaux de la Section pour le Congrès de 1906.

L'Assemblée décide à l'unanimité que le bureau central restera en fonctions jusqu'au prochain Congrès.

Séance du 7 juin 1905

Le mercredi 7 juin, la XVIᵉ section a tenu une séance avec la VIIᵉ section, dont le compte rendu se trouve annexé aux travaux de la section VII.

* * *

Accidents provoqués par la manipulation de la laque, par *M. Lutz.*

Les ouvriers de la laque présentent des accidents certains, et ont parfois le corps couvert d'ulcérations érysipélateuses. L'habitude ne confère pas l'immunité. L'auteur signale quelques expériences faites avec du latex frais sur des animaux (action sur la peau, chiens et cobayes ; action sur les yeux). Des expériences analogues sont faites avec le *laccol.*

* * *

Traité de thérapeutique laotienne.

Ce travail est une traduction d'un traité indigène, dû à l'obligeance du médecin chef du service médical français à Luang-Prabang. C'est une liste de pharmacopées, — une sorte de codex, comprenant la nomenclature et la composition de médicaments, végétaux pour la plupart, pour la guérison des maladies fiévreuses et de la peau, contre les abcès, le choléra, la lèpre. C'est là une contribution curieuse à l'histoire de la médecine traditionnelle et empirique dans nos colonies.

XVIIe SECTION

Organisation militaire des colonies

La séance est ouverte sous la présidence de M. le colonel Sever, assisté de M. le colonel Péroz et de M. le capitaine Roche, secrétaire.

Lecture est donnée par le Secrétaire d'un rapport de M. le colonel *Péroz*, relatif au *Japon contre la France*.

L'auteur démontre d'abord que la nombreuse population du Japon se trouvera forcément amenée, pour vivre, à sortir de son île, où on peut dire qu'elle étouffe.

Elle se déversera donc sur celui des pays voisins qu'elle jugera le moins fort et qui, à ses yeux, renfermera le plus de ressources.

L'Indo-Chine est toute désignée. Nous devons donc envisager cette éventualité et préparer la résistance.

Or, la défense se présente sous deux aspects : du côté de la mer et du côté de la terre.

Pour la défense maritime, le colonel Péroz est conduit, après l'achèvement du point d'appui Saïgon-Cap-Saint-Jacques, à créer deux autres places coloniales maritimes, à Tourane et à Camranh.

Pour ce qui est de la défense terrestre, le rapporteur estime que, avant de l'étudier en détail, il convient d'examiner avec quels éléments elle serait effectuée. Or les troupes dont nous disposons actuellement en Indo-Chine, européennes ou indigènes, donnent lieu à de nombreuses critiques dont plusieurs sont malheureusement justifiées.

Il faut donc, avant tout, les réorganiser d'une façon complète, et c'est alors seulement, lorsque nous disposerons de forces régulières et solides qu'il sera permis d'étudier la question de la défense terrestre.

Nous devons sans tarder nous préoccuper de ces questions, car, comme le dit M. le colonel Péroz, l'attaque de l'Indo-Chine par le Japon est inéluctable. Tous les membres présents se rangent à cette manière de voir.

*_**

La séance continue par la lecture du rapport de *M. de la Thuillerie*, commissaire de 1re classe de la marine, au sujet de l'utilité, pour la défense des colonies, de la *création d'une intendance dans la marine*.

Ne peut-on prévoir, dit l'auteur, l'hypothèse d'un envoi de nos escadres d'Europe pour concourir à la défense de l'Indo-Chine, de Madagascar, de Fort-de-France ? Et alors, toutes les difficultés de ravitaillement que l'amiral Rojdestvensky a dû vaincre, n'aurons-nous pas aussi à les surmonter ? La création d'une intendance maritime, entraînée d'avance à l'étude des problèmes de ravitaillement, connaissant les ressources des relâches, des points d'appui, des ports et rades de tous les pays maritimes en vivres, en eau douce, en combustible. apparaît donc comme fort utile. Cet ensemble de connaissances, M. de la Thuillerie voudrait qu'un corps spécialisé fût adonné à leur étude en vue surtout de la défense maritime de nos colonies.

Un membre de la section fait remarquer que le corps du commissariat de la marine est tout désigné pour être chargé des attributions visées par le rapporteur ; que, cependant, si, par suite de la multiplicité et de l'étendue de leurs fonctions, tous les commissaires ne peuvent connaître dans leurs moindres détails toutes les branches de leurs services, il importe qu'un certain nombre d'entre eux, sans être spécialisés, soient familiarisés avec le rôle spécial dont il s'agit, et que, dans ce but, il serait utile que des missions à l'étranger leur fussent confiées.

Les autres membres présents adhèrent à ces propositions.

*
* *

Dans une étude, intitulée *Colonisation militaire*, M. le capitaine *Condamy* fait ressortir la nécessité, pour administrer une colonie de domination à ses débuts, d'allier les moyens politiques aux moyens militaires, ces derniers devant tout d'abord primer les premiers. Puis, il démontre que l'existence de deux autorités, civile et militaire, parallèles, égales et indépendantes l'une de l'autre, amène à bref délai le désordre et la ruine. Il réfute les arguments invoqués contre le régime militaire, et met en relief ses nombreux avantages, dont les principaux sont une grande économie budgétaire et la défense extérieure de la colonie assurée.

Après avoir appuyé sa démonstration de nombreux exemples empruntés à l'histoire des colonies françaises et étrangères, l'auteur conclut, avec le général Galliéni que, tant qu'une méfiance existera dans les esprits des indigènes, le régime civil serait prématuré.

Une discussion s'élève au sujet de ces conclusions. Tout en reconnaissant la justesse de certains considérants émis dans l'étude de M. le capitaine Condamy, un membre de la section estime que ces conclusions sont trop absolues.

Si, dans certains cas, l'application de ces idées a pu donner de bons résultats, il n'en est pas moins vrai que l'état normal des choses satisfait actuellement à tous les besoins. Il faut, en effet, un seul chef, en temps de paix comme en temps de guerre. En temps de paix, c'est le gouverneur qui a qualité pour donner à l'autorité militaire des ordres généraux, leur indiquer le but à poursuivre, mais sans entrer dans le détail des opérations. En temps de guerre, c'est le commandant supérieur des troupes qui réunit tous les pouvoirs.

Tous les membres présents se rallient à cette manière de voir.

***

Lecture est donnée d'un rapport de M. le capitaine *Roman*, sur *l'incorporation des indigènes algériens.*

L'auteur propose d'incorporer tous les indigènes algériens ayant atteint 21 ans, et de les répartir dans les divers corps de troupes de la métropole.

A sa libération, chaque homme recevrait, en rentrant en Algérie, un lot de terrain avec tout le matériel nécessaire pour l'exploitation agricole, le tout gratuitement, mais sauf remboursement ultérieur.

Le capitaine Roman estime que, nous connaissant mieux, les Arabes seraient plus attachés à la France.

Une discussion s'engage au sujet de ce rapport. Les membres présents reconnaissent l'importance de la question soulevée, et estiment qu'il peut effectivement y avoir des mesures à prendre dans le sens indiqué par le rapporteur ; mais, en raison même des conséquences considérables qu'entraînerait l'adoption de ces propositions, ils sont d'avis qu'il y aurait un grand intérêt à poursuivre cette étude jusque dans ses détails, et d'inviter, par suite, M. le capitaine Roman à présenter, au Congrès de 1906, un rapport contenant son avis motivé sur toutes les questions relatives à l'incorporation des indigènes algériens, que ces questions se rattachent aux points de vue militaire, colonial, politique ou financier.

***

La séance continue par la lecture d'une première note de M. le capitaine *Roche*, au sujet de la *répartition de nos forces dans nos diverses colonies.*

Les garnisons de la Martinique et de la Nouvelle-Calédonie, qui renferment des points d'appui de la flotte, devront être maintenues, et même augmentées, s'il est possible, lorsque les colonies plus importantes auront été pourvues de garnisons suffisantes.

Celle du Congo est ridiculement faible en considération de l'étendue du pays et de l'état sauvage de la population.

L'Afrique occidentale est assez bien pourvue ; mais l'Indo-Chine doit être mieux gardée, et il en est de même de Madagascar.

Par contre, il faut supprimer les garnisons de Taïti, de la Guadeloupe, de la Guyane et de la Réunion, qui seraient inutiles en cas de guerre, et les utiliser pour renforcer celles des autres colonies.

Ces propositions sont adoptées à l'unanimité.

***

Une deuxième note du capitaine *Roche* concerne le temps exigé pour la *retraite des officiers* des troupes métropolitaines (cavalerie, génie, vétérinaires) détachés aux colonies.

L'auteur estime que 25 années de service, dont 6 passées aux colonies, doivent suffire pour donner droit à la retraite à ces officiers, comme elles suffisent pour les officiers des troupes coloniales.

Tous les membres présents se rallient à cette manière de voir.

***

M. le lieutenant *Laignoux* soumet à la section l'idée de *l'organisation*, dans les hautes régions du Tonkin, d'une solide *troupe de réserve*, exercée à la guerre de montagne, et capable de faire une belle résistance en cas d'invasion par la frontière chinoise.

Appelés pour un an seulement, tous les montagnards recevraient une instrution spéciale en vue de la guerre de montagne. Une fois libérés, ils feraient chaque année des tirs sous la direction des postes de la haute région ; cette solide réserve serait astreinte, en outre, à des exercices de mobilisation.

La réalisation de cette idée paraît à la XVII° Section non seulement être pratiquement possible, mais devoir présenter de sérieux avantages au point de vue de la garde de la frontière.

Aussi, en raison de l'importance de la question, est-il jugé nécessaire d'inviter M. le lieutenant Laignoux à présenter, au Congrès de 1906, un rapport très détaillé dans lequel seraient examinés à la fois le recrutement et l'instruction, de même que l'administration et les appels des réserves ainsi constituées.

****

M. Paul *Bonnard* expose que la communication par terre de Bizerte et de l'Algérie se fait actuellement par la ligne ferrée de Bizerte à Djedeïda, mais que cette voie est insuffisante et qu'il faut la doubler par la ligne Mateur-Beja. Le Parlement a d'ailleurs décidé la construction de cette dernière, mais les travaux ne sont pas commencés encore. Le rapporteur demande qu'ils soient entrepris au plus tôt. Il rallie à son opinion les membres présents de la Section.

****

M. *Nel*, lieutenant de vaisseau, a adressé à la XVII° Section un rapport, qu'il intitule modestement « un schéma d'organisation de la *défense maritime de l'Indo-Chine.*

Ce travail remarquable est d'un caractère trop précis pour pouvoir être publié ou même analysé. Mais, sur la proposition de M. le colonel Péroz, et après une discussion à laquelle prennent part M. le gouverneur de Lamothe, M. le colonel Sever, M. de Pouvourville, il est décidé à l'unanimité que le rapport de M. Nel sera transmis à l'amiral Fournier, désigné pour accompagner en Indo-Chine le Ministre des Colonies. D'autre part, une lettre de félicitations sera adressée à l'auteur par le Président du Congrès-.

****

Enfin, M. le capitaine *Devaux*, avisé trop tard de la réunion du Congrès colonial, a adressé un programme de questions très intéressantes se rapportant principalement à la *Mauritanie*.

La XVIIe Section décide que cet officier sera invité à présenter, au Congrès de 1906, un rapport détaillié sur les problèmes dont il s'agit.

XVIII° SECTION

Réformes administratives

La séance est ouverte à 9 heures ½, sous la présidence de M. Louis Brunet, sénateur de la Réunion, assisté de MM. Paul Vivien, président de la Section; A. Séville, administrateur des services civils, vice-président, et Ch.-A. Flourot, secrétaire de l'Association des Anciens élèves des Hautes études commerciales, secréraire.

M. le Président Louis Brunet constate avec satisfaction que la XVIII° section, de création toute récente, puisqu'elle date de cette année, affirme sa vitalité par le nombre des auditeurs présents et par l'intérêt des rapports soumis au Congrès.

La parole est donnée *M. Paul Vivien* pour l'exposé de son rapport sur la *Suppression du monopole des avocats-défenseurs*.

M. Vivien démontre les inconvénients multiples, les garanties aléatoires et l'inégalité flagrante qui découlent du monopole des avocats-défenseurs en Indo-Chine et à Madagascar, et il appuie sa démonstration par de nombreux exemples et par des faits dont il a été témoin pendant ses voyages en Cochinchine et au Tonkin. Il en demande la suppression par la promulgation pure et simple dans ces deux colonies de l'ordonnance du 25 février 1831.

A la suite de cet exposé, les membres du groupe XVIII considérant que dans l'Indo-Chine française et dans l'île de Madagascar, pays soumis au régime des décrets — les lois, décrets et ordonnances qui constituent le régime fran-

çais n'y peuvent être appliqués qu'en raison d'une promul-
gatio 1 préalable ; attendu que l'ordonnance du 25 février
1831proscrivant le libre exercice de la profession d'avocat
dans les colonies n'a été ni promulguée ni à Madagascar
ni dans l'Indo-Chine ; que c'est en raison de cette situation
que le monopole des avocats-défenseurs de l'Indo-Chine
et de Madagascar a été institué et maintenu ; que ce monopole est exorbitant, qu'il est surtout inadmissible que,
cent ans après la Révolution, sous un régime de démocratie
et de liberté, pareil privilège puisse subsister, demandent
que le gouvernement fasse promulguer dans les colonies de
l'Indo-Chine et de Madagascar l'ordonnance du 25 février
1831.

M⁰ Drouino, avocat au barreau de Cochinchine, considérant que la défense des colons, des fonctionnaires
et des indigènes n'est pas suffisamment assurée devant les
tribunaux de l'intérieur de l'Indo-Chine, émet le vœu que
le gouvernement remédie à cette situation en permettant
la création de barreaux auprès des juridictions de l'intérieur, barreaux dont les membres devront offrir toutes les
conditions possibles de capacité et d'honorabilité.

M. le gouverneur *de Lamothe* demande ensuite à ce qu'un
vœu relatif à la *Création d'une constitution coloniale*, déjà
approuvé par le Congrès de 1903, soit renouvelé cette année.

Cette proposition est adoptée en ce sens que :

1° Que le régime des décrets soit supprimé;

2° Que les Chambres votent pour chaque colonie une
loi organique réglant sa constitution et ses rapports avec
la métropole ;

3° Que la législation intérieure de chaque colonie soit
faite sur place par le gouverneur assisté d'un Conseil législatif dont la composition varierait suivant les colonies.

****

Le président, *Louis Brunet*, développe alors longuement les termes de son rapport sur le *Régime administratif des colonies*, dont la Section adopte les conclusions sous la forme suivante :

Que les pouvoirs publics étudient :

1° S'il est possible de soumettre les fonctionnaires coloniaux à un stage, dans quelle mesure, sous quelle forme, quelle assimilation peut être appliquée ;

2° La suppression des secrétaires généraux et l'établissement d'une fonction équivalente à celle de directeur de l'intérieur, pouvoir pondérateur et de contrôle.

***

M. *Séville* donne ensuite lecture de son rapport sur la *Naturalisation des Asiatiques* et sur la *Question des métis*, rapports qui avait été déjà lus, discutés et adoptés à une des dernières séances de la *Ligue pour la Défense des droits coloniaux*, et transmis à M. le Ministre des Colonies par son Président, M. le sénateur Louis Brunet.

IV

Banquet du 8 Juin

BANQUET DU 8 JUIN

Le banquet du Congrès a eu lieu le jeudi 8 juin, à 8 heures du soir, au Palais d'Orsay, sous la présidence de M. Clémentel, Ministre des Colonies. Plus de 250 convives assistaient à cette solennité.

Aux côtés du Ministre avaient pris place :

MM. Deloncle, Caillaux, amiral Fournier, Soueng-Pao-Ki, général Bazaine, Cicéron, Méray, de Lamothe, René Worms, Coulon, Neuvy, Dauphinot, Hardouin, Yiou, Ratard, Imbert, de Pouvourville, Vossion, Séville, Mury, Von Vollenhoven, Herbert, Godin, amiral Touchard, général Archinard, Blanchard, Bouquet de la Grye, Boutteville, Marchal, Ursleur, Brouardel, Haas, Beau, Jean Dupuis, Noël Pardon, colonel Sever, Fouques, Montcilhet, Gabelle, Vasselle, S. Simon, colonel Péroz, Maclaud, Récopé, Trouillet, Vivien, Regelsperger, Hugues Le Roux, F. Lemoine, Gervais-Courtellemont, Outrey, Auricoste, commandant Lenfant, commandant Moll, capitaine d'Ollone, capitaine Sisteron, du Taillis, de Cuers, Dr Faraut, Saintenoy, Renard, Penant, Raynaud, Foucher, Ch. Genet, Gamard, marquis de Barthélemy, Max Foy, René de Lamothe, prince héritier du Cambodge, Guesde, Henry, Bel, Chaumié, Larue, Thomé, Passerat de La Chaelle, Bonnard, Delaporte, Bourdarie, Dybowski, Jeanselme, Brumpt, Halais, Demoulin, Dumoulin, René Moulin, Rueff, Thomè, Marc Parker, Durand, Ruffier des Aimes, de Belleville, de Préaudet, V. Taunay, Fillion, Chalot, Chanel, Dugas, Mme Dugas, MM. Merlin, Cottard, docteur Beille, capitaine Roche, Froment, Boullaud de l'Escale, Rousseau, Gregori, etc., etc.

Les discours ont été prononcés dans l'ordre suivant :

M. François DELONCLE :

Mesdames, Messieurs,

J'ai l'agréable mission de vous remercier d'avoir bien voulu participer à cette fête. De nombreux amis n'ont pu se rendre à notre invitation, notamment M. P. Doumer président de la Chambre ; M. Eugène Etienne, le chef aimé de notre parti colonial ; MM. Gaston Thomson, ministre de la Marine, Gerville-Réache et Gaston Doumergue.

Je salue la présence de M. Godin, président du groupe colonial du Sénat, de M. Caillaux, ancien Ministre des Finances, auquel l'Algérie doit son autonomie financière, de M. l'amiral Touchard, chef d'état-major de la marine, qui a pris si vigoureusement en mains la mise en état de défense de nos colonies, de M. l'amiral Fournier, « notre grand marin », et en même temps le diplomate qui a signé le traité de Tien-Tsin et s'est si brillamment distingué dans une affaire récente si délicate, si difficile, l'incident de Hull ; du général Archinard et du général Bazaine-Hayter, qui ont rendu tant de services à la cause coloniale. de notre grand savant, M. Bouquet de la Grye ; de MM. les professeurs Brouardel, Bouchard et Raphaël Blanchard, qui veulent bien honorer régulièrement nos agapes de leur présence et dirigent avec tant de compétence la campagne pour l'assainissement de nos colonies. Enfin, j'ai gardé pour la bonne bouche Son Excellence Soueng-Pao-Ki, ministre de Chine, qui a suivi avec une réelle sympathie les travaux du Congrès. Nous le prions de rapporter à son gouvernement le désir que nous avons tous de voir respecter l'intégrité de ce grand empire et, si possible, de contribuer à l'affermissement de sa puissance et de sa prospérité.

C'est une grande joie de nous trouver aujourd'hui aussi nombreux à la fin de notre Congrès colonial de 1905.

Il y a trois ans, nous n'étions qu'une petite troupe, à peine une trentaine. Vous vous en souvenez, sans doute, M. Gabelle, vous qui, toujours aimable, représentiez alors le Ministre. L'an dernier, nous étions cent-vingt autour de M. Doumergue. Cette année, nous sommes plus de deux cents et le Congrès a compté plus de cinq cents adhérents L'an prochain, nous serons mille.

C'est que les Congrès coloniaux répondent à un besoin.

Il n'y a, en effet, aucun corps auprès duquel le Gouvernement et l'opinion puissent se renseigner sur l'état de nos colonies sur leur intérêts, sur leurs besoins C'est pour parer à ce défaut que nous avons créés les Congrès coloniaux annuels, dans le but de présenter, de poursuivre et d'obtenir des solutions rapides et pratiques de toutes les questions intéressantes et urgentes qui nous étaient présentées. Nous ne sommes donc pas une Académie coloniale où l'on ne fait que parler ; mais nous ne sommes pas non plus, et nous ne prétendons pas être une espèce de Parlement colonial.

Nous ne sommes même pas un petit Parlement. Il n'y a qu'un Parlement, Messieurs, le grand Parlement ! Il est vrai qu'il existe un Conseil supérieur des colonies, qui pourrait jouer son rôle et qui a sa place marquée dans les Conseils du Gouvernement, jusqu'à ce que ce Conseil ait été réorganisé ; jusqu'à ce qu'une constitution ait été donnée aux nouvelles colonies, son œuvre sera nulle.

Les colonies demandent à s'assimiler à la métropole ; mais cette assimilation doit s'entendre dans ce sens, qu'elle comporte l'association des indigènes à nos travaux. Nos colonies doivent être libres de fixer elles-mêmes les règles spéciales qui doivent les diriger. C'est dans ce sens général que les précédents Congrès ont émis des vœux, dont les vœux du Congrès présent sont la confirmation.

Ces vœux, M. le Ministre, nous vous les apportons en toute confiance. Déjà l'année dernière nous en avons émis un certain nombre qui ont pu être réalisés par votre prédécesseur et par M. le sous-secrétaire d'Etat aux postes et télégraphes. Cette année, nous sommes assurés de votre concours.

Depuis six mois, en effet, que vous êtes Ministre des Colonies, nous avons appris à vous apprécier ; nous savons tous que vous êtes un homme de conscience, de travail et d'action, et que, lorsqu'il s'agit d'un intérêt supérieur, ce que vous voulez, vous le voulez bien. Nous ne doutons pas que chacune des grandes questions qui ont préoccupé le Congrès, et qui vous seront soumises, ne sera étudiée par vous avec le souci de la faire aboutir, même si, à un moment donné, elle soulevait une objection dans telle ou telle partie de l'administration.

Votre rôle est compliqué, M. le Ministre : législateur, administrateur, ingénieur, médecin, économiste, financier, il faut que vous connaissiez à fond la carte immense de notre empire colonial. Car il est déjà immense, en effet, et par ses approches, par ses attaches, il n'y a pas d'intérêt au monde qui n'ait un lien avec le Ministère des Colonies.

Dans ces conditions, il n'est pas, depuis cinq ou six mois, de question que vous n'ayiez abordée et que vous payiez, en quelque sorte, résolue. Vous avez travaillé jour et nuit. Vous vous êtes donné sans compter aux questions coloniales, vous leur avez consacré votre ardeur juvénile, et aujourd'hui vous voyez lever la moisson, vous commencez à faire la preuve des résultats , et c'est pourquoi nous sommes fiers de vous.

Ministre des Colonies ! Il y a quelques années, ce n'était pas grand'chose. Le ministère des Colonies était un petit rouage , une petite administration. Aujourd'hui, il est l'un des plus puissants. Il n'est pas une question extérieure, à l'heure présente, où le ministère des Colonies n'ait à donner son avis et son concours. C'est de lui que peut sortir la paix ou la guerre. Il peut éviter ou résoudre des complications extrêmement dangereuses.

Vous êtes ici au milieu de coloniaux qui vous aiment, qui vous approuvent, et c'est pourquoi nous portons unanimement votre santé en vous souhaitant un long ministère.

M. J. Caillaux. — Je n'ai certes pas l'intention de faire un discours ; je n'en aurais pas le droit ni le désir, surtout après les paroles si éloquentes que vous venez d'entendre.

M. Deloncle a fait allusion à mon passage aux finances et à la réorganisation du régime algérien à laquelle j'ai présidé.

Je ne répéterai pas à ce sujet que ce j'ai déjà dit l'année dernière.

Je suis de ceux qui pensent que les colonies sont de véritables nations auxquelles il faut faciliter leur propre existence.

Il faut adapter notre pensée aux formes changeantes que les évolutions personnelles leur font revêtir.

Toutes les erreurs que nous avons commises, comme en 1897-1899, en matière coloniale, proviennent de ce que nous n'avons pas voulu comprendre cette vérité.

Les administrateurs ont préconisé la vieille politique qui consiste à croire que les colonies sont susceptibles d'assimilation.

Notre politique coloniale, sous l'impulsion de M. le Ministre des Colonies, a définitivement brisé avec ces erreurs qui nous ont été si funestes, et aujourd'hui encore, j'ai la conviction profonde que notre politique doit peu à peu devenir une politique d'association.

Je me permets de boire à votre santé à tous, à toutes les sympathies qui vont à la cause coloniale et, comme M. François Deloncle, de vider notre verre en l'honneur de M. le Ministre des Colonies.

M. Brouardel. — Je prends la parole par droit d'ancienneté ; car, nous venons de constater, avec mon excellent ami, M. le professeur Bouchard, que j'ai six mois de plus que lui.

Je ne prétends point vous faire un aussi joli discours

que celui qu'il vous fit l'an dernier, car, lui, est un véritable colonial, puisqu'il fut propriétaire d'un terrain qui lui avait été vendu par un roi nègre et qui lui resta pour compte.

Quant à moi, je n'ai jamais été qu'en Algérie.

J'applaudis de tout cœur aux efforts que déploient les médecins français pour l'hygiène et l'assainissement des colonies, mais il faudra longtemps pour accomplir cette œuvre.

Lorsque nous voyons les indigènes si inertes, se laisser décimer par la maladie, nous sommes obligés de constater notre impuissance en médecine coloniale, car la population de nos colonies est de moins en moins dense.

Nos efforts, cependant, n'ont pas été vains ; ils ont porté leurs fruits et font espérer que les recherches faites contre ces deux véritables fléaux, la fièvre jaune et le paludisme, aboutiront.

En terminant, je lève mon verre à mon tour, aux médecins coloniaux, à ceux-là qui nous ont précédés, qui sont les pionniers de notre science aux colonies, et dont le dévouement est à la hauteur de leur noble tâche.

M. l'amiral FOURNIER. — Répète en quelques mots, modestes et rapides, les souhaits qu'il a portés à nos colonies, dans son discours à la séance d'ouverture, et il boit à l'union étroite des départements de la Marine et des Colonies, pour la préservation de nos possessions lointaines.

Son Excellence M. le MINISTRE DE CHINE (1). — Au nom de Son Excellence, M. le Ministre de Chine, dont je suis l'interprète, je salue M. le Président du Congrès colonial et tiens à lui dire combien je suis heureux d'assister aujourd'hui à ce banquet essentiellement colonial, et je vous remercie sincèrement de la part que vous nous y avez fait prendre.

(1) Par l'intermédiaire de M. LIOU-SHE-SHUN, premier secrétaire aujourd'hui ministre de Chine à Paris).

La Chine est voisine du Tonkin, puisque les frontières
sont communes. Elle désire cultiver et **entretenir les meilleures relations avec la France.** Pour arriver à ce résultat,
elle pense que tant que la France n'aura qu'une politique
désintéressée, des vues pacifiques, la chose sera possible.
La Chine ne demande pas mieux que d'ouvrir ses portes
aux étrangers, que de favoriser le développement du commerce et de l'industrie des étrangers en Chine, à la condition
qu'ils respectent l'intégrité de son territoire.

M. le Ministre a appris que M. Clémentel allait prochainement partir pour faire un voyage en Indo-Chine, en compagnie de son ami, M. François Deloncle ; et il est convaincu que les nombreux Chinois qui vivent en Indo-Chine
lui feront le meilleur accueil, parce qu'il est l'ami des
Chinois à Saïgon et qu'il n'a jamais manqué de dévoû-
ment pour soutenir leurs vœux; et nous souhaitons un heureux et bon voyage, ainsi qu'un prompt retour à M. le Ministre des Colonies.

M. RENÉ WORMS. — Quand le Président si autorisé et si
dévoué du Congrès Colonial, M. François Deloncle, dont on
trouve le nom dans toutes les œuvres actuelles d'intérêt
national, me fit l'honneur de me proposer les fonctions de
rapporteur général de ce Congrès, il voulut bien me dire
qu'il s'agissait surtout pour moi d'en dégager la philosophie.

Fidèle à cette indication sans empiéter sur la teneur
même du Rapport général, qui vous sera présenté demain,
je voudrais, ce soir, en quelques mots, résumer l'esprit de
nos débats, dire quel idéal nous concevons pour la colonisation française.

Cet idéal est avant tout scientifique. Pour coloniser, il
faut aujourd'hui du savoir le colon a besoin d'être renseigné
sur les conditions physiques, biologiques, sociales. Sa tâche
est surtout maintenant d'ordre économique et il doit s'occuper particulièrement et essentiellement de l'exploitation
du sol, et pour cela il lui faut une étude préalable.

Voilà pourquoi l'enseignement colonial doit être largement diffusé dans la métropole et pourquoi la science, par sa méthode, doit concourir et préparer nos entreprises lointaines.

Toutefois, la science n'a pas son but en elle-même. Il serait vain d'éclairer l'esprit si l'on ne trompait en même temps le caractère. Notre tempérament a d'admirables qualités d'endurance, et il importe d'y développer surtout les qualités d'initiative, car à notre bon sens inné il faut allier de la hardiesse. La crainte excessive des responsabilités qui paralyse chez nous tant de bonnes volontés, n'existe, ou ne doit pas exister là-bas, car tout colonisateur doit être un homme d'action.

Dans quel sens agir aux colonies ?

Deux idéals se proposent et souvent paraissent s'opposer. L'un est l'idéal humain, l'autre est l'idéal national. Je les crois pour ma part, non pas contraires mais liés l'un à l'autre.

Au nom du premier on dit : « La France doit songer à l'humanité tout entière et doit remplir une mission civilisatrice.

Au nom du second, on répond : « La France doit songer à elle-même et doit asseoir aux colonies sa force, sa richesse. »

Eh bien ! il n'y a là aucune oppostition. Nous avons d'une part des devoirs envers des races qui peuplent notre domaine colonial, et d'autre part, le droit de veiller à nos intérêts personnels.

Le meilleur moyen d'assurer ses intérêts, c'est de faire le bonheur des indigènes de nos colonies.

En effet, pour que nos possessions soient prospères, il nous faut le concours des races autochtones, et nous avons en conséquence tout avantage à accroître leur instruction technique, à améliorer leur condition.

La domination aux colonies doit faire place à l'association. C'est vous, M. le Ministre, qui l'avez dit excellemment et on le rappelait tout à l'heure en termes éloquents.

En travaillant en faveur des jaunes et des noirs, nous travaillons au profit des blancs, et ce ne sont pas seulement les intérêts matériels des Français qui en bénéficient, c'est aussi l'intérêt moral de la France.

La France a toujours tenu à honneur d'être en tête des nations dans la voie de la justice et de la générosité. C'est cette noble tradition qui fit d'ailleurs jadis sa primauté morale dans le monde et elle ne voudra rien perdre de la dignité qu'elle lui doit.

Je conclus, Messieurs, en deux mots : L'idéal de la colonisation, tel qu'il ressort des travaux du Congrès, me paraît pouvoir tenir en cette simple formule : Par la science vers l'action, pour l'humanité et pour la Patrie.

M. Clementel, Ministre des Colonies. — Je suis heureux d'apporter à l'œuvre des Congrès Coloniaux français les mêmes encouragements que mon prédécesseur. Sous la présidence de mon collègue et ami Deloncle, avec le concours des hommes que leurs savants travaux ou leur longue expérience ont rendu justement notoires, vos séances ne pouvaient être que remarquables et fécondes. Je les ai suivies avec une attention soutenue ; j'ai remarqué, comme le remarquait tout à l'heure mon ami Deloncle, les progrès que vous aviez réalisés depuis trois ans. Je ne doute point qu'en se multipliant, vos réunions verront encore se préciser leurs programmes ; qu'à la bonne volonté ardente mais inexperte des premières années s'ajoutera une méthode de travail plus vigoureuse ; votre collaboration sera plus aisée à mesure que vous vous connaîtrez mieux ; vos travaux seront sans cesse plus utiles et je vous donne l'assurance, Messieurs, que mon administration ne sera pas la dernière à profiter des enseignements que vous aurez dégagés et des résultats que vous aurez acquis.

En parcourant l'ordre du jour de vos assises de 1905, et en prenant connaissance des comptes rendus de vos réunions de Sections, j'ai été frappé de la large place que vous avez faite aux problèmes de politique indigène. Vous avez su comprendre que dans nos colonies — colonies de plantations — nous devions avant tout nous assurer le concours des populations qui en font la principale richesse, puisque sans elles toute mise en valeur est impossible.

Et ce faisant, il ne s'agit nullement de sacrifier les intérêts de nos compatriotes à ceux de nos sujets ; bien moins encore de poursuivre une assimilation chimérique. Comme le disait éloquemment tout à l'heure mon ami Caillaux, notre politique coloniale a définitivement brisé avec ces erreurs qui nous ont été si funestes. La mentalité française ne peut pas plus s'acclimater aux tropiques que ne le peuvent notre faune et notre flore. Mais il faut bien nous convaincre que dans notre intérêt même, nous devons entreprendre ans nos colonies une tâche d'éducation, dont le vaste programme, loin de nous effrayer, doit, au contraire, stimuler notre effort. Nos populations indigènes doivent être débroussaillées, amendées, comme les terres qu'elles habitent ; nous devons développer en elles les qualités qui sommeillent, et si nous voulons pouvoir compter sur leur collaboration, peut-être même un jour sur leur dévouement, il faut qu'elles aient foi en notre justice et intérêt à notre autorité.

Or, vous savez, Messieurs, car vos travaux l'indiquent avec une suffisante précision, tout ce qui nous reste à faire dans cet ordre d'idées.

L'éminent savant qu'est M. Brouardel, nous assurait tout à l'heure du concours de la science dans l'œuvre à entreprendre, et je sais combien le dévouement du corps médical nous a été précieux ; mais quel vaste champ d'action reste encore ouvert à la science dans nos possessions. Ignorant toute hygiène, rivés à toutes les superstitions, nos indigènes sont décimés par des épidémies cruelles et nombreuses, sauf les régions fertiles et salubres où cependant la population est plus clairsemée que dans nos landes.

Fidèles à leurs traditionnels procédés de culture, qui entraînent des rendements médiocres, les cultivateurs appellent l'usure par leur imprévoyance.

Hésitant entre la justice française qu'ils ne connaissent pas assez, et la justice indigène qu'ils connaissent souvent trop, ils crient à l'arbitraire.

Et pour dissiper toutes ces ténèbres, c'est à peine si quelques écoles ont été créées et laissent filtrer sur cette masse docile de minces rayons d'une instruction pratique et rationnelle qu'il eût fallu prodiguer.

Ah Messieurs ! vous avez légitimement pensé qu'il n'était que temps d'observer tous ces problèmes !

Et quand ils seront résolus, ceux qui demeureront encore seront tellement simplifiés qu'à peine ils se poseront.

Combien la défense de nos colonies sera-t-elle simplifiée quand nous pourrons compter, non seulement sur la neutralité de nos sujets, mais encore sur leur concours pour venir grossir nos rangs.

Que demeurera-t-il de ce problème de la main-d'œuvre quand, au lieu d'une population flottante, nomade, qui tantôt se dérobe et tantôt se soulève, nous trouverons une classe nombreuse de petits propriétaires, fixés au pays, toujours disposés à louer leurs bras pour arrondir leur bien ?

Et sera-t-il donc si difficile d'administrer nos colonies quand nous aurons fait comprendre aux populations que nous n'entendons pratiquer aucune exploitation systématique du pays, mais qu'une loyale association d'efforts entre nous et elles est conforme à leurs intérêts comme aux nôtres ?

Admirablement doués pour faire une politique indigène humaine, souple et éducatrice, nous avons toujours su gagner l'affection de nos sujets. Dans les terres où flotta jadis le drapeau français et que les caprices du destin ou la négligence des princes nous ont fait perdre, le nom de la France est demeuré vénéré, malgré des siècles de domination étrangère. Notre patrie est restée la terre du progrès et des généreux sacrifices. Continuons ces traditions, et pour conjurer les périls qui peuvent nous menacer dans l'avenir, méritons le respect et la reconnaissance des populations qui nous sont soumises.

Aidez-nous dans cette tâche, Messieurs, et vous ferez œuvre de bons Français.

V

Rapport général

RAPPORT GÉNÉRAL

Par M. RENÉ WORMS

Auditeur au Conseil d'État

Le Comité des Congrès coloniaux français m'a confié l'honneur et la tâche de présenter le rapport général sur le Congrès de 1905.

Mes premiers mots doivent être pour rendre justice aux travaux de mes honorables et actifs prédécesseurs : MM. Albert de Pouvourville et Francis Mury, qui furent rapporteurs généraux, le premier, du Congrès de 1903, le second, du Congrès de 1904. En m'appelant à leur succéder, le Comité a sans doute voulu marquer son intention d'utiliser chaque année, pour cette assez lourde fonction, une bonne volonté nouvelle. Dans l'accomplissement de la mission qu'il m'a spontanément donnée, je m'efforcerai d'être surtout l'interprète fidèle de la pensée générale des congressistes, de résumer les idées sur lesquelles ils se sont mis d'accord.

Une semaine de labeur fécond vient de s'écouler, qu'on pourrait appeler la « grande semaine coloniale française ». Dans un établissement qui unit les nobles aspirations de l'enseignement supérieur aux meilleures traditions du monde des affaires, nous avons vu se presser, à l'appel d'un président connu par son inlassable dévouement aux intérêts économiques de la patrie, et sous le patronage du Ministre même des Colonies, une phalange d'hommes de mérite, qui consacrent leur activité à l'expansion de notre vie nationale au delà des mers. Il y avait là tout ce qu'on nomme quelquefois le parti colonial français ; disons mieux, — car ces hommes ne constituent pas un parti à proprement parler, et ils viennent de tous les coins de l'horizon politique, — il y avait là toute la France colonisatrice. On s'y est occupé de la plupart des questions que, sous les latitudes les plus diverses, soulève notre rayonnement politique et économique. Le Congrès a dû se diviser pour cela en de nombreuses sections. Il n'y a point, en effet, une science coloniale unique, il y a une multiplicité de sciences coloniales. Pour être plus précis encore, il y a de nos jours un rajeunissement de toutes les sciences concrètes par l'introduction du point de vue colonial, lequel élargit singulièrement leurs vues à toutes. Le Congrès comportait donc autant de sections qu'il existe de branches dans la science concrète, dans la science appliquée. Ces sections n'ont pas été constituées toutes en même temps, ni suivant un plan préconçu. On les a créées au fur et à mesure que le besoin s'en est fait sentir. Voilà pourquoi il peut y avoir quelques singularités apparentes dans leur classement et leur dénomination. Mais, telles qu'elles sont, elles embrassent presque tout le champ des études coloniales pratiques, et c'est là surtout ce qui importe.

Les diverses sections ont vu réunir leurs travaux par les soins de leurs bureaux particuliers et du bureau central du Congrès. Un résumé en a paru chaque jour dans *La Dépêche coloniale*. Ce volume en donne un aperçu d'ensemble, dû à M. de Pouvourville, secrétaire général du présent Congrès. En outre, les plus importants parmi les rapports particuliers présentés aux sections vont paraître en un volume distinct. Nous n'aurons donc à placer dans ce rapport général que les vœux émis par les diverses sections, et qui synthétisent leur activité. Ces vœux ont été transmis au bureau du Congrès, qui fut autorisé à les réviser au point de vue de la forme, puis soumis au Congrès lui-même, qui a été appelé à se prononcer sur eux. Car un vœu ne peut être considéré comme formulé au nom du Congrès que lorsque, présenté par une section, il a été ensuite ratifié par l'Assemblée plénière. On trouvera ici le texte des vœux émanant des sections avec l'indication sommaire de la discussion à laquelle ils ont parfois donné lieu au sein de l'Assemblée et le résultat du vote du Congrès. Ils ont dû être rangés dans l'ordre même où nos dix-huit sections se sont successivement formées, bien que cet ordre, ainsi qu'on l'a vu, ne soit peut-être pas le plus logique. Quelques sections n'ont pas présenté de vœux; c'est ce qui explique qu'il ne soit pas parlé d'elles dans ce qui va suivre. Le rapporteur général fera suivre l'ensemble des vœux de quelques considérations personnelles sur les améliorations dont le fonctionnement du Congrès lui paraît susceptible. Quant aux conclusions à tirer du Congrès sur l'orientation à suivre sur la politique coloniale française, quant à ce qu'il appellerait volontiers la philosophie de ce Congrès, il s'est efforcé de les dégager dans les paroles prononcées la veille de son rapport de clôture — au banquet présidé par M. le Ministre des Colonies. Il se permet donc de renvoyer au texte de ces paroles, publié dans ce volume même, pour ces aperçus généraux.

Iᵣₑ SECTION

ORGANISATION CIVILE DES COLONIES

La première section, à la suite d'un rapport de M. Alfred Durand, a émis le vœu suivant :

1° Que le Ministre des Colonies aide, par tous les moyens en son pouvoir, toutes les tentatives privées : cours d'adultes, conférences, causeries, etc., dont le but est de répandre la connaissance de nos colonies ;

2° Que des félicitations officielles, avec insertion au *Journal Officiel*, soient accordées aux fonctionnaires et colons qui, en France comme aux colonies, ont contribué par leur dévouement à résoudre le problème d' «association» qui fait partie du programme ministériel.

Après lecture de ce vœu à l'Assemblée plénière des congressistes, M. MARCHAL émet l'idée que le Congrès pourrait adopter tout d'abord un vœu très général, en faveur de la politique d'association préconisée par M. le Ministre des Colonies.

M. le RAPPORTEUR GÉNÉRAL répond que l'adhésion du Congrès à cette politique est impliquée dans la seconde partie du vœu émis par la première section et qu'on vient de lire. D'ailleurs, les applaudissements unanimes qui ont accueilli, au banquet d'hier soir, le discours de M. le Ministre des Colonies, prouvent suffisamment l'opinion du Congrès.

M. le PRÉSIDENT s'associe à cette réponse.

Le vœu de la section, mis aux voix, est adopté par le Congrès.

***

Sur un rapport de M. Francis Mury, la 1re section,

Considérant qu'il est essentiel, pour la prospérité de nos possessions d'outre-mer, de poursuivre l'amélioration des corps de fonctionnaires coloniaux ;

Considérant que ce but ne sera atteint que le jour où le recrutement de leur personnel se fera uniquement parmi des candidats ayant reçu une instruction professionnelle offrant toute garantie ;

Propose au Congrès d'émettre le vœu :

1° Qu'une plus large place soit faite aux élèves brevetés de l'Ecole Coloniale dans le recrutement des fonctionnaires du Pavillon de Flore et de nos possessions ;

2° Qu'aucune nomination ne soit faite dans le personnel colonial sans qu'un concours ou un examen ait permis de s'assurer des aptitudes des candidats.

Le Congrès adopte ces vœux.

***

Egalement sur la proposition de M. Francis Mury, la 1re section,

Considérant que l'organisation actuelle de l'Office Colonial ne lui permet pas de rendre tous les services que l'on est en droit d'attendre de cette précieuse institution,

Propose au Congrès d'émettre le vœu :

Que la réorganisation de l'Office Colonial soit mise à l'étude et que l'administration examine, notamment, s'il n'y aurait pas lieu de créer, pour chacune de nos grandes possessions, des Offices de renseignements analogues à l'Office de renseignements de l'Algérie, qui rend de si grands services à cette colonie.

M. Guillaume DESTRÉES fait ses réserves sur ce vœu. Il défend l'organisation actuelle de l'Office Colonial, rappelle les services qu'il a rendus, et ne croit pas à l'utilité de le fragmenter.

M. Francis MURY répond qu'il ne conteste pas les services rendus, et a proposé seulement d'examiner si, dans l'avenir, ces services ne pourraient pas être accrus par un application nouvelle de la division du travail.

M. le PRÉSIDENT s'associe à cette réponse.

Le vœu, mis aux voix, est adopté par le Congrès.

*
* *

C'est encore à l'Office Colonial que se rapporte un quatrième vœu formulé par la même section, conformément aux conclusions de M. Alfred Durand. Il tend à ce que :

Les fonctionnaires coloniaux fatigués, qui ont leur séjour à Paris, soient attachés sur leur demande à l'Office Colonial, d'une façon permanente, pendant leur convalescence, pour assurer la perfection des renseignements relatifs aux colonies où ils ont séjourné de longues années.

M. Alfred DURAND explique qu'il ne s'agit pas de remplacer par ces fonctionnaires le personnel normal de l'Office Colonial, mais seulement de permettre à ceux-là de venir collaborer à l'œuvre de celui-ci.

Le Congrès adopte ce vœu.

II° SECTION

LÉGISLATION ET JURISPRUDENCE COLONIALES

A l'ordre du jour de ses séances, la 2° section avait inscrit le problème de la constitution coloniale et celui de la condition des indigènes dans les colonies françaises.

Le Congrès adopte successivement les deux vœux qu'elle lui présente sur ces sujets, et qui sont dûs à M. Penant, président de cette section.

Le premier vœu est ainsi conçu :

Le Congrès, persuadé de la nécessité de doter les colonies françaises de constitutions nouvelles, adéquates aux besoins de chacune d'elles,

Et, renouvelant les vœux émis par les Congrès coloniaux de 1903 et de 1904,

Invite les pouvoirs publics à mettre à l'étude la question des constitutions coloniales.

*
* *

Le second vœu porte que :

1° Il est d'un intérêt supérieur de conserver ou de restituer aux indigènes leurs us et coutumes et de leur appliquer leurs législations d'origine ;

2° Il est indispensable de faire procéder à la codification de ces us et coutumes ;

3° Il y a lieu d'étudier une nouvelle organisation des tribunaux indigènes et de la procédure à suivre devant eux.

III° SECTION

INTÉRÊTS ÉCONOMIQUES

Dans sa séance du 6 août, la troisième section a entendu un rapport de M. Cétran sur les moyens pratiques d'exploitation et de conservation des forêts en Algérie. Le vœu qui termine ce travail est soumis au Congrès, lequel le renvoie à la section pour qu'elle en fasse une nouvelle étude et qu'il soit, s'il y a lieu, présenté par elle au Congrès de 1906.

*
* *

La section a également entendu, ce même jour, une communication de M. J.-M. Bel, sur l'exploration minérale systématique de nos colonies. Elle a émis à ce sujet un vœu qu'elle transmet au Congrès.

Après une courte discussion, le Congrès adopte la première partie de ce vœu, en la complétant. Le texte ainsi admis est le suivant

Le Congrès colonial de 1905 émet le vœu que les gouvernements généraux des colonies françaises organisent, chacun dans leur colonie respective, indépendamment du service des travaux publics déjà créé, et partout où cela se pourra, un service spécial d'ingénieurs des mines locaux ou coloniaux.

La section avait joint à ce vœu et le Congrès adopte également un vœu additionnel dû à M. Léon Laurent, et portant que :

Dans l'hypothèse d'une mise en exploitation d'un gisement minéralogique quelconque, la qualité d'inventeur ou découvreur doit constituer un droit de priorité à la concession du gîte.

*
* *

M. Bonnard a signalé à la section une omission qui s'est produite dans le rapport général du Congrès de 1904. Ce Congrès avait émis un vœu tendant à ce que :

Les pouvoirs publics examinent s'il ne serait pas possible et désirable, au point de vue de la défense nationale, de diriger sur Bizerte les minerais de Djebel-Ouenza.

La section a inscrit cette demande de rectification au procès-verbal de sa séance du 6 août.

Le Congrès de 1905 en donne acte à son auteur.

Dans cette même séance, M. Eloir a proposé à la section un vœu qu'elle a adopté et auquel le Congrès adhère à son tour. Il porte que :

Les industriels et commerçants français devraient créer des Chambres syndicales coloniales de commerce, ayant pour but d'étudier les développements qui pourraient être apportés à nos relations commerciales et industrielles entre la métropole et les colonies pour leurs produits industriels et agricoles.

*
* *

A la séance du 7 juin, la section, à la suite d'une communication de M. René Dubuffet, a émis le vœu :

1° Qu'il soit adjoint à nos consuls à l'étranger et à nos administrateurs coloniaux des conseillers commerciaux recrutés dans le commerce local et qui pourraient être plus spécialement chargés de la rédaction de rapports destinés à éclairer les négociants de la métropole ;

2° Que le personnel de nos consulats et de nos colonies reste le plus longtemps possible dans le pays auquel il a été affecté ;

3° Qu'une mission d'études commerciales, composée d'hommes expérimentés, soit envoyée dans nos colonies et en Extrême-Orient.

Le Congrès adopte à son tour ce vœu.

Dans le même ordre d'idées, il ratifie un vœu proposé par M. Marchal, adopté par la section, et portant :

1° Que nos consuls à l'étranger et nos administrateurs coloniaux soient invités à se tenir très exactement au courant des affaires industrielles et commerciales existantes ou en création dans leurs ressorts ;

2° Qu'une large publicité soit donnée aux rapports de nos consuls, par leur communication aux chambres de commerce, associations coloniales, écoles coloniales, etc.

*
* *

Dans cette séance, M. Alfred Durand a fait adopter par la section un vœu tendant à ce que :

Le Ministre des Colonies et le Ministre du Commerce se mettent d'accord avec les chambres de commerce pour l'augmentation des bourses de voyage et d'études, qui sont les seuls moyens vraiment pratiques de perfectionner l'éducation coloniale des jeunes gens qui se destinent à aller faire du commerce aux colonies.

Le Congrès ratifie ce vœu.

*
* *

Il en accepte également un autre que la section a adopté le même jour, sur la proposition de M. Passerat de la Chapelle, et qui demande :

Qu'il soit créé en Indo-Chine un service de colonisation chargé de dresser l'inventaire des terres disponibles, d'en faire la concession aux colons, et d'organiser le recrutement de la main-d'œuvre dans un sens libéral.

V° SECTION

TRANSPORTS ET COMMUNICATIONS

Cette section a tenu trois séances. Dans la première, celle du 6 juin, elle a, sur la proposition de M. Gamard, renouvelé des vœux précédemment émis, et tendant à ce que :

1° Des démarches soient faites auprès de la Compagnie des Messageries maritimes pour lui demander d'établir les frets dans des conditions plus favorables aux échanges entre la Réunion, Madagascar et les Comores ;

2° Les tarifs des chemins de fer de la Réunion soient abaissés au taux des tarifs des chemins de fer français.

Le Congrès décide de présenter de nouveau ces vœux.

*
* *

Il adopte aussi, après la section, les vœux suivants, dus à M. Paul Boutellier :

1° Que le Parlement, prenant en considération le nouveau projet de loi sur la marine marchande, vote aussitôt que possible les moyens préconisés par la Commission extra-parlementaire de la marine, moyens qui donneront un nouvel essor à notre puissance coloniale et maritime ;

2° Que les relations économiques entre la métropole et les colonies bénéficient du même libéralisme de traitement qui a prévalu aujourd'hui, pour le plus grand bien de l'une et des autres, dans les rapports purement politiques.

**

Il ratifie le vœu émis par la section, à la suite d'une communication de M. Marcillac,

Que les agents des postes, dénommés contrôleurs des services maritimes, soient recrutés au concours.

**

Il renvoie à la section pour nouvelle étude les vœux servant de conclusion à un autre travail de M. Marcillac sur l'aérostation aux colonies.

De la discussion sommaire à laquelle il se livre sur ce sujet, il résulte qu'il ne serait pas hostile à l'expérience que l'auteur a proposé de tenter au Sahara.

**

Dans sa séance du 7 juin, la section a donné comme sanction à une communication de M. Hugues Le Roux sur les chemins de fer éthiopiens, le vote du texte suivant :

La section, considérant qu'il importe à la sécurité du Protectorat de la Côte des Somalis, d'être appuyé à un pays indépendant ; qu'il est du devoir de la France d'aider à assurer l'indépendance complète de l'Ethiopie ; qu'il est, en outre, d'un intérêt primordial pour la France que les voies ferrées éthiopiennes aboutissent, sur la Mer Rouge, exclusivement en territoire français,

Emet le vœu :

1° Que la convention signée en 1894 entre le Protectorat de la Côte des Somalis et la Compagnie impériale des chemins de fer éthiopiens, convention dont toutes les clauses ont été approuvées par le gouvernement français, reçoive sa complète exécution ;

2° Que cette convention demeure la base de toutes les négociations qui vont être engagées, aussi bien vis - à -vis de l'empereur Ménélick que vis-à-vis des puissances intéressées.

Une courte discussion s'engage à la réunion plénière du Congrès au sujet de ce vœu. Mis aux voix, il est adopté.

***

La section a, sur la proposition de M. le comte Récopé, émis les vœux que :

1° Le Ministre des Colonies adresse à chacun des gouverneurs placés sous ses ordres, une demande de renseignements sur les espèces d'embarcations automobiles nécessaires à leurs besoins (dimensions des embarcations ; leur emploi ; leur tirant d'eau en service ; mode de propulsion le plus convenable, hélices ou roues à aubes; genre de carburant à utiliser, alcool ou pétrole lampant) ;

2° Le Ministre des Colonies sollicite de son collègue de la Marine une solution aussi rapide que possible de la question des vedettes porte-torpilles pour la défense des colonies.

Le Congrès adopte ces vœux.

***

Un rapport de M. Marc Parker a attiré l'attention de la section sur les inconvénients qui résultent, pour les colo-

nios, des grèves des inscrits maritimes. La section a émis
à ce sujet un vœu que le Congrès ratifie, et qui tend à ce
que :

Les pouvoirs publics prennent, immédiatement après
l'arrêt du travail, les dispositions nécessaires pour assurer
la régularité des services et faire respecter la loi.

.*.

M. Henri Malo a présenté à la section un rapport inti-
tulé : la télégraphie sans fil et la marine marchande.

La section a émis, sur sa proposition, un vœu tendant
à l'installation sur nos côtes de postes de télégraphie sans
fil du système Marconi.

Après discussion sommaire, le Congrès renvoie ce vœu
à la section pour nouvelle étude.

Mais en même temps il adopte un vœu de M. le président
Delonclo, tendant à munir les paquebots coloniaux d'appareils de télégraphie sans fil.

.

Sur la motion de M. Marcillac, la section demande qu'on
étudie le rattachement des colonies françaises d'Océanie
au câble anglais qui relie le Canada à l'Australie.

Elle demande aussi le renouvellement des vœux émis
par les Congrès coloniaux antérieurs sur le développement
de l'ensemble des câbles français.

Le Congrès adopte cette double proposition.

.

Enfin, dans sa séance du 8 juin, la section a écouté un
travail de M. le capitaine Tournier, sur le chemin de fer
trans-saharien. Elle a émis un vœu qui en consacre les conclusions. Après elle, le Congrès en adopte le texte, ainsi
conçu :

Le Congrès colonial de 1905 rappelle les vœux votés aux précédentes réunions de 1903 et de 1904 ;

Affirme l'importance stratégique et commerciale d'une voie trans-saharienne proprement dite, soudant en un seul les réseaux algéro-tunisien et soudanais ;

Invite l'administration à poursuivre sans relâche les travaux en cours dans l'extrême-sud oranais et les colonies de l'Afrique occidentale ;

L'invite également à encourager les travaux préparatoires des voies ferrées au Congo et l'étude des questions trans-sahariennes de l'Est.

VI° SECTION

PEUPLEMENT. — MAIN-D'ŒUVRE

Cette section avait pris en 1904 la résolution de mettre à son ordre du jour, pour le Congrès de 1905, un sujet général d'une véritable importance: le peuplement de l'Afrique du Nord. Six des vœux qu'elle a émis lui sont relatifs. En voici le texte :

1° La loi de 1879 sur la naturalisation ayant donné en Algérie des résultats appréciables, et toute modification à cette loi ne pouvant qu'être défavorable à la cause du peuplement français, il y a lieu de la maintenir. (Proposition de M. le Dr Gieure.)

2° Les sociétés, comme l'Association coloniale d'Algérie, et l'Adelphie tunisienne, dont le but est de faciliter l'émigration familiale, en permettant à tout émigré de rencontrer à son débarquement des amis qui l'aident moralement et le secondent dans son établissement, doivent être encouragées par tous les moyens possibles, tant publics que privés. (Proposition de M. Francis Mury, président de la section.)

3° Comme le demandent les Assemblées algériennes, il conviendrait que le gouvernement, dans l'intérêt du peuplement français en Algérie, prît l'initiative d'un projet de loi limitant à un an la durée du service militaire dans cette colonie. (Proposition de M. le Dr Gieure.)

4° Le peuplement colonial comprenant — outre l'immigration — la multiplication des races autochtones ou des éléments déjà installés, les gouvernements coloniaux devraient mettre incessamment à l'étude les mesures administratives ou les procédés pratiques propres à corriger ou à annihiler toutes les causes locales de dépopulation. (Proposition de M. Bourdarie.)

5° Considérant que l'initiative personnelle de M. l'abbé Cros a pour but le peuplement de nos colonies de l'Afrique du Nord et de l'île de Madagascar dans ses parties les plus propices à l'établissement de la race blanche ; que les orphelins, les enfants abandonnés, élevés, mariés et dotés avec cette destination particulière de créer des agglomérations de familles, garantiront la permanence de notre influence et de notre occupation dans nos colonies de peuplement; la section émet le vœu que la colonisation par les orphelins soit vulgarisée et encouragée. (Proposition de M. l'abbé Cros.)

6°. Considérant que les campagnes de pêche faites par les marins bretons envoyés en Tunisie n'ont pas réussi par suite du manque de débouchés pour la vente et de l'absence d'éléments industriels ; la section émet le vœu que les pouvoirs publics encouragent, dans la mesure du possible, l'installation de ces marins sur le littoral du Protectorat par la continuation des campagnes volantes de pêche, et accordent toutes facilités aux industriels français employant la main-d'œuvre française, qui voudraient fonder sur le littoral des usines de conserves de poissons. (Proposition de M. Marc Parker.)

Tous ces vœux ont été adoptés par le Congrès.

En dehors de son sujet principal, la sixième section a également reçu une communication de M. Goblet, qu'elle a sanctionnée par le vœu suivant :

Reconnaissant l'utilité du paiement en travail de l'impôt indigène, aux points de vue de l'éducation de la main-d'œuvre indigène et de la constitution de l'outillage économique de nos colonies, notamment de nos colonies africaines, la section émet le vœu que les prestations soient maintenues et, sans venir en aggravation d'autres impôts de même espèce, soient surtout appliquées à la réalisation de travaux publics permanents.

Le Congrès adopte à son tour le même vœu.

VII° SECTION

MÉDECINE ET HYGIÈNE COLONIALES

La septième section a porté son attention sur une série de maladies répandues dans nos colonies et sur les moyens de les guérir et surtout de les prévenir. Elle a adopté, à cet égard, les vœux suivants :

I. — *Vœux concernant le Paludisme*

La section de médecine et d'hygiène du Congrès colonial de 1905,

Vu les découvertes qui, chaque jour, viennent démontrer que les moustiques sont réellement au nombre des êtres les plus dangereux, en raison des maladies diverses et redoutables qu'ils transmettent (paludisme, filariose, fièvre jaune, etc.) ;

Considérant que les vœux émis par le Congrès colonial de 1904, relativement à la prophylaxie du paludisme, n'ont pas encore reçu la sanction pratique qu'ils comportent ;

Considérant, d'autre part, que le paludisme est la principale cause de l'affaiblissement et de l'invalidité des troupes coloniales ainsi que de la mortalité des colons ;

Estime qu'il est urgent d'attirer de nouveau, et de la façon la plus pressante, l'attention des pouvoirs publics sur la nécessité de mener avec vigueur la lutte contre les moustiques ;

Considérant en outre que l'inefficacité trop fréquente du traitement préventif ou curatif par la quinine résulte de ce que ce médicament n'est pas distribué en quantité suffisante, c'est-à-dire à la totalité de la population, tant indigène que blanche, et pendant une période de temps suffisamment prolongée ;

Estime qu'il y a lieu de généraliser la médication quinique préventive, et d'inscrire an budget de chaque colonie ou de chaque municipalité, les sommes nécessaires pour l'achat et la distribution gratuite du sulfate de quinine, dans des conditions analogues à celles qui ont été déterminées en Italie par les lois du 23 décembre 1900 et du 7 juin 1901 ;

Considérant encore que les indigènes, qui sont dans une forte proportion atteints de paludisme, sont en quelque sorte une réserve inépuisable d'hématozoaires, et constituent la principale source de contamination pour les Européens ;

Vu les heureux résultats obtenus par les Anglais dans plusieurs de leurs colonies ;

Emet le vœu qu'il soit établi une séparation complète entre les villages indigènes et les villages habités par les blancs et que, dans les limites d'une même agglomération, les habitations des uns et des autres soient établies dans des quartiers différents ;

Considérant que les conditions biologiques auxquelles sont soumis les moustiques dans les différents pays sont essentiellement variables, et que, par conséquent, les mesures prophylactiques nécessaires sont soumises aux mêmes variations ;

Emet le vœu que, dans chaque colonie ou pays de protectorat, il soit institué une commission sanitaire permanente, composée principalement de médecins pourvus du diplôme de médecin colonial, ayant pour fonction de faire une enquête sur ces conditions biologiques et sur les mesures prophylactiques qui en découlent, ayant notamment mission de dresser la liste descriptive et raisonnée de tous les moustiques et autres diptères piqueurs qui, à un titre quelconque, peuvent être considérés comme propageant les maladies ;

Considérant que la centralisation à outrance ne peut donner, en matière d'hygiène publique, que des résultats insuffisants ;

Emet le vœu que les gouverneurs des colonies, les résidents et autres dépositaires de l'autorité civile, jouissent à cet égard des pouvoirs les plus étendus et soient autorisés à prendre, sous leur propre responsabilité, toutes les mesures nécessaires, conformément à l'avis exprimé par les Commissions sanitaires.

*
* *

II. — *Vœu faisant suite au Rapport de M. Dye sur la Prophylaxie de la Fièvre Jaune*

La section de médecine et d'hygiène du Congrès colonial de 1905,

Considérant que le mode de transmission de la fièvre jaune par les moustiques du genre Stegomyia a été dûment établi ;

Considérant, d'autre part, que le Stegomyia calopus fasciata, moustique reconnu comme transmetteur de la fièvre jaune, n'existe pas seulement en Amérique, mais se rencontre aussi sur la côte occidentale d'Afrique, en Algérie et en Tunisie, ainsi que sur le littoral français de l'Atlantique ;

Emet le vœu :

1° Que dans les colonies françaises d'Amérique (Antilles, Guyane) et que, dans celles des colonies de la côte occidentale d'Afrique, où de telles mesures n'ont pas encore été prises, il soit procédé d'urgence à la destruction des moustiques ;

2° Que les lazarets des points qui risquent d'être contaminés soient organisés de façon à pouvoir recevoir, sans danger pour la population, des malades atteints ou suspects de fièvre jaune, dans des locaux protégés par des toiles métalliques ;

3° Qu'il soit donné satisfaction, dans le plus bref délai possible, au vœu émis par l'Académie de médecine, dans sa séance du 8 mars 1904, relativement à la prophylaxie du paludisme dans les pays chauds, les mesures prescrites par l'Académie devant s'appliquer tout naturellement à la prophylaxie de la fièvre jaune ;

4° Que les pouvoirs compétents, se basant sur les notions actuelles relatives à l'étiologie de la fièvre jaune, prennent, à titre de mesures prophylactiques, des dispositions pour détruire systématiquement les moustiques à bord des navires provenant de régions contaminées ;

5° Que des travaux analogues à ceux accomplis dans les pays étrangers sur les épidémies de fièvre jaune et la lutte contre les moustiques, soient également publiés à la suite des épidémies causées par cette maladie dans nos colonies ;

6° Que les mesures sanitaires prises dans nos colonies de l'Afrique occidentale française, contre les épidémies de fièvre jaune, soient également prises dans nos colonies de l'Amérique française, en les appropriant aux nécessités locales ;

7° Que des expériences soient faites dans nos diverses colonies pour établir le rôle pathogène des différentes espèces de Stegomyia ;

8° Que l'on détermine la distribution géographique des Stegomyia dans les colonies françaises.

* *

III. — *Vœu concernant la syphilis*

Sur la proposition de M. Jeanselme, la section de médecine et d'hygiène du Congrès colonial de 1905, a émis le vœu suivant :

1° Ouvrir des hôpitaux spéciaux pour recevoir et traiter les filles malades, jusqu'à guérison des accidents contagieux ;

2° Délivrer gratuitement aux indigènes les médicaments essentiels au traitement;

3° Instruire la population, et en particulier la femme indigène, chez laquelle le désir d'être mère est si impérieux, des effets désastreux de la syphilis sur le produit de la conception et des résultats bienfaisants du traitement iodomercuriel ;

4° Diffuser ces notions essentielles par l'intermédiaire des instituteurs français et indigènes et par des brochures en langue vulgaire.

IV. — *Vœu concernant la Lèpre*

Sur la proposition de M. Jeanselme, la section de médecine et d'hygiène du Congrès colonial de 1905 a émis le vœu suivant :

1° Interdire l'entrée des colonies françaises aux immigrants lépreux ;

2° Isoler les indigènes atteints de lèpre ouverte et virulente ;

3° Créer des léproseries maritimes, où seront réunis les lépreux vagabonds ou étrangers, sans attache au sol ;

4° Réunir dans des léproseries fluviales ou terrestres les lépreux qui ne consentiraient pas à vivre loin de leurs villages et de leur famille ;

5° Faire en sorte que la léproserie ne soit pas une prison, mais une sorte de colonie agricole où les internés jouiront de tous les attributs de la liberté ;

6° Interdire aux lépreux laissés libres l'exercice de certaines professions, notamment celles qui sont relatives l'alimentation, à l'habillement, aux soins à donner aux malades.

V. — *Vœux faisant suite au rapport de M. Margain sur la situation des aliénés aux colonies*

La section de médecine et d'hygiène du Congrès colonial français de 1905.

Considérant le nombre important d'aliénés que l'on observe dans les colonies françaises ;

Considérant que des asiles d'aliénés n'y existent presque nulle part et que, jusqu'à ce jour, le rapatriement des malades en France dans des conditions onéreuses et désastreuses est la seule mesure d'assistance que l'on ait prise envers eux ;

Considérant que les colonies anglaises et hollandaises possèdent des asiles avec colonies agricoles qui donnent les meilleurs résultats ;

Considérant que l'alcoolisme et l'absinthisme sont aux colonies comme en France, une des causes les plus fréquentes de l'aliénation mentale ;

Emet le vœu :

1° Qu'il soit mis immédiatement à l'étude un projet complet d'assistance des aliénés aux colonies, comportant la création à bref délai d'asiles coloniaux avec colonies agricoles, l'institution de médecins civils aliénistes coloniaux ;

2° Qu'il soit prévu que ces asiles seront administrés par les médecins sous la direction administrative du gouverneur et que la langue indigène sera exigible rapidement des médecins et de l'infirmier chef ;

3° Qu'il soit adjoint aux hôpitaux coloniaux, dans des conditions spéciales et sous la direction d'un personnel spécialisé, des salles de délirants passagers pour lesquels l'internement pourrait être désastreux ;

4° Que la recherche discrète des affections mentales chez les indigènes coloniaux soit encouragée et que la déclaration des cas dangereux soit rendue obligatoire, au moins temporairement ;

5° Que l'expertise médico-légale soit instituée ;

6° Qu'il soit institué une commission d'internement, de sortie et d'évacuation des aliénés, tant pour mettre à l'abri de tout soupçon de séquestration arbitraire que pour déterminer les conditions dans lesquelles l'évacuation doit être pratiquée ;

7° Qu'il soit fait une mise à l'étude d'urgence et une réalisation rapide des moyens propres à assurer l'évacuation sur France de certains aliénés ;

8° Qu'il soit créé des infirmeries volantes spéciales pour les aliénés militaires en temps de guerre.

***

VI. — *Vœu faisant suite au Rapport de M. Regnault sur l'Hypnose, l'Hystérie et la Sorcellerie en Indo-Chine*

Après lecture du rapport du D\ Regnault sur « la sorcellerie, l'hypnose et l'hystérie en Chine et en Indo-Chine », la section de médecine et d'hygiène du Congrès colonial français de 1905, considérant le grand rôle que joue le *Foung-choei*, tant dans la direction politique que dans l'hygiène et la médecine des Chinois ;

Considérant que les autres nations européennes multiplient avec avantage les œuvres médicales en Extrême-Orient ;

Emet le vœu que, dans le triple but de substituer peu à peu les règles de l'hygiène aux prescriptions du *Foung-Choei*, d'améliorer l'état sanitaire des provinces chinoises avoisinant l'Indo-Chine, et enfin d'étendre l'influence de la France, une Faculté ou Ecole de médecine française pour indigènes soit créée dans des conditions d'absolue neutralité religieuse, de préférence à Shangaï ou à Canton.

***

VII. — *Vœu faisant suite au Rapport de M. Brumpt sur la Maladie du Sommeil*

La section de médecine et d'hygiène du Congrès colonial de 1905,

Vu le rapport de M. le Dr Brumpt sur la maladie du sommeil,

Emet le vœu :

1° Que des missions soient organisées pour étudier l'action pathogène des diverses mouches tsé-tsé ; s'il est démontré que les glossines de l'Afrique orientale et australe ne sont pas pathogènes, il ne sera nullement nécessaire d'empêcher les relations de ces contrées avec les zones non infectées ;

2° Qu'on conseille aux gouvernements anglais, belge, français et portugais de renoncer au recrutement de tirailleurs, de porteurs ou de serviteurs dans les régions infectées, et d'éviter de faire servir, dans ces mêmes régions, des indigènes venant de pays sains qui pourront introduire la maladie en retournant dans leurs foyers ;

3° Que ces mêmes gouvernements prennent des mesures pour faire enseigner aux indigènes les dangers qu'ils encourent en s'exposant aux piqûres des mouches tsé-tsé, et la nécessité pour eux d'établir des villages dans les points où elles n'existent pas. Comme il est très difficile, pour ne pas dire impossible, de compter sur l'initiative des indigènes, spécialement de ceux du Congo, pour l'application de ces simples principes, il est préférable de faire déterminer par des médecins ou des entomologistes, dans une région que l'on désire assainir, les localités propres à la culture et indemnes de glossines reconnues dangereuses, où les gouverneurs de colonies obligeraient ensuite les chefs des villages atteints à venir s'installer pour créer de nouveaux villages. Des mesures aussi simples que peu coûteuses arrêteraient bien vite les épidémies ; elles n'auraient malheureusement qu'une efficacité très faible pour les pêcheurs que leur métier expose constamment à la contagion.

***

VIII. — *Vœux faisant suite au rapport de M. Crespin sur un facteur de dissémination de la variole en Algérie.*

La section de médecine et d'hygiène du Congrès colonial de 1905,

Considérant que l'immigration espagnole est une des causes qui contribuent le plus à développer la variole en Algérie, parce que ces Espagnols, non vaccinés pour la plupart, sont des organismes très receptifs pour la maladir, qu'ils disséminent à leur tour dans tout le pays, agissant comme de véritables centres de renforcement ;

Considérant que les règlements internationaux de police sanitaire maritime autorisent les régions menacées à prendre des mesures même contre la variole ;

Emet le vœu :

1° Que le gouvernement français s'entende avec le gouvernement espagnol pour parer aux dangers que fait courir à l'Algérie l'immigration constante d'Espagnolsnen vaccinés ;

2° Que cette entente permette au moins d'exiger, de chaque Espagnol débarquant en Algérie, un certificat indiquant une vaccination de date récente ;

3° Que ce certificat émane du consul de France de la province d'origine.

***

IX. — *Vœu déposé par M. le professeur R. Blanchard, président de la Section*

La section de médecine et d'hygiène du Congrès colonial de 1905,

Considérant qu'un grand nombre de maladies des pays chauds sont d'origine parasitaire et que, dans ces conditions, le diagnostic ne peut être fait d'une façon certaine que par l'examen microscopique,

Emet le vœu :

Que tout médecin des troupes coloniales, de colonisation ou de consulat soit pourvu d'un microscope et des accessoires indispensables, notamment d'un objectif à immersion et des principaux réactifs ;

Qu'il en soit de même, tant pour les médecins de la marine militaire que pour les médecins sanitaires maritimes ;

Qu'il ne soit procédé à l'embarquement de ces derniers qu'autant qu'ils auront prouvé, soit par la possession d'un diplôme de médecin colonial, émanant de l'une des Universités françaises qui délivrent ce grade, soit par un examen pratique passé en présence d'une commission compétente, qu'ils sont familiarisés avec l'examen microscopique du sang, des déjections et des divers tissus et humeurs de l'organisme ;

Qu'il soit aménagé dans chaque navire un local convenable, autant que possible sur le pont, exclusivement réservé pour l'usage de laboratoire.

*
* *

X. — *Vœu relatif à la fièvre bilieuse hémoglobinurique*

Après lecture et discussion du rapport du Dr Jules Regnault sur la fièvre bilieuse hémoglobinurique, la sixième section du congrès colonial a émis le vœu :

Qu'une enquête soit faite pour éclairer différents points encore obscurs dans l'étude de cette maladie ; que des observations précises et complètes soient prises dans les diverses régions où existe l'affection, et que les documents soient centralisés.

Elle croit devoir attirer tout spécialement l'attention des observateurs sur certains points. et a dressé dans ce but un questionnaire.

***

Ces différents vœux de la sixième section sont lus intégralement au Congrès, lequel les adopte tour à tour.

VIIIe SECTION

ENSEIGNEMENT ET PROPAGANDE

Les travaux de cette section ont été répartis en deux groupes : le pemier concernant l'enseignement des matières coloniales dans la métropole ; le second, l'enseignement aux colonies.

En ce qui concerne le premier groupe, la section a adopté les vœux suivants :

1° Que les programmes d'études secondaires et supérieures donnent une large place aux langues extra-européennes, notamment à l'arabe, et qu'ils encouragent l'étude de ces langues en leur attribuant aux examens des coefficients élevés. (Rapport Goblet.)

2° Que les pouvoirs publics, le Chambres de commerce, les syndicats commerciaux et industriels, etc., encouragent de toutes leurs forces et par tous les moyens, les initiatives généreuses en faveur de la prospérité de nos colonies. (Rapport Fauquet.)

3° Que l'enseignement colonial, au moyen d'une section spéciale dans les écoles de commerce soit, encouragé par tous les moyens propres à lui imprimer surtout une direction *pratique*. (Rapport Delaporte.)

4° Que le Ministre des Colonies réserve les passages gratuit pour les colonies aux futurs colons ayant obtenu un diplôme de colonisation ou de linguistique, de préférence à tous autres (Rapport Durand.)

5° Qu'un enseignement colonial soit donné à toutes les divisions de l'enseignement primaire, suivant un programme et une méthode appropriés à chacune d'elle ; qu'il soit tenu compte des questions coloniales dans les choix des sujets donnés à l'examen du certificat d'études primaires, ainsi qu'à l'examen de sortie des cours complémentaires. (Rapport Chambeurlant.)

6° Qu'à côté de l'enseignement proprement dit, les professeurs d'histoire, de géographie, d'économie, d'hygiène, etc., créent , par leur généreuse initiative, cet esprit colonial, si nécessaire à toute tentative de colonisation. (Rapport Anglès.)

7° Que des conférences avec projections soient faites aux élèves des lycées ; qu'une bibliothèque ou un musée circulant soit attaché à tout établissement d'enseignement ; que les élèves internes des lycées soient conduits aux conférences coloniales instituées dans les villes par les Sociétés de géographie ou autres. (Rapport Herbert.)

8° Que des bourses de séjour aux colonies soient créées et mises au concours dans les Ecoles de commerce (sections coloniales), analogues aux bourses de séjour à l'étranger. (Rapport Durand.)

Les travaux compris dans le second groupe ont motivé de la part de la section les vœux suivants :

1° Que les jeunes fonctionnaires coloniaux reçoivent d'une façon régulière une instruction pratique de linguistique coloniale, leur permettant de se mettre imédiatement en rapport avec les indigènes qu'ils sont appelés à administrer ; que le gouvernement donne toutes facilités et tous encouragements nécessaires aux œuvres privées qui font tous leurs efforts pour enseigner aux futurs colons, les langues coloniales, qui leur seront respectivement utiles. (Rapport Durand.)

2° Que le traitement des instituteurs coloniaux soit égal au traitement des instituteurs métropolitains ; que le pourcentage, supprimé en France par la loi du 30 mars 1902, soit également supprimé aux colonies. (Rapport Gamard)

3° Que les efforts tentés en Indo-Chine pour développer la pratique et l'utilisation de la sténographie servent d'exemple dans les autres colonies, et notamment que des primes soient accordées à tous les auxiliaires de l'administration qui justifient d'une pratique suffisante de cet art ; que, comme l'a demandé la Ligue de l'Enseignement, un cours de sténographie phonétique soit introduit dans le programme des écoles normales, spécialement de celles destinées à former des instituteurs coloniaux. (Rapport Depoin) ;

***

Enfin, la section, sur la proposition de M. Alfred Durand, a émis le vœu que des remercîments soient adressés au très distingué directeur de l'Ecole des Hautes Etudes Commerciales, M. Ed. Jourdan, pour l'aimable hospitalité qu'il a bien voulu donner aux membres du Congrès Colonial de 1905, et pour le dévouement dont a fait preuve, pendant cette dure semaine, tout le personnel de cet important établissement.

***

Le Congrès adopte successivement chacun des vœux dont on vient de lire le texte.

XI° SECTION

PRESSE COLONIALE

Cette section n'a point émis par elle-même de vœu nouveau. Mais le rapporteur général du Congrès croit être l'interprète de tout le bureau en proposant d'adresser au président de la section, M. Trouillet, de très vifs remercîments pour le large développement que le journal *La*

Dépêche Coloniale, qu'il dirige avec tant de compétence, accorde aux comptes rendus de toutes les manifestations du Congrès.

Ces remercîments sont votés d'acclamation par l'Assemblée plénière.

XII° SECTION

AGRONOMIE COLONIALE

Parmi les sujets assez nombreux qui ont été agités devant cette section, plusieurs ont provoqué de sa part des vœux.

A la suite d'une communication de M. Couturier sur les difficultés d'appréciation pour l'analyse de la fertilité des terres tropicales,

La section, considérant :

Que les conditions climatériques spéciales aux pays tropicaux et subtropicaux modifient profondément les propriétés physiques et chimiques des sols, par rapport à celles des terres des régions tempérées ;

Que, par suite, les méthodes employées dans les laboratoires de la métropole pour l'étude des terres arables ne s'appliquent qu'imparfaitement aux terres des régions chaudes,

Emet le vœu :

Que les laboratoires coloniaux recherchent, à l'exemple de laboratoires étrangers, les procédés d'analyse appropriés, et complètent les données de l'analyse par les résultats d'expériences culturales.

*
* *

Après une communication due à M. de Saumery, sur le commerce des bananes, et une discussion à ce sujet, la section exprime le vœu que les pouvoirs publics se préoccupent d'obtenir des Compagnies de navigation subventionnées, des aménagements spéciaux et des taux de fret permettant l'importation de ces fruits.

*
* *

Un débat sur la question vinicole amène la section à demander :

Que la France, à l'exemple des Etats-Unis, du Japon et de Java, se fasse représenter par des spécialistes au troisième Congrès vinicole international, qui doit avoir lieu cet automne à Pavie, et qu'ultérieurement l'enquête soit complétée par un voyage dans les Etats vinicoles de l'Union nord-américaine. Ces différentes études devront servir de base pour une nouvelle orientation à donner aux expériences ayant pour but l'amélioration de la culture du riz en Indo-Chine.

*
* *

Une large discussion sur les conditions actuelles de la sucrerie coloniale, particulièrement aux Antilles et à la Réunion, aboutit à l'émission de vœux en faveur de :

1° L'autorisation de l'immigration indienne ;

2° L'extension du change, avec garantie que les produits d'alimentation n'en subissent pas une hausse scandaleuse ;

3° La création de stations agronomiques, auxquelles devrait être assurée, par les soins du gouvernement métropolitain, la stabilité nécessaire au bon fonctionnement de toute institution scientifique.

*
* *

Puis, la section demande, à la suite d'exposés sur la question des rhums :

Qu'il soit institué aux Antilles françaises, à l'exemple de la Jamaïque, un laboratoire scientifique des rhums, ainsi qu'une école de rhumerie ;

Que, toujours à l'exemple de la Jamaïque, des mesures

sérieuses soient prises pour réprimer dans la métropole les fraudes et falsifications qui déprécient les rhums coloniaux et leur font, d'autre part, une concurrence déloyale.

***

Enfin, à la suite de la conférence du capitaine Sisteron sur l'adaptation des races chevalines françaises aux colonies, le vœu suivant a été présenté par la section :

Le Congrès , considérant que le cheval actuel de l'Indo-Chine ne se prête plus aux utilisations que réclament les besoins économiques du pays, les services publics et les exigences militaires ;

Considérant que la question chevaline ne peut être résolue que par la régénération des races indigènes,

Emet le vœu que :

1° On utilise le croisement du cheval arabe asiatique, en s'inspirant des procédés qui ont transformé, ces dernières années, le cheval camargue primitif en un cheval de service, apte à tous les emplois ;

2° Qu'on étudie sur place la possibilité d'établir le système utilisé en France par le service des remontes, sous le nom de *primes de conservation*, qui suppléeront les jumenteries trop coûteuses, et qui ne semblent pas avoir donné jusqu'ici de sérieux résultats — en les remplaçant par des groupements de poulinières laissées à l'éleveur, sous la surveillance et l'influence directe du service ;

3° Qu'on étende, dans une très large mesure, l'élevage du mulet et qu'on introduise des étalons plus importants que l'âne asiatique, tels que l'âne d'Egypte, ou mieux encore, le baudet du Poitou.

* *

Ces divers vœux, soumis l'un après l'autre au Congrès, sont tous adoptés par lui.

XIIIᵉ SECTION

Géographie et exploration

La communication de M. J. du Taillis, sur les inconnues géographiques du Maroc, a motivé de la part de cette section le vote d'un vœu tendant à ce que :

Les pouvoirs publics et lessociétés privées encouragent les initiatives qui ont pour but l'étude de la navigabilité du Sebou, depuis son embouchure jusqu'à Fez, et celle de l'utilisation des lagunes de Bou-erg, Zerga et Ouahedya.

Ce vœu, soumis au Congrès, est adopté par lui.

XIVᵉ SECTION

Assistance et mutualité coloniales

Après une communication de M. Gamard, la section a émis le vœu : que le Congrès colonial signale l'opportunité de créer des services et des organismes d'étude, en vue de coopérer activement au peuplement et à la mise en valeur de notre domaine colonial par les ressources de la mutualité.

Comme sanction à un rapport de M. Dugas, la section demande : que l'Etat encourage par tous les moyens, notamment par des concessions de terres, les sociétés qui prendront l'engagement d'installer descolons dans nos colonies, et en particulier, les associations à forme mutuelle déjà fondées dans ce but ; que le décret du 13 septembre 1904, qui met obstacle à ces mesures en ce qui concerne l'Algérie, soit, dans le plus bref délai, revisé dans cet esprit.

Enfin, sur la proposition de M. Jean Hébrard, son président, la section a émis le vœu qu'un comité permanent de la mutualité coloniale se forme à Paris, dans le but d'établir des relations suivies avec nos colonies et pays de protectorat, afin d'obtenir leur représentation au Conseil supérieur de la mutualité, où l'Algérie a déjà deux délégués.

*
* *

Ces trois vœux sont successivement mis aux voix et adoptés par le Congrès.

XVe SECTION

HYGIÈNE ET PROPHYLAXIE INTERNATIONALES

Sur la proposition de M. le Dr E. Grosset, la quinzième section, considérant :

1° Que le contrôle des médecins sanitaires maritimes par les médecins de la santé apporte un retard très préjudiciable aux passagers et aux Compagnies de navigation ;

2° Que ce déplorable état de choses prendrait fin si le médecin du paquebot était (comme l'employé des postes) indépendant des armateurs ;

A émis le vœu qu'il y ait, à bord des navires revenant des colonies, des médecins suffisamment autorisés pour leur épargner les longues et pénibles formalités sanitaires de l'arrivée.

Elle a adopté, sur l'initiative de M. le Dr Crespin, un vœu tendant à l'application en Algérie de la loi sur la santé publique (15 février 1902), vœu ainsi conçu :

« Considérant que les conditions climatériques de l'Algérie exigent l'application dans toute l'étendue de la colonie des principes d'hygiène moderne, admis universellement ;

Considérant que ces principes sont en quelque sorte codifiés dans la loi du 15 février 1902 sur la protection de la santé publique ;

Considérant, d'autre part, qu'en vertu de l'organisation administrative particulière de l'Algérie, les budgets départementaux ne peuvent supporter les dépenses leur incombant du fait de l'application de la dite loi ;

Considérant que le retard apporté à l'application en Algérie de la loi du 15 février 1902 provient de difficultés d'ordre uniquement administratif et financier,

La section émet le vœu :

1° Que le gouverneur général de l'Algérie veuille bien élaborer un décret s'inspirant des principes scientifiques qui forment le fondement de la loi du 15 février 1902, et réglant, sans se préoccuper de la lettre de cette loi, les questions administratives et financières dont la solution importe à l'exécution immédiate d'une loi destinée à améliorer les conditions hygiéniques de l'Algérie ;

2° Qu'une commission supérieure d'hygiène publique, analogue à ce qu'est pour la Métropole le comité consultatif d'hygiène publique de France, soit instituée près du gouverneur général de l'Algérie, commission dans laquelle l'élément médical sera largement représenté.

Elle a également adopté les conclusions suivantes du Dr J. Brault :

Dans les colonies comme l'Algérie, où les kystes hydatiques sont plus fréquents que dans la métropole, il y a lieu de prendre des précautions au point de vue de l'hôte intermédiaire, le chien :

L'autorité devrait interdire d'une façon absolue :

1° de laisser les chiens vaquer dans les abattoirs et triperies ;

2° de leur donner en pâture des viscères suspects.

En outre les pouvoirs publics devraient faire surveiller d'une façon toute spéciale les tueries plus ou moins clandestines qui se trouvent près des marchés indigènes.

Ces vœux ont été envoyés par leurs auteurs au rapporteur général après la clôture du Congrès et, par conséquent, n'ont pu recevoir la sanction de l'Assemblée plénière.

Les autres vœux émis par la quinzième section n'ont point été transmis au bureau du Congrès.

XVIᵉ SECTION

PHARMACIE ET MATIÈRE MÉDICALE

Comme sanction à une communication de M. le Dʳ Spire, intitulée « Conseils pour la récolte des plantes aux colonies », la section a émis le vœu :

Que la courte notice du Dʳ Spire soit officiellement imprimée et répandue à profusion dans nos colonies.

Ce vœu est soumis au Congrès, qui l'adopte.

On remarquera, pour le surplus, que cette section s'est réunie le mrecredi 7 juin avec la septième section, et qu'ainsi plusieurs des vœux émis par cette dernière doivent être considérés comme leur étant communs.

XVIIᵉ SECTION

ORGANISATION MILITAIRE ET MARITIME

Les vœux suivants ont été émis par la dix-septième section :

I. — Que les pouvoirs publics prennent sans délai les mesures maritimes, militaires et sociales destinées à permettre à l'Indo-Chine de résister victorieusement à une attaque du dehors, ces mesures découlant du rapport de M. le député Deloncle, avec les modifications que le prochain voyage du Ministre des Colonies, du général Voyron et de l'amiral Fournier pourra y apporter.

II. — Qu'il soit travaillé sans désemparer et d'urgence, jusqu'à complet achèvement, à l'outillage des points d'appui de Dakar, de Diégo-Suarez et de Saïgon, et d'un port de refuge au nord des côtes tonkinoises, à l'exclusion de toute autre entreprise de même nature antérieurement projetée dans diverses de nos possessions.

* *

III. — Que l'organisation et le recrutement de l'armée coloniale soient modifiés à bref délai dans le sens suivant :

1° Permanence des cadres européens des troupes indigènes, particulièrement en Indo-Chine, pendant une période renouvelable de dix années, coupées des congés nécessaires ;

2° Facilité de permutation entre les cadres de l'armée coloniale et ceux de l'armée métropolitaine ; droit de passage d'office dans cette dernière pour les cadres de la première ayant servi dix années dans les troupes indigènes ;

3° Mesures sérieuses prises pour améliorer le recrutement des soldats de l'armée coloniale et en faire une élite (moyens disciplinaires, avantages de solde et d'avenir après quinze années de service).

* *

IV. — Qu'aucune force coloniale ou métropolitaine ne soit entretenue, en dehors des forces de police indispensables, dans celles de nos colonies reconnues indéfendables ou pour lesquelles manquent les moyens de défense propres à les mettre à même de repousser toute attaque du dehors.

V. — Au sujet de l'étude des défenses communes de l'Algérie et de la Tunisie, la section attire l'attention des pouvoirs publics sur l'intérêt que présente, au point de vue de cette défense, l'exécution de lignes déjà décidées en principe, telle que la ligne Beja-Mateur, visée par la loi d'avril 1902 (62 kilomètres).

*

VI. — La section émet le vœu que tout officier des troupes métropolitaines, détaché à l'armée coloniale, soit admis à faire valoir ses droits à la retraite après vingt-cinq ans de services effectifs, dont six passés aux colonies.

* *

Ces différents vœux sont successivement adoptés par le Congrès.

XVIIIe SECTION

RÉFORMES ADMINISTRATIVES

Un vœu émis sur la proposition de M. de Lamothe, et portant sur la question de la constitution coloniale, a été réservé, le même problème ayant déjà fait l'objet du premier des vœux présentés par la deuxième question et ratifiés par le Congrès.

* *

Sur le rapport de M. Louis Brunet, la dix-huitième section émet le vœu que les pouvoirs publics étudient :

1° S'il est possible de soumettre les fonctionnaires coloniaux à un stage, dans quelle mesure, sous quelle forme ; quelle assimilation peut leur être appliquée ?

2° La suppression des secrétaires généraux et l'établissement d'une fonction équivalente à celle de directeur de l'intérieur, pouvoir pondérateur et de contrôle.

Elle invite le gourvernement à prescrire aux administrations locales :

A. — De s'inspirer du principe colonisateur de la Révolution, et même de la monarchie, qui « maintient les Fran-

çais aux colonies en tous leurs droits et prérogatives »,
supprimer les monopoles, et, en un mot, laisser aux citoyens
le bénéfice de la loi et du droit commun ;

B. — De combattre toutes tendances de réinstitution
des classes et des castes, contraires aux traditions de
générosité et de justice de la France et à ses idées d'égalité
et de fraternité ;

C. — D'assurer aux indigènes, dans les pays dits de protectorat, la sécurité, la justice et la liberté.

Sur la proposition de M. Paul Vivien, la dix-huitième
section : Considérant que dans l'Indo-Chine française et
dans l'île de Madagascar, pays soumis au régime des décrets, les lois, décrets et ordonnances qui constituent le
régime français, ne peuvent être appliqués qu'en raison
d'une promulgation préalable ;

Attendu que l'ordonnance du 25 février 1831, prescri-
vant le libre exercice de la profession d'avocat dans les
colonies, n'a été promulguée ni à Madagascar ni en Indo-
Chine ;

Que c'est en raison de cette situation que le monopole
des avocats-défenseurs de l'Indo-Chine et de Madagascar
a été institué et maintenu ;

Que ce monopole est exorbitant ; qu'il est surtout inadmissible que, cent ans après la Révolution, sous un régime
de démocratie et de liberté, pareil privilège puisse subsister;

Émet le vœu que le gouvernement fasse promulguer dans
les colonies de l'Indo-Chine et de Madagascar l'ordonnance
du 25 décembre 1831.

Conformément aux conclusions de M. Drouinot, la section : Considérant que la défense des colons, des fonctionnaires et des indigènes n'est pas suffisamment assurée devant les tribunaux de l'intérieur de l'Indo-Chine,

Emet le vœu que le gouvernement remédie à cette situation en instituant des barreaux auprès des juridictions de l'intérieur, barreaux dont les membres devront offrir toutes les conditions possibles de capacité et d'honorabilité.

. .

A la demande de M. A. Séville, la section émet le vœu que :

Application soit faite aux colonies de l'article 8 du Code civil, ainsi que de la loi du 26 juin 1889 sur la naturalisation des étrangers.

. .

Egalement sur l'initiative de M. Séville, la section propose :

Que l'avancement du personnel civil aux colonies soit accordé, comme dans les armées de terre et de mer, en partie au choix, en partie à l'ancienneté.

. .

Le Congrès adopte ces différents vœux.

CONCLUSIONS

De l'ensemble des vœux qui précèdent, il ressort évidemment que les travaux du Congrès colonial français embrassent la plus grande partie des questions coloniales. Ses dix-huit sections se partagent presque tout cet immense domaine. On peut toutefois remarquer dans leurs listes certaines lacunes. Le devoir du rapporteur général est d'en signaler ici deux.

D'abord, la mise en valeur de notre domaine lointain suppose l'utilisation de toutes ses richesses naturelles, à quelque règne qu'elles appartiennent, minéral, végétal ou animal. Or, ce qui concerne les productions végétales ressortit à la douzième section, dont le titre est agronomie coloniale. On peut, à la rigueur, rattacher à, celle-ci l'étude des produits animaux ; et c'est ce qui est arrivé cette année même, puisque c'est à cette section qu'a été présenté le mémoire de M. le capitaine Sisteron sur l'élevage du cheval en Indo-Chine. Encore faudrait-il , pour être logique , compléter, en ce cas, le titre de cette section, qui deviendrait : agronomie et zootechnie coloniales. Mais ce qu'on ne saurait vouloir rationnellement, c'est en faire dépendre l'étude du règne minéral. Ici, l'on se trouve en présence d'un ordre d'idées nouveau, relevant, d'une part, des sciences géologique et minéralogique, de l'autre, des industries extractive et manufacturière. Le seul travail concernant ces questions qui ait été soumis au Congrès de 1905, celui de M. Bel sur l'exploration minérale systématique de nos colonies, a été présenté par son auteur à la troisième section. Vu la grande importance que la question minière est susceptible de prendre dans nos colonies, à Madagascar notamment, il y a lieu de se demander s'il ne conviendrait pas de lui consacrer une section nouvelle tout entière.

Il y a une autre création du même genre qui nous paraîtrait présenter une utilité plus certaine encore. On dit généralement que l'examen d'un territoire doit porter sur deux points principaux : la terre et l'homme. Or, de ces deux éléments, il en est un, la terre, qui, en ce qui concerne les colonies, fait l'objet des travaux de notre treizième section, intitulée : géographie et exploration. Mais l'autre ne relève d'aucune section, et c'est justement le plus important : l'homme. La sixième section, peuplement et main-d'œuvre, n'envisage l'humanité que dans son utilisation, économique, que comme un facteur de la production. Or si important que soit cet aspect de la vie humaine, il en est bien d'autres qui ne peuvent pas non plus être négligés. Il conviendrait d'envisager les races indigènes de nos colonies en elles-mêmes, dans leurs caractères anatomiques et physiologiques , dans leur activité spontanée, leurs mœurs et coutumes, leur vie économique, domestique, mentale, religieuse, politique, leurs œuvres et produits de mille espèces, en un mot, leur existence individuelle et sociale sous tous ses aspects. Il serait bon également de faire la même étude pour les immigrants si variés, qui affluent de France ou des pays étrangers dans nos colonies, de décrire chacune de ces populations en particulier, puis de voir dans quelle mesure indigènes, étrangers et Français se mêlent les uns aux autres, et de rechercher quels sont les caractères de la société totale qui naît de la pénétration réciproque ou tout au moins de la juxtaposition de ces divers éléments, de leur concours, et parfois de leurs conflits. Ce dernier ordre d'idées nous paraît être celui en vue duquel avait été organisé, à l'Exposition universelle de 1900, un Congrès de sociologie coloniale, et auquel répondait partiellement la création récente, au Collège de France, d'une chaire de sociologie et de sociographie musulmanes. Pour tenir également compte des recherches sur l'organisme, le folk-lore et le matériel des populations coloniales, nous proposerions d'introduire aussi le mot d'ethnographie, qui résume ces diverses études, dans le nom de la section à créer. Et ainsi, le titre de cette section nouvelle pourrait être : ethnographie et sociologie coloniales.

Si la liste des sections du Congrès est, de la sorte, susceptible d'une certaine extension, elle comporte aussi, d'autre part, une coordination plus parfaite. Créées au fur et à mesure des besoins, plutôt que sur un plan préconçu nos sections ne se partagent pas toujours d'une façon très rigoureuse l'ensemble du travail à accomplir. Certaines questions sont communes à plusieurs d'entre elles ; certains doubles emplois se produisent ainsi forcément. C'est un inconvénient auquel il serait assez facile de remédier si, d'une part, les bureaux des sections voisines s'entendaient

entre eux à l'avance, et si, d'autre part, les sections elles-
mêmes se réunissaient quelquefois pour examiner en commun certains problèmes. Dès cette année, la septième section (médecine et hgyiène coloniales), et la seizième section (pharmacie et matière médicale) ont pris très sagement ce dernier parti. L'on verrait volontiers se joindre
à elles, pour des discussions communes, la quinzième section (hygiène et prophylaxie internationales). Pareille-
ment, il y aurait parfois intérêt à réunir en un même groupement, les nombreuses sections qui s'occupent de problèmes économiques coloniaux (troisième, intérêts économiques ; quatrième, douanes et régies ; cinquième, transports et communications ; sixième, peuplement et main-
d'œuvre ; dixième, question monétaire ; quatorzième,
assistance et mutualité coloniales), ou tout au moins certaines d'entre elles. Un groupement analogue pourrait
être formé par les sections dont les études ont un caractère plus spécialement juridique (première, organisation
civile des colonies; deuxième, législation et jurisprudence
coloniales ; dix-huitième, réformes administratives).

Qu'on comprenne bien notre pensée. Nous ne demandons
nullement la suppressiou des sections ni la diminution de
leur nombre. Tout progrès dans la division du travail nous
paraît au contraire désirable. Les bureaux de toutes les
sections sont composés d'hommes distingués et dévoués ;
leur concours à tous est précieux pour l'œuvre commune ;
il est bon d'accroître leur rôle et de renforcer leur activité.
La vie intérieure de chaque section doit donc être déve-
loppée et non réduite. Mais, à côté de cette existence particulière des sections isolées, il y a place, quelquefois, pour
le fonctionnement commun de plusieurs sections naturellement voisines. Les séances de groupes, où se rencontre-
raient ainsi quelques sections, auraient l'avantage de permettre d'élucider une question importante sous de plus
nombreux aspects, en faisant appel au concours des représentants de spécialités diverses. Elles attireraient aussi
un public plus dense en nos salles de travail, où, actuelle-

ment, les auditeurs se trouvent quelque peu dispersés entre dix-huit locaux séparés. Elles pourraient être suivies par des représentants de la grande presse. Elles donneraient aux études du Congrès, comme le font déjà les conférences, un caractère plus synthétique et plus vivant que ne le peuvent faire les séances de sctions. Il y a place, croyons-nous, pour les unes et pour les autres dans l'crganisation qu'il devra recevoir à l'avenir.

*
* *

Il pourrait encore, ce nous semble, être introduit dans notre méthode de travail quelques autres améliorations. Signalons-en trois principales.

D'abord, il y aurait intérêt à ce que chaque section mît à son ordre du jour une question principale, qui servirait de cadre à se sdiscussions. Cela n'empêcherait pas les membres du Congrès de lui adresser, sur d'autres sujets, les mémoires lui ressortissant, et ceux-ci pourraient même être débattus par elle si son bureau les jugeait intéressants. Mais, la section choisirait chaque année, avant de se séparer, le problème fondamental sur lequel elle veut faire porter ses efforts essentiels l'année suivante; ce sujet serait indiqué dans toutes les circulaires du Congrès à venir ; tous nos adhérents seraient, par là, invités à y réfléchir et à apporter leurs vues sur ce point aux délibérations ; on serait sûr de la sorte d'avoir un débat bien préparé et auss complet que possible dans chaque section. Déjà, notre sixième section, et, dans une certaine mesure, notre deuxième section, procèdent de la sorte ; on peut inviter toutes les autres à suivre leur exemple.

En second lieu, il serait désirable que les rapports individuels fussent déposés entre les mains du bureau central ou des bureaux de sections le plus longtemps possible avant le Congrès. Les intéressés qui voudraient participer à la discussion, pourraient ainsi en prendre connaissance et préparer leurs observations pour la séance. Cette réforme sera particulièrement facile à réaliser si celle que nous venons d'indiquer à l'instant est opérée.

Enfin, en bornant à une question principale ses débats, chaque section serait amenée à réduire, en principe, à un ou deux le nombre de ses vœux. Cette limitation aurait l'avantage de donner plus d'autorité à ceux-ci, et permettrait au bureau du Congrès d'en poursuivre plus facilement la réalisation. Une fois obtenue satisfaction sur ces points, il deviendrait d'autant plus aisé de faire, les années suivantes, de nouveaux progrès.

Tels sont, en peu de mots, les principales modifications que nous souhaiterions voir opérées dans le fonctionnement des Congrès. Aucune d'entre elles, sans doute, n'a une portée capitale. Mais il nous semble que chacune d'elles pourrait contribuer, en quelque mesure, à en perfectionner le mécanisme, à rendre plus efficace le concours de tant de compétences et de bonnes volontés que cette œuvre a la bonne fortune de réunir.

RENÉ WORMS.

Le Congrès Colonial de 1905, après la lecture du rapport général, a été clos par le Président.

M. le Président DELONCLE. — Je vois que nous sommes d'accord avec M. le Rapporteur général. Par son rapport et par les vues qu'il a bien voulu nous soumettre hier et aujourd'hui, il a su faciliter notre tâche générale présente et à venir. Les vœux que ces Messieurs viennent d'émettre au Congrès Colonial seront soutenus avec autant de vaillance qu'ils ont été élaborés et discutés. Du reste, les premirs résultats qui ont été obtenus nous encouragent ; et aujourd'hui nous espérons qu'ils seront de plus en plus importants;

Je crois que l'an prochain nous aurons à nous réunir à Paris et non à Marseille. Nous n'avons pas à nous promener ; nous sommes Congrès Colonial Français et nous devons toujours nous réunir à Paris.

Nous aurons aussi à nous promener dans les quatre coins du monde, car la période électorale se terminera fin mai et vous savez combien on aura peu de temps à cause des élections; ; aussi, je le répète, le Congrès devra se tenir à Paris, à une date que je vous demande la permission de réserver ; le Comité permanent en décidera.

Mesdames et Messieurs, nous vous remercions tous encore une fois d'avoir bien voulu assister à nos réunions, et j'espère que votre présence sera augmentée de beaucoup d'autres l'année prochaine.

J'espère que, de trente que nous étions au début de l'œuvre des Congrès, nous serons mille l'année prochaine. Et c'est dans ces sentiments que je clôture les travaux. du Congrès Colonial de 1905.

VISITE DES CONGRESSISTES

Maison de Convalescence des Militaires Coloniaux

26, Rue Troyon. — SÈVRES

On sait que les Congrès se terminent d'habitude par une excursion scientifique ou documentaire, où l'agréable se joint à l'utile. Les organisateurs du Congrès Colonial français de 1905 n'ont eu garde de manquer à cette tradition. Ils y ont été aidés par M. René de Cuers, vice président de la section XIV, président-fondateur de la *Croix-Verte française, société de secours aux militaires coloniaux*, qui a invité gracieusement les membres du Congrès à venir visiter la maison de convalescence de Sèvres.

Le samedi 10 juin, à 2 heures, guidés par le Secrétaire général du Congrès, les congressistes se sont rendus à Sèvres, les uns par la gare des Invalides, les autres, plus amoureux de la nature, par l'électrique de la porte Maillot à Suresnes et par le bateau de Suresnes à Sèvres.

Ils ont été reçus à l'entrée du parc par le Conseil d'administration, MM. de Cuers, colonel Péroz, Mury, colonel de Maussion, commandant P. Renard, etc., et ont été groupés dans la salle d'honneur du magnifique immeuble, où M. de Pouvourville a présenté en ces termes l'œuvre de la Croix-Verte française :

M. DE POUVOURVILLE. — Mesdames, Messieurs, je suis chargé de vous exprimer les regrets de M. Deloncle, qui a quitté Paris hier soir avec M. le Ministre des Colonies pour aller inaugurer l'Institut colonial de Bordeaux. M. Deloncle a, pour la maison de Sèvres et ceux qui la dirigent, une particulière estime, et c'eût été pour lui un plaisir véritable de venir ici en renouveler l'assurance.

Je vous livre immédiatement à M. de Cuers, qui vous conduira à travers la maison de Sèvres et qui vous imposera non pas le tour de propriétaire, mais la visite de la charité Je n'aurais garde de rien dire de son œuvre ; il vous l'expliquera mieux que personne, car il en est à la fois le créateur, le père et le tuteur. Mais il me permettra de dire l'émotion que je ressens chaque fois que je passe ce seuil, au souvenir des premières années, si modestes et si difficiles, de la Croix-Verte française. Et, dans l'exposé complet qu'il vous en fera,, tout en se promenant dans les maisons et les jardins, je sais bien qu'il oubliera l'un des côtés essentiels de son œuvre, et je veux, par avance, réparer cet oubli volontaire.

Il faut que vous sachiez que la Croix-Verte française est œuvre d'initiative privée — et même personnelle — c'est René de Cuers et lui seul qui a fait la Croix-Verte française, qui l'a soutenue de toute son ardeur, de tout son travail et de sa fortune, et qui est parvenu, à force de ténacité, à l'imposer à la sympathie populaire et à l'attention des pouvoirs publics. Ni les difficultés, ni les déboires, ni les lenteurs administratives, ni même l'abandon de certains n'ont eu raison de sa vaillance. Il a bien fait de croire, car il a réussi, et grâce à lui l'œuvre est aujourd'hui au but et prospère. Et en saluant ce beau résultat, je m'en voudrais de ne pas associer au nom du Président de la Croix-Verte française le nom de Mme de Cuers, qui a su, dans la plus grande simplicité du cœur, se dévouer depuis si longtemps à nos soldats coloniaux, sans autre satisfaction que celle de sa conscience, et qui, dédaigneuse de l'éclat, a su porter jusqu'à ses extrêmes limites la continuité silencieuse de son abnégation.

Les congressistes ont ensuite visité les établissements,
dortoirs, réfectoires, chambres particulières, salles de jeux
et de lecture, infirmerie, buanderie et lavoirs, bains et dou-
ches, et se sont rendu compte de l'excellente installation
des locaux et du bon fonctionnement du service.

Ils ont été mis au courant du rôle joué par l'annexe de
Nozieux, et par les bureaux provinciaux de l'Œuvre. Et
ils ont tous souhaité que les fonds de la loterie que M. Etienne
a fait accorder à la Croix-Verte française comme député, et
dont il ne manquera pas, comme ministre, de signer l'autorisation, permettent à la Croix-Verte française de compléter et de perfectionner ses services, pour le plus grand bien
des malades et des convalescents de notre armée coloniale.

A la suite de cette visite, un lunch a été servi aux congressistes dans les jardins de l'établissement, pendant que la
musique du 131ᵉ d'infanterie, qui prêtait gracieusement
son concours à cette fête, exécutait les meilleurs morceaux
de son répertoire.

TABLE DES MATIÈRES

www.ingramcontent.com/pod-product-compliance
Lightning Source LLC
LaVergne TN
LVHW050959200726
843508LV00001B/80